| 光明社科文库 |

国有企业的制度构成与
制度效率研究

黄 华◎著

光明日报出版社

图书在版编目（CIP）数据

国有企业的制度构成与制度效率研究 / 黄华著 . --
北京：光明日报出版社，2021.8
ISBN 978 - 7 - 5194 - 6271 - 0

Ⅰ.①国… Ⅱ.①黄… Ⅲ.①国有企业—企业管理制
度—研究—中国 Ⅳ.①F279.241

中国版本图书馆 CIP 数据核字（2021）第 170019 号

国有企业的制度构成与制度效率研究
GUOYOU QIYE DE ZHIDU GOUCHENG YU ZHIDU XIAOLÜ YANJIU

著　　者：黄　华

责任编辑：李　倩　　　　　　　责任校对：崔瑞雪
封面设计：中联华文　　　　　　责任印制：曹　净

出版发行：光明日报出版社

地　　址：北京市西城区永安路 106 号，100050

电　　话：010 - 63169890（咨询），010 - 63131930（邮购）

传　　真：010 - 63131930

网　　址：http://book.gmw.cn

E - mail：gmrbcbs@ gmw.cn

法律顾问：北京市兰台律师事务所龚柳方律师

印　　刷：三河市华东印刷有限公司

装　　订：三河市华东印刷有限公司

本书如有破损、缺页、装订错误，请与本社联系调换，电话：010 - 63131930

开　　本：170mm×240mm

字　　数：287 千字　　　　　　印　　张：16

版　　次：2022 年 1 月第 1 版　　印　　次：2022 年 1 月第 1 次印刷

书　　号：ISBN 978 - 7 - 5194 - 6271 - 0

定　　价：95.00 元

前　言

　　企业制度和技术是驱动企业发展的两个轮子。改革开放以来，中国国有企业经历了多次大改革和系列小改革后，伴随着中国经济的飞速发展取得了可喜的成就。除了国有企业在技术创新上的支柱作用以外，国有企业的制度建设和完善也发挥着巨大的推动作用。中国国有企业制度在实践中摸索出了一条特色道路，形成了具有中国特色的现代国有企业制度。本书选取中国特色现代国有企业制度作为研究对象主要是因为在中国特色社会主义政治经济学形成发展的背景中，中国特色现代国有企业制度是重要的构成内容，要想书写完整厚重的中国特色社会主义政治经济学必然离不开对中国特色现代国有企业制度的分析和研究。而且，国有企业作为公有制经济最重要的代表，是中国基本社会制度的微观经济基础，因为在集体经济日益萎缩的状态下，国有经济一直在彰显公有制的优越性，为经济转型和应对经济周期提供了巨大的支持力量。同时，我国国有企业与西方国家国有企业有着本质的区别，但是在市场经济中，企业制度的西化和全盘否定国有企业制度的观点不绝于耳，贬低和批判中国国有企业制度是导致国有企业低效和资源错误配置的观点也常见于报刊，国有企业私有化在一段时期内成为理论和实践的热点。然而，当透过现象看本质后，可以发现中国国有企业具有自身内在的特色制度机理。国有企业发展取得的巨大成就是对国有企业特色制度的肯定。同时，国有企业也还存在一些问题，这些问题是中国特色现代国有企业制度还不完善、不成熟造成的。一味地否定中国特色现代国有企业制度是很不负责任的行为，一味地倡导国有企业私有化是具有严重政治错误的行为，只有不断完善丰富中国特色现代国有企业制度，才能继续指导和推进中国国有企业发展壮大，推动国有企业做强做优做大，实现国有资产的保值增值，为中国特色社会主义建设提供强大的经济基础，为中国共产党执政提供坚实强大保障。

中国特色现代国有企业制度是在实践中形成的，是中国国有企业改革的成果结晶。从改革开放以来，国有企业改革无论怎样改，都始终坚持党的领导。在党的领导下，国有企业妥善应对多次危机和困境，依然在国民经济发展中发挥引领作用。国有企业的市场经济适应能力得到大大提高，同时，市场经济的缺陷在党的领导下得到有效限制。这样，中国特色现代国有企业就形成了独特的企业制度，这一制度既不是苏联时代计划经济下的国有企业制度，也不是纯粹的西方国家国有企业制度，而是嵌入了中国特色的企业制度。中国特色具体表现在党的领导与本土文化对国有企业的内在影响上。

在对国内外相关研究综合的基础上，本书对中国特色现代国有企业制度的基本概念、基本理论进行了研究。先是从中国特色、现代企业制度、现代国有企业制度概念出发，提出了中国特色现代国有企业制度概念，即中国特色现代国有企业制度是指现代企业制度在引入中国国有企业时，在借鉴现代企业制度旨在提高企业生产效率和实现企业经济效益的诸如产权清晰、"三会一层"、科学管理等一般性制度的基础上，充分考虑中国国有企业的实际情况，将中国共产党的领导和中国国有企业长期积累的集体团队精神和职工民主管理等优秀的文化嵌入国有企业而形成的制度集合。然后，结合十八大以来的系列精神，研究得出了中国特色现代企业制度建设的四个原则，即党的领导原则、经济效率原则、民主管理原则和共享发展原则。同时，在综合中国共产党建设理论、国内外企业发展理论、现代企业管理有关理论和法律经济学理论的基础上提出了中国特色现代国有企业制度建设的理论基础，即政治学中的党建理论、经济学中的企业理论、管理学中的现代管理理论和法学中的权利平衡理论。这些来自不同学科的理论构成了中国特色现代国有企业制度建设的重要理论支撑，也就是说，要想理解中国特色现代国有企业，就必须对这四个方面的理论有所了解，只有这样才能深入地读懂中国特色现代国有企业制度的奥妙。

具体来讲，中国特色现代国有企业制度包括国有企业党的建设制度、国有企业现代公司治理制度、国有企业现代管理制度和国有企业现代监督制度。这四个维度又分别包含不同的内容，每一个维度都是一篇大文章，需要系统的探索。其中最为关键的是党的领导，可以说坚持党的领导是国有企业的"根"与"魂"，是中国特色现代国有企业的最大特色所在。当然，除此之外，其他三个制度也是具有中国内在特点的，只不过与党的领导比较起来，它们的重要性相对低一些。很显然，中国特色现代国有企业制度是个复杂系统。

在进行理论分析和研究后，对中国国有企业制度改革的现状、问题和成因进行了分析。现状表明中国国有企业制度取得了明显进步，国有企业的治理制度、监督制度、管理制度都不同程度地得到改善。不过还存在一些问题，比如国有企业产权制度、现代治理机制、现代管理制度、职工权益保障等问题还一直存在，国有企业腐败现象仍然层出不穷。这些问题主要是因为党建制度还不到位、新型企业治理机制还没有完全建立、企业管理中的激励制度还很不完善、现代监督体系还未充分发挥作用等原因而产生的。

为了进一步对中国特色现代国有企业制度加深感性认识，本书选取了 M 公司作为案例，来深入剖析其在建设现代企业制度的前因后果，及其所取得的成效。案例充分证明中国特色现代国有企业制度具有适应性、效率性，对改善国有企业业绩、保证国有企业沿着中国特色社会主义发展道路方向前进等具有重要作用。

单一的案例分析还不足以论证中国特色现代国有企业制度的效率性和重要性，为此，本书更进一步地运用计量模型来详细论证中国特色现代国有企业制度与国有企业绩效的内在关系，进而科学地解释了两者之间的相关性，即两者存在显著正向关系。中国特色现代国有企业制度四个大方面的衡量标准的改善整体来讲都是有利于改善国有企业绩效的。在国有企业党建与企业绩效的模型中，国有企业董事会党员比重对企业短期绩效影响的系数是负的，监事会、经理层中的党员比重对企业短期绩效影响的系数都是正的。这说明党组织在董事会中的参与程度越高，国有企业短期绩效反而越差；党组织在监事会和经理层中的参与程度越高，越能提高监事会的监督作用和经理层的执行力，国有企业短期绩效会越好。但是，党组织在董事会中的参与程度越高，在兼任党委书记的董事长影响下，国有企业资产保值增值率也就越高，长期绩效也就越好。在国有企业现代治理与企业绩效模型中，作为衡量现代公司治理水平的股权结构、董事会治理、经理层治理等变量，也都对企业绩效产生影响。股权结构越集中越不利于国有企业绩效改善，董事会成员薪酬越高、持股比重越高，越能推动董事会提高企业绩效，董事会会议次数越多，越能促进国有企业改善绩效。经理层治理上，董事长兼任总经理不利于国有企业绩效改善，经理层薪酬越高、持股比例越大都有利于国有企业绩效改善。在国有企业现代管理与企业绩效模型中，体现民主管理的职工董事比重对企业绩效的影响为负、职工监事比重对企业绩效的影响为正，说明民主管理时职工参与董事会战略决策的能力还有待提升，职工监督的作用还是具有正面影响的。体现激励的管理层持股对企业绩效影响的系数是正的，说明管理层持股有利于国有企业绩效的改善。体现现代人力资源管理的市场化选聘经理层的指标对企业绩效的影响是正的，说明市场化而不是政府行政化的人事安排有利于国有企业绩效的改善。在国有企业现代监督制度对企业绩效影响的模型中，监事会规模、持股比例、纪检监察力量都对企业绩效影响的系数是正的，即监事会规模越大越能全面履行监督职责，监事会持股比例越大越能调动监事会的监督积极性，国有企业中设有纪委书记、纪检审计部门越能充分发挥企业党组织的监督作用，进而越有利于防范经营风险和腐败行为，改善企业绩效。此外，为了从整体上考察国有企业党组织参与程度对企业绩效的正影响，引入时间段作为虚拟变量，选取2010年至2012年的数据和2013年至2016年的数据进行了对比分析，实证结果证实在2012年年底十八大召开后，国有企业的党建工作不断得到强化，其带来的对国有企业绩效的正影响是确实存在的，而且国有企业党建制度的作用发挥在十八大后得到了明显提升。最后，运用因子分析法得出了中国特色现代国有企业制度综合得分变量，与国有企业绩效构造模型，并运用最小二乘法进行实证分析，结果表明中国特色现代国有企业制度综合得分与国有企业绩效存在显著正影响，即中国特色现代国有企业制度综合得分越高，国有企业制度越完善，国有企业绩效越好。这就从整体上证实了中国特色现代国有企业制度的效率性。

本书在理论分析和实证分析的基础上，从三个方面提出了对策建议。一是中国特色现代国有企业制度建设必须坚持的原则，即要坚持党的领导原则、制度创新原则和实验总结原则。二是中国特色现代国有企业制度建设要坚持中国特色的方向，主要是国有企业在社会主义市场经济中通过合理的市场化运作，实现公共职能、改善福利、维护国家稳定；坚持以问题为导向，以实际、正确的方式解决国有企业制度建设中存在的问题；牢牢扎根于中国的文化土壤，使国有企业制度符合独特的党风文化和管理文化。三是中国特色现代国有企业制度建设要建设和完善党建制度、治理制度、管理制度和监督制度。具体来讲就是：1. 要构建中国特色现代国有企业党建制度。这要求在思想认识上要把党的领导贯穿到国有企业经营管理的各个环节；将党组织嵌入国有企业治理结构，强化党组织对国有企业管理、技术队伍建设的把关权和战略管理权；切实发挥党组织参与决策的正向作用。2. 要构建中国特色现代国有企业公司治理制度。这主要是构建稳健而又灵活的股权治理结构，有序推进国有企业董事会建设，有效激发国有企业经理层的动力和活力，建立新型"新老三会"关系。3. 要构建中国特色现代国有企业管理制度。这主要是要健全民主管理制度，建立高效激励机制，加快国有企业职业经理人队伍建设步伐。4. 要构建中国特色现代国有企业监督制度。这主要是进一步完善政企、政资关系，强化国有企业监事会建设，做实国有企业纪检监察审计监督。

本书的创新点有如下三方面：

1. 提出并论证了中国特色现代国有企业制度内涵、理论基础及其具有效率的观点。本论文在吸收西方现代企业制度优点、正视其不足的基础上，结合中国的实际提出了中国特色现代国有企业制度的内涵，并从政治学中党的建设理论、经济学中的企业理论、管理学中的现代管理理论和法学中的权利平衡理论四个方面论证了其理论基础，提出中国特色现代企业制度由国有企业党建制度、国有企业公司治理制度、国有企业现代管理制度和国有企业现代监督制度组成。运用计量模型证实了国有企业党建制度、国有企业公司治理制度、国有企业现代管理制度和国有企业现代监督制度分别在很大程度上能对国有企业绩效产生正向影响，并通过引入时间中介变量和因子分析法分别证实了十八大以来中国特色现代国有企业制度得到加强后比之前对国有企业绩效更具有正向影响以及中国特色现代国有企业制度整体上来讲是有效率的结论。

2. 提出并论证了劳资共享逻辑优于单一的资本逻辑和单一的劳动逻辑。中国特色现代国有企业制度在党组织对国有企业的引领作用下，将党组织的政治核心优势与西方现代企业制度中发挥激励功能的经济优势结合起来，将纯粹的私人资本逐利逻辑变革为公有资本主导下各种资本融合发展的共享逻辑，将企业个体视为企业主体共同创富、共同分享、共同发展，构建了一个企业实体和企业中职工个体全面发展以及与社会良性协调共存的模式。这一模式是对西方现代企业制度的扬弃，突破了西方单一的资本逻辑和苏联与中华人民共和国成立后到改革开放前单一的劳动逻辑的局限，融合了中西方文化的制度之长，能够推动中国特色现代国有企业健康发展。

3. 构建了中国特色现代国有企业制度绩效的衡量指标体系。制度作为软实力，由于其自身的主观性和心理感知性，一直没有形成公认的衡量指标体系。本书运用最小加权二乘法统计模型构建的测度中国特色现代国有企业制度的四大类指标及其细分指标，可以为量化研究中国特色现代国有企业制度建设提供参考，有利于评价和判断不同国有企业建设中国特色现代国有企业制度的成效。

目　录
CONTENTS

第一章　绪论 ··· 1
　第一节　研究背景与意义 ··· 1
　第二节　国内外相关研究现状述评 ······························ 4
　第三节　研究目标、研究思路及方法 ·························· 15
　第四节　研究的创新点 ··· 19

第二章　中国特色现代国有企业制度基本理论 ················· 21
　第一节　中国特色现代国有企业制度的基本概念 ·········· 21
　第二节　中国特色现代国有企业制度建设的基本原则 ····· 33
　第三节　中国特色现代国有企业制度建设的理论基础 ····· 40

第三章　中国特色现代国有企业制度的基本内容 ·············· 55
　第一节　中国特色现代国有企业党建制度 ··················· 56
　第二节　中国特色现代国有企业公司治理制度 ············· 61
　第三节　中国特色现代国有企业管理制度 ··················· 67
　第四节　中国特色现代国有企业监督制度 ··················· 77

第四章　中国国有企业制度改革的现状、问题与成因 ········· 81
　第一节　中国国有企业制度改革的历史与现状 ············· 81
　第二节　中国国有企业制度改革存在的问题 ················ 95
　第三节　中国国有企业进行现代企业制度建设存在问题的成因 ········· 103

第五章　中国特色现代国有企业制度建设的案例分析
　　　　——以 M 公司为例 ················· **106**

第一节　公司发展历程 ················· 106

第二节　M 公司实施制度创新的原因分析 ··········· 110

第三节　M 公司进行中国特色现代国有企业制度建设的措施 ··· 114

第四节　M 公司进行中国特色现代国有企业制度建设的成效 ··· 121

第五节　M 公司进行中国特色现代国有企业制度建设的启示 ··· 124

第六章　中国特色现代国有企业制度的效率考察 ········· **127**

第一节　研究假设 ················· 128

第二节　研究设计 ················· 140

第三节　实证研究 ················· 148

第四节　本章小结 ················· 197

第七章　中国特色现代国有企业制度建设的对策建议 ······· **200**

第一节　中国特色现代国有企业制度建设要坚持的原则 ····· 200

第二节　中国特色现代国有企业制度建设需要坚持中国特色方向 ·· 202

第三节　中国特色现代国有企业制度建设的具体对策 ······ 206

第八章　研究结论与研究展望 ·············· **221**

第一节　研究结论 ················· 221

第二节　研究不足 ················· 224

第三节　研究展望 ················· 224

参考文献 ····················· 225

第一章

绪论

第一节　研究背景与意义

一、研究背景

在全面深化改革背景下，国有企业改革再次成为理论界和实践界关注的焦点，真正步入深水区、驶入攻坚期。如果说以前的国有企业改革只是从容易改、阻力小的方面进行，现在国有企业改革就不得不触碰利益阻碍和深层次难题。破冰前行，勇往直前，就是当下国有企业改革面临的真实环境。国有企业改革的首要目的是提质增效、保值增值、巩固公有制的主体地位和夯实我国特色社会主义建设的经济基础。而制度是影响企业绩效的重要因素，国有企业改革发展必须重视现代企业制度建设。自 20 世纪 90 年代初开始，现代企业制度作为以国家文件的形式出台并要求国有企业建设后至今已有 30 多年了。党的十四届三中全会提出的以"产权明晰、权责明确、政企分开、管理科学"为基本内容的现代企业制度在我国国有企业中纷纷建立。现在，加快完善中国特色现代国有企业制度不仅是十八届三中全会精神的要求，也是习近平总书记在多次中央经济工作会议和有关国有企业国资改革会议上提出的要求。因为自中央国有企业改革领导小组成立以来，习近平总书记先后十几次对国有企业改革发声，尤其是他提出的"领导班子要把国有企业做强做大，挡住私有化逆流，请不要辜负人民的殷殷期望！"的指示，给当前实践界和理论界聚焦国有企业发展、加快完善现代企业制度打了"强心剂"。十九大后，习近平总书记首站调研选在差点被私有化、后来坚定走国有道路的徐工集团，并强调"国有企业是中国特色社会主义的重要物质基础和政治基础，是中国特色社会主义经济的顶梁柱"。近年来，党和国家出台了系列国有企业改革文件，比如，《中共中央、国务院关于深化国有企业改革的指导意见》《关于国有企业发展混合所有制经济的指导意见》《关于国有企业党建工作的实施意见》《关于国有企业供给侧改革的实施意见》等，从战略高度和政治高度对当前国有企业改革发展做出了极为重要的部署。可以说，从实践角度来看，加快现代企业制度建设是我国国有企业最为重要的工作之一。鉴于过去国有企业现代企业制度建设的经验教训，我国国有企业现代企业制度建设必须坚持以马克思主义理论为指导，必须考虑中国特色社会主义建设实践，必须考虑中国国有企业实情。原因有三：一是中国特色现代国有企业制度建设与之前的国有企业制度建设之间存在巨大差异，之前的国有企业制度是在改革开放高速发展阶段建立的，其原则导向是以效率为中心的，现在要突出中国特色，也就是要突出中国特色社会主义性质和以人民为中心的发展观的要求，要从一味地以效率为导向转向效率与公平兼顾为导向，绝对不能为了效率而牺牲广大人民的利益，因此，现时的现代企业制度必然会与此前有所不同；二是中国特色现代国有企业制度与西方国有企业制度相比也呈现巨大差异，由于西方现代企业制度是建立在经济人假设上和为私人利益服务的，是资本主义核心价值观的维护者，而中国特色现代国有企业制度是要建立在社会人假设上和为人民利益服务的，是在改革发展中与广大人民共享成果的企业制度；三是中国特色现代国有企业制度建设与民营企业制度建设也存在巨大差异，因为民营企业的私有基因和唯利本性表明其现代企业制度有着与西方国家企业制度一样的内在缺陷，与国有企业在追求效率和公平的平衡中走向共同富裕与推动人的全面发展导向是截然不同的，民营企业现代企业制度的最终目的还是通过对劳动者创造剩余价值的剥夺来满足私人资本利益的不断扩展。可见，之所以中国国有企业会有这些差异，主要是由于中国特色现代国有企业在建立原因、功能作用、发展目标上与其他企业是不同的。综上所述，无论是从政治导向，还是现实需要，抑或是理论创新来说，对中国特色现代国有企业制度进行研究都显得尤为必要和紧迫。在 2016 年 10 月召开的全国国有企业党的建设工作会议上，习近平总书记指出："中国特色现代国有企业制度，'特'就特在把党的领导融入公司治理各环节，把企业党组织内嵌到公司治理结构之中，明确和落实党组织在公司法人治理结构中的法定地位，做到组织落实、干部到位、职责明确、监督严格。"这为我们研究、构建、实践中国特色现代国有企业制度指明了方向，是当前和今后相当一段时期我国国有企业制度建设的重要内容。

二、研究意义

(一) 具有很强的理论意义

企业制度是制度经济学的重要内容，本研究将为制度经济学发展推波助澜，即在西方主流企业制度理论的框架之外提供以马克思主义思想为指导的企业制度理论，这不仅能丰富现有制度经济学理论，而且为制度经济学理论贡献中国智慧。因为本书研究的中国特色现代国有企业制度不仅是我国特色社会主义市场经济理论中关于微观企业制度的理论，也是中国特色社会主义制度的重要组成部分，对其进行研究有助于全面深刻理解中国特色社会主义制度和"中国模式"，也有助于增强中国特色社会主义道路、理论和制度"三个自信"，是讲好中国故事、传播中国经验的重要一环。本书的研究还有助于国有企业改革理论的完善和创新，将继续延续中国国有企业制度红利，形成新的制度优势。

(二) 具有很强的实践意义

本书将为中国特色社会主义条件下国有企业制度建设探索新模式，为企业治理理论提供新的发展方向，进一步坚定我国国有企业改革方向，推动国有企业改革更切合实际、更高效、更持久地发展。该研究提出的新的企业制度建设模式对国有企业之外的其他企业也将产生重要的借鉴意义，推动其他不同所有制性质企业的企业制度更加完善、更加贴合中国本土实际、更加富于效率。所以，从实践角度来讲，本研究还将大大提高国有企业综合生产率，提高国有企业国际竞争力。此外，在党的领导下，对推动国有企业的转型发展和改革创新，避免苏联或国有企业私有化带来的国资流失和腐败以及西方国家国有企业在经济金融危机中遭受重大损失等危局困扰，实现持续健康发展，都具有现实意义。

第二节　国内外相关研究现状述评

一、国外相关研究综述

(一) 国外对企业制度的研究

关于现代企业制度的研究始于西方发达国家制度经济学的形成。国外包括交易费用理论、产权理论、公司治理理论以及制度变迁理论等诠释企业制度的基本理论,提供了解析现代企业制度形成与发展的理论框架。此外,国外对国有企业私有化也进行了研究。具体来讲,概要如下: 1. 在交易费用理论方面,科斯(Coase, R. H., 1937)认为,交易费用是决定企业产生、企业规模、企业内部控制以及企业结构演变的重要因素。2. 在产权理论方面,奥利弗·伊顿·威廉姆森(Williamson, O. Eaton, 1946)、乔治·斯蒂格勒(Stigler, G. J., 1946)认为,只要交易界区是清晰的,资源配置就能有效;詹姆斯·麦基尔·布坎南(Buchanan, J. M., 1988)认为,所有权、法律制度对于制定和履行契约具有重要作用,产权界区和产权转让是资源配置有效性的保障;西奥多·威廉·舒尔茨(Schultz, T. W., 1991)认为,完全竞争的产权界区能保证资源得到有效配置。国外西方学界普遍认为界定企业产权是克服市场机制在运行中存在摩擦的关键,产权制度也是降低社会成本、克服诸如外在性等市场失灵的关键,是保障资源配置有效性的必要条件。3. 在公司治理理论方面,伯利·阿道夫·奥古斯塔斯(Augustus, B. Adolf, 1932)、加德纳·C. 米恩斯(Means, G. C., 1932)和钱德勒(Chandler, A. D., 1932)提出公司治理结构的概念并认为公司所有权与控制权应该分离,之后形成了超产权理论、两权分离理论、委托代理理论和利益相关者理论等公司治理结构理论。杜德(Dodd, M. E., 1932)认为,有效的公司治理结构应当能够向这些利益相关者提供与其利益关联程度相匹配的权利、责任和义务。美国经济学家伯利(Berle, A. A. Jr., 1933)和米恩斯(Means, G. C., 1933)认为,企业所有者集经营者于一身不利于企业的发展,所有权和经营权分离则会推动企业发展。萨平顿和斯蒂格利茨(Sappington, D., Stiglitz, J., 1987),让·雅克·拉丰和让·泰勒尔(Laffont，J.J.，Tirole，J. 1993）等人的研究认为，私人企业受到人财物的限制，难以形成垄断和实现高效率，因此要通过引入有公众精神的政治家来改进公司的效率。英国经济学家马丁和帕克（Martin，S.，Parker，D.，1997）、澳大利亚经济学教授泰腾朗（Tittenbrun，J.，1996）等认为，企业产权改革、利润激励只有在市场竞争的前提下才能发挥其刺激经营者增加努力和投入的作用。让·梯若尔（Tirole，J.，2001）则认为，公司治理的好坏在于管理层的决策是对投资者负责还是为自己负责，只有为投资者负责才是好的公司治理。卡斯顿·霍尔兹（Holz，C.A.，2015）指出，国有企业和非国有企业之间的治理盈利差距可以用国有企业所承担的流转税比非国有企业高以及国有企业的资本密集程度也相对更高来解释。在公司治理评价指标的量化研究方面，杰克逊·马丁德尔（Martindell，J.，1950）最早对董事会运营与管理绩效进行了量化评价。目前，国际上比较知名的公司治理评价有美国的标准普尔评价指数、欧洲的戴米诺公司治理评价体系和亚洲里昂证券公司治理评价体系等。4. 在制度理论方面，美国著名经济学家道格拉斯·C. 诺思（North，D.C.，1992）认为，制度是经济增长和企业发展的重要因素，制度创新的一个重要内容就是产权结构的创新，明晰创新的产权是鼓励技术变革的重要激励制度。他还认为企业制度创新要经历五个主要阶段①，企业制度创新存在认识与组织、发明、"菜单选择"、启动时间等时滞。5. 在国有企业私有化方面，法国著名经济学家让·雅克·拉丰（Laffont，J.J.）和诺贝尔经济学奖得主让·梯若尔（Tirole，J.，1993）认为，持私有企业比国有企业效率更高的观点是难以成立的，因为从理论上来分析，企业的产出效率在企业经营权和所有权分离的条件下同所有制并不存在内在联系。博伊科等人（Boyko，1996）的研究发现，政治利益会对企业的经营决策产生负面影响，所以整体上国有企业的效率是偏低的，只有私有化才能解决行政人员借助国有企业获取个人利益的难题。但是，琼德和迈金德（Jones，Mygind，1999）通过对爱沙尼亚国非国有公司进行研究，认为私有化无法实现所有权结构的优化。埃斯特林和罗斯维尔（Estrin，Rosevear，1999）通过对乌克兰私有化公司的实证研究，得出了国有企业私有化没有产生更好的绩效。

---

① 五个阶段主要是指形成初级行动集团、初级行动集团提出制度创新方案、初级行动集团对各种创新方案进行比较和选择、形成次级行动集团、初级行动集团和次级行动集团协作实施制度创新并将其变为现实的阶段等。

（二）国外关于中国国有企业制度的研究

由于西方是私有制为主，国有经济只是陪衬，这就使得西方关于国有企业的研究并不是那么受到重视，专门研究国有企业的成果也不多，散落在外文期刊和报告中的关于中国国有企业制度的探讨主要还是夹杂在其他有关议题里面来阐述的。

1. 国外对"中国奇迹"或"中国模式"的研究

国外学者直接研究国有企业制度的不多，但是在研究"中国奇迹"和"中国模式"时就夹杂着对中国国有企业形成、发展演变的分析。比如，俄罗斯的奥夫钦尼科夫（1999）认为，中国开展的国有企业改革和不急于实现国有企业的私有化是中国经验之一。俄罗斯学者皮沃瓦娃（2003）认为，中国改革发展道路并没有照搬照抄西方和苏联模式，而是在深入研究自身实际情况和经验教训，以及借鉴别国经验教训的基础上开创出来的新的发展道路，即坚持中国特色社会主义道路。新加坡国立大学东亚所所长郑永年（2010）认为，中国国有经济制度存在的必然性和混合所有制发展的趋势是中国模式成功的重要因素之一，中国绝对不能搞西方那种私有化、自由化，计划经济时期的教训又说明也不能搞全面公有化、国有化，中国经济的常态是混合经济。

2. 国外学者对中国国有企业面临问题的研究

伴随着不同时期国有企业改革热点的出现，国外学者也对当时的热点问题进行了分析。这些分析主要集中在宏观层面遇到的问题、国有企业私有化和民营化问题、国有企业的效率问题及其原因分析三个方面。

（1）在宏观层面，中国国有企业遇到极为复杂的问题。比如，日本的座间统一（2006）认为，中国国有企业改革既面临着诸如经济全球化带来的激烈竞争、外资和各种非公有制企业对国有企业的挤压与法治化环境的不完善等外部问题，也面临着国有企业自身经营管理水平的低效和政府作为所有主体财政负担过重的内部问题。还有一些外国学者也认为，只有认识到国有企业改革的长期性、复杂性和困难，始终确保国有企业的主导地位，保持社会稳定与经济发展的平衡，才能使得改革开放在长期内保持安全和带来繁荣。美国的威廉·L.麦金森、杰弗瑞·M.内特（Megginson, W. L., Netter, J. M., 2001）等认为，中国在计划经济体制下运转多年的国有企业既没有研发新技术来实现资源的有效配置，也没有冲破改革的压力去创新技术和管理。一些国外学者甚至认为，中国国有企业正在经历以国有资本为基础、以所有权和经营权分离为特征的现代企业转变，通过构建法人治理来彻底打破过去那种以资产所有制为核心的传统国有经济、公有经济制度模式。但是，中国国有企业股东权的多元化已经证明在中国共产党领导下的国有企业可以进行所有权转移，并且目前国有企业法人的改革也正表明国有企业的支配权也交出去了，这些与中国坚持的公有制经济为主导、国有企业控制宏观经济能否实现都有极大的影响关系。

（2）关于中国国有企业私有化和民营化的问题。诺贝尔经济学奖获得者、美国哥伦比亚大学教授斯蒂格利茨（Stiglitz, J. E, 1998）认为，中国经济的成功始于在国有企业中引入竞争和激励，并不是像苏联那样将国有企业私有化。日本学者高桥满（2000）认为，在引入西方现代企业制度的时候，必然会要求公有制企业朝着民营化的方向改革，这无疑会降低公有制经济的比重，中国改革开放的实践过程就是降低公有制经济比重的过程。在国有企业抓大放小、管理层收购的改革中，国有企业大多通过售卖资产进行重组，这些被售卖的资产本身就是非优质资产，缺乏竞争力的，推动其上市本来就有照顾嫌疑，所以，国有企业股份制改革难以全面推开。假若国有企业都股份制了，且成为股份制公司后能在股市通过买卖股票来实现所有权的转移，则国有企业作为社会主义公有制主体地位将受到严重动摇。中国在培育发展市场经济的过程中引入股份制，虽然激发了多元经济主体活力，但是公有制经济与非公有制经济发生了翻天覆地的变化，公有制经济不断萎缩，非公有制经济不断壮大，不过这并没有改变中国社会主义国家性质。美国彼得森国际经济研究所高级研究员尼古拉斯·拉迪（Nicholas, R. L., 2014）分析认为，自 2000 年以来，中国私营企业的迅速发展加剧了行业的竞争，一些原先被认为是垄断的行业也逐步放开，涌现了大量的私营企业，中国不仅没有"国进民退"，反而是"民进国退"。

（3）中国国有企业的效率问题及其原因的分析。麦肯锡公司高级咨询顾问华强森（Jonathan, W., 2008）认为，中国国有企业的效率如何与所有权归属没有太大关系，关键在于国有企业是开放性的，而不是封闭式的，高效的国有企业都是具有极大开放性的。德国前总理施密特（Smit, H., 2012）则认为，中国国有企业改革通过"抓大放小"取得了成功，"抓大"保持了公有制经济的关键，"放小"激活了市场，国有企业是中国经济发展最为重要的主体，因为它追求的是长期稳定的发展而不是将追求短期利润作为第一目标，这样中国特色社会主义建设就有了持久的支撑力。

3. 国外对中国国有企业改革和国资监管的研究

日本的横田高明（2005）认为，对中国国有企业问题的解决需要从宏观方面综合施策，妥善处理好改革、稳定和发展的关系，在全面考虑国家、社会、企业承受能力的条件下进行相关配套措施的改革，而这不是一蹴而就就能实现的。有的国外学者从微观方面提出了看法，如保罗海顿、卡拉贾德（Paul, H., Karacadag, C., 2002）等认为，中国国有企业改革要强调合作管理和强化财政纪律，实施严格的预算限制，剥离国有企业的非商业活动，重新塑造市场主体身份。沃尔特（Walter, J., 2003）认为，作为中国国有企业改革的重要推动力之一的股票市场对推动国有企业回归市场主体发挥着极为重要的作用。此外，2003年，世界银行对中国国有企业进行研究后认为，中国国有企业取得的成果有四个方面的原因，即注重国有资本的高效利用，抓大型国有企业，建立独立化、专业化的国有资产管理机构和市场化的"第二层次"股东，赋予国有企业董事会以实际经营权力。2012年2月，世界银行与中国国务院发展研究中心认为，中国国有企业全面深化改革要做好以下三个方面的工作：一是推进国有企业上市，提高国有资产证券化率，构建多元化的国有企业所有权结构；二是完善市场化的委托代理关系，通过建立国有资产管理公司来对国有资产进行市场化运作；三是继续推动国内外市场竞争，使国有企业在竞争中主动提高效率和创新水平，而这就需要鼓励民营经济发展，使得国有企业面临来自外部的强烈竞争压力。一些国外学者还认为，中国国有企业与金融体制改革滞后是将来经济风险的主要来源，而且国有企业的问题是最为根本的问题，因为金融方面的体制性问题根源于国有企业的问题。也有一些国外学者认为，中国之所以债务和不良贷款规模巨大，主要是因为财政直接支持国有企业而产生的。这就提出了必须加强对国有企业的监管，避免防范系统金融风险的积累，陷入经济金融危机。

二、国内相关研究综述

国内对企业制度的研究是始于改革开放之后的。孙冶方（1979）最早对中国现代企业制度进行了探讨，他认为制度和经济发展有着深刻的联系，制度好可以加速经济发展，制度不好则会阻碍经济的进步。王珏（1987）提出了现代企业制度概念，认为未来国有企业股份制改革的最终走向是要发展到劳动者股份所有制。此后，关于现代企业制度的研究涌现了很多成果，归纳起来，可以从以下七个方面来总结。

（一）关于我国现代企业制度发展历程的研究

对我国现代企业制度发展历程的归纳有两阶段说、三阶段说和四阶段说。主张两阶段说的有陈清泰、吴敬琏、蒋黔贵（2008），张卓元（2008）等，他们将自改革开放至2008年的我国国有企业改革划分为前15年和后15年。前15年我国国有企业改革的重点放权让利、两权分离；后15年国有企业改革的重点是制度创新和公司制改革。主张三阶段的有王忠禹（2008）、李荣融（2008）等，他们都认为我国国有企业改革依次经历了扩大经营自主权、制度创新和结构调整、国有资产管理体制改革三个阶段。具体以十四届三中全会和党的十六大作为时间分界点，也就是1978年到十四届三中全会为扩大经营自主权阶段，十四届三中全会到党的十六大为制度创新和结构调整阶段，党的十六大到2008年是国有资产管理体制改革阶段。夏徐迁（2008）则将党的十六大到2008年这段时间视为国有企业建立现代公司治理阶段。主张四阶段的有李兆熙、张永伟（2008），他们认为经过扩大经营自主权、制度创新和结构调整、国有资产管理体制改革、公司制改革四个阶段的演变，我国国有企业制度发生了根本性变化。即我国国有企业制度在法律形式、所有权结构、公司治理经营组织等方面都发生了大的改变。具体来讲，这四大转变依次为从行政附属物→公司独立法人的转变、从国有独资→股权多元化的转变、从厂长经理负责制→现代公司治理的转变、从单一工厂制→现代经营组织的转变。

（二）关于现代企业制度基础的研究

吴敬琏（1994）认为，合约是现代企业制度的基础，因为现代企业是企业相关主体订立的各类合约而构成的，其中企业相关主体包括消费者、土地所有者、资本所有者、劳动者等，各类合约包括产品合约、要素合约、货币支付合约等。张维迎（1999）把产权看作现代企业制度的基础，搞好了产权就可以建立好现代企业制度。刘小玄、李利英（2005），白重恩、路江涌、陶志刚（2006）等都通过运用实证研究方法研究认为，国有企业改制是我国国有企业制度建设的基础，因为它不仅促进了现代企业制度的建设和完善，也促进了国有企业提高企业生产率。

（三）关于社会主义国家现代企业理论形成发展的研究

王仕军、邹世猛（2010）认为，一些社会主义国家在马克思主义经济理论的指导下，结合本国的实际情况对经济体制和企业制度进行了艰辛探索，形成了南斯拉夫的企业自治理论、苏联的企业理论、匈牙利的社会主义企业理论和中国特色社会主义企业理论。南斯拉夫、苏联、匈牙利的企业理论有些至今都对我国国有企业制度建设具有启发借鉴意义。作为中国特色社会主义市场经济的重要组成部分，中国特色社会主义企业理论在我国取得了丰富的成果，涌现了很多知名的企业理论专家。比如，针对国有企业性质的研究，蒋一苇（1979）最先提出"企业本位论"，金碚（1999）又提出"特殊企业论"和"西方国有企业理论说"等重要观点；针对深化国有企业改革的策略，先后出现了"产权中心论""竞争环境中心论""自生能力论""加强企业管理论"以及"国有经济战线收缩论"。尽管这些理论在实际中或多或少影响了我国国有企业改革，但是并没有突出中国特色社会主义企业理论的特点，在彰显企业理论的社会主义方向、现代市场经济适应性方向和更加具有中国特色的内涵上还远远不够。中国特色社会主义企业理论研究在经济学范式上还表现出明显的"西化"倾向，很容易给人误导，只要讲现代企业制度就是西方国家怎么样、怎样借鉴欧洲和美国等国家企业制度的做法。乐国林、陈春花（2011）从企业宪法的高度对"鞍钢宪法"中蕴含的中国本土管理元素进行了系统分析，形成了中国特色现代企业制度的新认识。

（四）关于中央高层对国有企业制度认识的研究

中央高层对国有企业制度的认识散落在他们的工作讲稿中，当然也包括一些官员和学者对中央高层领导研究后形成的成果里面提到的相关认识。从国有企业制度发展历程来看，中央高层对国有企业现代企业制度的认识在不断提高，也在不断完善。这可以从中央高层在历次重大会议中提到的国有企业改革思路中管窥一豹。在研究中央高层对国有企业制度认识的成果中，可以分为从领导人物视角来论述和从党的领导集体整体视角来论述。比如，李荣融（2004）等不仅分析了邓小平同志提出的"要对国有企业下放权力和放开搞活、改革国有企业领导体制和强化国有企业党建"等思想，也分析了江泽民同志和胡锦涛同志提出的"建立现代企业制度、使股份制成为公有制的主要实现形式、完善公司法人治理结构，建立权利责任义务相统一，管资产管人管事相结合的国有资产管理体制，以及探索与现代企业制度相适应的党建工作新体制新机制"等思想。而顾海良（2009）、庄福龄（2010）、丁俊萍（2014）等研究马克思主义发展史、毛泽东思想和中国特色社会主义理论体系，分析了党的几代领导集体对国有企业改革发展和制度建设所形成的思想。武力、肖翔（2011）则从更长的时间跨度入手，详细分析了新中国成立以来中国共产党关于国有企业改革发展的重要探索及其成效。很显然，这些重要认识和对认识的研究极大地推动了中国特色现代国有企业制度理论的创立、形成和发展。

（五）关于为什么要建立中国特色现代企业制度的研究

程承坪（2015）研究认为，由于当前国有企业普遍存在的法人治理结构不规范、党建工作薄弱、国有资产监管水平不高，劳动者的积极性、主动性和创造性难以得到充分调动，国有企业的整体经济效率还不高，对国有企业监管也存在不力，国有资产流失以及国有企业高管腐败等现象仍然较为突出，国有企业的这些问题引发了社会各界的不满，提高国有企业经济效率、加强对国有企业监管的倡议得到广泛讨论，因而要进行中国特色社会主义国有企业制度改革。张弛（2017）认为，可以从党组织是我国国有企业社会主义性质的重要保障、有助于改善国有企业治理、有利于国有企业人才队伍建设来分析中国特色现代企业制度的特色为什么是党组织。李云峰、黄清（2017）认为，人民利益、共产党的宗旨和现阶段的任务，以及在微观市场主体中充分发挥党组织的政治优势和现代企业制度市场优势的融合决定了党组织嵌入国有企业治理是必须的。

（六）关于中国特色现代国有企业制度内容的研究

程承坪（2015）认为，中国特色现代国有企业制度由中国特色国有企业党的领导制度、中国特色国有资产监管制度、中国特色国有企业公司治理制度和中国特色国有企业管理制度四个部分构成。罗虎（2017）认为，中国特色现代国有企业制度包括党的领导制度、国有资产监管制度、国有企业产权制度、国有企业公司治理制度和国有企业管理制度，并进一步概括为"党的领导、国有控股、多元治理、科学管理"。刘凤义（2017）等认为，中国特色现代国有企业制度有公司治理结构嵌入党的领导、国有企业领导人要有中国特色的企业家特质、发挥社会主义企业家的才能三个突出内容。显然对其内容的构成上还没有取得一致意见。

（七）关于如何建立中国特色现代企业制度的研究

关于中国特色现代国有企业制度实现路径，杨培新（1987）、国家经委企业管理局（1988）等认为，实践证明经营承包责任制能够较好地化解政企分开、所有权和经营权分离等问题，创造了国有企业市场化的有效途径。杨瑞龙（1995）主张对国有企业进行分类对待来考虑不同类型现代企业制度的建设是搞活市场经济的较好方式。林毅夫（1995）认为创造一个公平竞争的条件与环境，形成硬预算约束制度，是搞好国有企业制度建设的关键。厉以宁（1980），吴敬琏、钱颖一（1993），张卓元（2000）等认为实施规范的股份制、公司制改革是国有大中型企业建立现代企业制度的最好选择。赵晓雷（2001）等则认为加大国有民营力度，把国有中小型企业出售、出租给集体或个人经营是活跃市场经济的好办法。厉以宁（2003）大力倡导把传统的公有制企业改造成新公有制企业，即将传统国有企业改造为国家独资企业、混合所有制企业、公众持股企业和公益基金企业。侯若石（2004）认为要重视董事会中劳动者的地位问题，劳动者和其他企业参与者要参与公司治理，协调好所有者、董事会和高级经理人员和劳动者的利益关系。魏杰（2004）认为国有企业要关注公司治理中人力资本和货币资本方面的制度建设。国务院国资委党建工作局（2008）通过详尽总结改革开放 30 年来国有企业党建的成效和经验后，指出国有企业必须坚持党的领导，同时要使国有企业公司治理高效和党组织政治核心作用充分发挥。邵宁（2011）认为国有企业管理发展到今天，已经开始实现从粗放式管理向集约式管理的重大转变。王勇（2012）详细总结了国有企业产权制度、公司治理制度、管理制度和国有资产监管制度等方面的成效，具体来讲就是股份制、公司制改革深入推进，国有企业产权呈现多元化；大力推动董事会规范化建设，公司治理结构不断完善；权利、义务、责任"三统一"与管资产、管人、管事"三结合"的国资监管体制基本建立，劳动、人事、分配等管理制度改革进一步深化。赵纯均（2013）对中国式企业管理九个方面的特点进行了系统阐述，并认为国有企业现代管理制度的建设是构建中国特色现代企业制度的重要内容。周海江（2013）认为把"党的建设""社会责任"嵌入"现代企业制度"来构建中国特色现代企业制度，主要包括现代企业制度（边界清晰的多元产权制度、制衡合理的法人治理制度、体系科学的经营管理制度）、企业党建工作体系和社会责任体系。十八大以来，党中央高度重视国有企业改革，推出了系列全面深化国有企业改革文件，掀起了国有企业制度建设的高潮。理论界再次掀起了国有企业制度探讨的热潮，比如，陈仕华（2014）通过对国有企业党建中的纪委治理作用进行实证研究，认为国有企业纪委的治理参与能抑制高管的私有收益。罗虎（2015，2016）认为要分别从国有企业现代产权制度、国有资产监管制度和国有企业管理制度采取措施，比如，在产权方面要从深化国有企业公司制股份制改革、发展国有控股的混合所有制企业和推进混合所有制企业员工持股三个方面来推进国有企业产权多元化；在国有资产监管制度方面，要落实好国有企业资产委托代理经营链条上的三大权利，即明确人大、国资监管机构、经营授权，分别落实所有者权利、出资者权利、经营者权利；在管理制度方面，要从物质奖酬制度、工作设计制度、参与管理制度、人力资源管理制度等入手构建系统的激励机制，从客户、业务、财务、员工、创新、社会等构建全面的业绩评价体系两个方面来推动国有企业解决员工动力和企业发展方向的问题。

三、国内外相关研究评述

总体上来看，西方现代企业制度是以私人资本为基础的，遵循的是私人资本逻辑，正是因为这一点，其制度尽管不断完善始终摆脱不了资本私利最大化的劣根性。私人资本追逐利益最大化的缺陷，如果缺乏科学的制度约束就可能发生各种形式的经济危机。虽然其具体的企业运作经营有一些可取之处，但是我国社会主义市场经济建设不能以此为蓝本一味地模仿照搬，应该是有批判地借鉴。另外，国外一些学者肆意推断我国的市场经济改革，认为国有企业占比的下降会导致私有资本占主导、走西方市场经济的道路，这是没有深入研究我国社会主义市场经济的内涵和国家从宏观和微观对整个社会经济面的掌控、引导。国内学者一部分强调市场化、自由化，全面借鉴西方的企业制度，这是忽视了我国国有企业几十年发展积累的实践经验而被国有企业发展实践证明是走不通的方案。当然，也有一部分结合我国实践进行了有益的探索，注重劳动者在企业治理的作用，注重党组织对企业发展的作用，倡导以共享型企业制度来最大化企业活力，进而实现国有企业经济效益与社会效益的完美结合，这是我国社会主义初级阶段公有制向社会主义高级阶段社会所有制过渡的必然条件。我国的社会主义经济发展模式是我国制度变革塑造的，没有社会主义商品经济的发展和社会主义市场体制的建立，中国模式和中国道路是不完整的，也是没有活力的。国有企业制度在经历了系列变革后，既没有像苏联那样一夜间变为私有，严重损害了全体国民的利益，也没有走回头路，而是通过抓大抓总抓导向抓战略的方式来保障国民基本的公共需要和进一步发展的战略性需要，并且在很多领域实现了公有与私有的并存发展，形成的混合所有制经济在发挥各自优势的前提下使得整个经济发展效率比单一的公有和私有更有效率和更有安全性。所以，尽管对混合所有制企业制度的研究还远远不够，但是我国混合所有制企业的制度建设显然是我国特色现代国有企业制度的重要组成部分。前几年，有个别学者开始注意到了中国特色现代国有企业制度建设问题，但是还很不完善，比如，罗虎将中国特色现代国有企业制度分为五个方面还存在缺陷，因为从现代企业制度而言，产权是包含在公司治理当中的，是公司治理的基础，产权结构怎样会影响公司治理的结构和机制。因此这种内容的区分还是值得商榷的。程承坪教授界定的中国现代国有企业制度内容相对准确些。至今，理论界对中国特色现代国有企业制度的理论基础研究得也非常少，而这恰恰是理解中国特色现代国有企业制度的基石，要进一步深入分析中国特色现代国有企业制度，就必须从其形成发展的理论基础来开始探索。此外，针对中国特色现代企业制度的定量研究还是空白，已有研究更多的是集中于文字逻辑论述其重要性和必要性，究竟其对现实中的国有企业来说发挥着怎样的作用、发挥作用的程度等问题还需要进一步的努力探索。

综合前面的论述，全面系统论述中国特色现代国有企业制度理论形成、主要内涵及发展完善的文献并不多见，仅有的也是从某一具体层面来阐述。进一步来看，由于理论界对今后国有企业深化改革具有重要指导意义的党的十八届三中全会全面深化改革重要决定以及《中共中央、国务院关于深化国有企业改革的指导意见》中提出的以管资本为主通过打造国有资本投资运营公司来加强国资监管、稳妥有序推进国有企业混合所有制改革以及在此基础上完善现代企业制度建设等思想怎样落实到我国国有企业改革发展实践中还有大量工作要做，如何结合已有的文献和政策对中国特色现代国有企业制度的理论形成、主要内涵及发展完善进行系统研究成为非常紧迫和必需的重要任务。最后，对中国特色现代国有企业制度的效率考察也显得非常必要，因为我们不能仅仅是靠规范性的论述来说明中国特色现代国有企业制度的优越性，要在实践中拿出实实在在的论证来检验其是否真正是具有优越性的。

第三节 研究目标、研究思路及方法

一、研究目标

（一）理论目标

一是整体上来说要构建与我国国有企业全面深化改革相适应的现代企业制度体系。二是对中国特色现代企业制度的理论基础进行探索，研究出科学合理的切合我国国有企业实际的理论支撑。三是对国有企业现代企业制度建设情况进行评价，构建模型对国有企业以制度为核心的软实力进行数量化，用指标体系来建立可比较的制度衡量标准。

（二）应用目标

本书的应用方向主要体现在四个方面：一是研究探索更能体现社会主义特征和市场经济特征的国有企业现代企业制度，为广大中国国有企业开展企业制度建设提供参考和示范。二是建立的中国特色现代国有企业制度评价模型可以为相关部门和企业了解国有企业现代企业制度建设的具体情况提供可量化的数量标准，为比较不同国有企业制度建设好坏和优缺点提供具体详细科学的指导意见。三是为当前国有企业发展混合所有制经济，形成混合所有制企业后，企业制度的完善和整合提供参考标准。四是对现代国有企业制度建设提供对策建议，为国有企业结合自身实际进行制度完善提供参考。

二、研究思路、主要内容、结构安排与技术路线

（一）研究思路

中国特色现代国有企业制度建设研究主要是针对中国开展特色社会主义建设以来，国有企业开展现代企业制度建设的实践总结、理论构建和发展探索，所以中国特色现代国有企业制度建设研究逻辑的现实起点是多年来现代企业制度在中国的实践经验和存在问题。再根据体现中国特色的要求，在分析现有现代企业制度的基础上得出了中国特色现代国有企业制度的具体内容，包括中国特色现代国有企业制度的基本概念、中国特色现代国有企业制度建设的基本原

则和有关理论支撑。对中国特色现代国有企业制度建设的理论基础进行剖析后，要明确其主要构成内容有四个方面，即包括中国特色现代国有企业党建制度、治理制度、管理制度和监督制度。然后，通过"解剖麻雀"的方法对具体国有企业开展中国特色现代企业制度建设前后的对比及其实践结果，论证了中国特色现代国有企业制度建设正效应的存在。为了从个体到一般，验证中国特色现代国有企业制度建设效应的广泛性，在建立中国特色现代国有企业制度衡量指标的基础上构建了国有企业绩效与中国特色现代国有企业制度关系的多元回归模型，并运用因子分析法，一起验证了中国特色现代国有企业制度与国有企业绩效的关系。最后，在前面分析研究的基础上对中国特色现代国有企业制度建设的对策建议进行了详细分析。

（二）主要内容

1. 中国特色现代国有企业制度的理论研究。理论研究要从相关概念入手，中国特色现代国有企业制度建设的基本概念主要包括什么是中国特色、现代企业制度、现代国有企业制度。具体问题的理论还要考虑其建立的基本原则，中国特色现代国有企业制度建设的基本原则包括党的领导原则、经济效率原则、民主管理原则、共享发展原则。涉及中国特色现代国有企业制度建设的基础理论有很多，本研究主要从政治学、经济学、管理学和法学四个角度来探寻其构建的理论前提，具体来说主要是政治学中的党建理论、经济学中的企业理论、管理学中的现代管理思想和法学中的权利平衡理论。

2. 中国特色现代国有企业制度的基本内容。关于中国特色现代国有企业制度的构成，本书在借鉴西方现代企业制度和结合我国实际情况的条件下，认为主要包括中国特色现代国有企业党建制度、治理制度、管理制度和监督制度。中国特色现代国有企业党建制度主要包括国有企业中要明晰党组织的机构设置、职责分工、工作任务，健全党组织有效参与企业决策的体制机制，制定完善企业党员的考核奖惩制度。中国特色现代国有企业公司治理制度主要是包括完善归属清晰、权责明确、保护严格、流转顺畅的现代产权制度，建立公有资本产权、非公有资本产权和劳动产权融合协作制度，健全政府、职工、股东和债权人企业共同治理制度，党员董事、职工董事和职工监事作用发挥制度和经理层的政治职责与经济职责的双重制度安排。中国特色现代国有企业管理制度主要包括职工代表大会制度、职工参与经营决策制度、职工参与管理制度共同组成的以职工为核心的民主管理制度，经营管理层的激励制度、普通职工的激励制度组成的企业高效的激励制度，资本所有者、劳动所有者、企业外部利益相关者共同分享利益的共享型利益分配制度，以及党组织监督、经营决策执行情况监督、职工和工会监督、外部监督构成的中国特色现代国有企业综合立体监督制度。

3. 中国特色现代国有企业制度效率考察。以国泰民安数据库为数据来源，构建关于国有企业经济绩效与国有企业现代企业制度各组成部分关系的系列模型。关于模型指标参数的选取上，参照已有研究和考虑到国有企业要实现国有资本保值增值的功能，选取了净资产率、国有资本保值增值率作为衡量经济绩效的指标。以董事会中党员比重、监事会中党员比重、经理层中党员比重来衡量国有企业党建制度水平；以职工董事、职工监事、管理层持股比重、市场化选聘职业经理人来衡量现代管理制度水平；以有无设纪委书记及机构、监事会持股比重占比、监事会会议次数来衡量国有企业现代监督制度水平；以股权结构、董事会治理水平和经理层治理水平来衡量国有公司现代治理水平。整体来看，中国国有企业现代企业制度的发展完善会推动国有企业改善绩效。

4. 中国特色现代国有企业制度建设的对策建议。在中国特色社会主义市场经济发展导向下，国有企业的存在和发展具有自身的特点，那就是既要坚持社会主义的方向，又要适应现代市场经济发展的规律。所以，中国特色现代国有企业制度建设首先要坚持党的领导、创新发展和实验总结完善三个原则；其次就是彰显中国特色。这就要明确我国国有企业功能，坚持问题导向改革，扎根中国文化土壤。第三是要构建中国特色现代国有企业党的领导制度、治理制度、现代管理制度和现代监督制度。中国特色现代国有企业党的领导制度就是要把党的领导贯穿在国有企业经营管理各环节，将党组织嵌入企业治理结构中，强化党对干部人事工作的领导权和管理权，加强对国有企业领导人的"三性"教育。中国特色现代国有企业公司治理制度包括构建完善内部治理制度和外部治理制度，内部治理制度主要是要完善内部治理结构和优化内部治理机制，外部治理制度主要是完善外部治理结构和优化外部治理机制。中国特色现代国有企业管理制度主要包括健全民主管理制度，建立高效员工激励制度，完善企业公平分配制度。中国特色现代国有企业监督制度主要包括强化党组织监督，提升治理机构监督能力，发挥职工民主监督作用等。

（三）结构安排

第一部分是绪论，包括研究背景意义、研究综述、研究目标思路及方法；

第二部分是中国特色现代国有企业制度建设的理论基础，包括基本概念、基本原则和基础理论，以及中国特色现代国有企业党建制度、治理制度、管理制度和监督制度四大基本内容；第三部分是中国特色现代国有企业制度的基本内容，包括中国特色现代国有企业党建制度、治理制度、管理制度和监督制度；第四部分是中国国有企业改革的现状、问题与成因；第五部分是中国特色现代国有企业制度建设的案例分析；第六部分是中国特色现代国有企业制度的经济效率考察，通过建立模型并运用计量统计分析来考察中国特色现代国有企业制度对企业绩效的影响；第七部分是中国特色现代国有企业制度建设的对策建议，主要从中国特色现代国有企业制度建设需要坚持的原则、需要坚持的方向以及党的领导、治理机制、民主管理和现代监督等方面提出具体途径和对策分析；第八部分是研究结论、研究不足和研究展望。

（四）技术线路

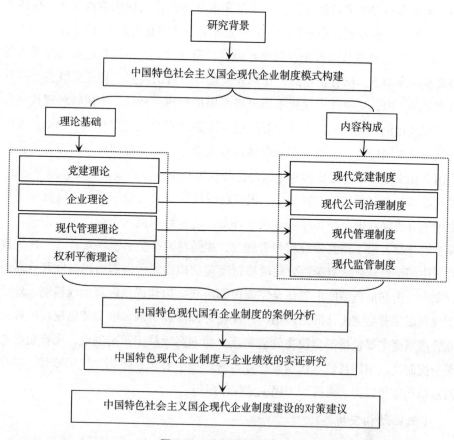

图 1-1 研究技术路线图

三、研究方法

考虑到企业制度是个"舶来品"，在我国发展历程也不长，要结合我国国有企业的实际构建适应我国国情的现代企业制度是创新性很强且很复杂的工作，所以一种研究方法不足以满足研究任务，拟采用多种研究方法。

一是文献归纳法。通过收集整理与企业制度有关的国内外文献，梳理现代企业制度发展脉络，为本书的研究打下坚实基础。

二是历史演绎法。考察中国国有企业现代企业制度沿革和西方现代企业制度形成发展历程，从历史视角来分析企业制度和国有企业制度的演进变迁过程，对本书分析中国特色现代企业制度的建设具有很好的借鉴意义。

三是实地调研法。了解一批中国特色现代国有企业的制度建设体系，研究其规律性内容，对构建中国特色现代国有企业制度坚持从实践中来并能为实践所应用奠定基础。

四是案例分析法。深入剖析国有企业案例，研究分析其构建现代企业制度成功做法，提炼其精华，为国有企业构建中国特色现代企业制度提供借鉴。

五是定量方法。在构建中国特色现代国有企业制度模型后，通过模拟分析其效果，进而对模型的科学性进行检验，从数量实证角度来论证中国特色现代国有企业制度的实施效果，坚定在国有企业中推行中国特色国有企业现代企业制度的信心。

第四节　研究的创新点

一、提出并论证了中国特色现代国有企业制度的内涵、理论基础及其具有效率的观点

本书在吸收西方现代企业制度优点、正视其不足的基础上，结合中国的实际提出了中国特色现代国有企业制度的内涵，并从政治学中党的建设理论、经济学中的企业理论、管理学中的现代管理理论和法学中的权利平衡理论四个方面论证了其理论基础，提出中国特色现代企业制度由国有企业党建制度、国有企业公司治理制度、国有企业现代管理制度和国有企业现代监督制度组成。运

用计量模型证实了国有企业党建制度、国有企业公司治理制度、国有企业现代管理制度和国有企业现代监督制度分别在很大程度上能对国有企业绩效产生正向影响，并通过引入时间中介变量和因子分析法分别证实了十八大以来中国特色现代国有企业制度得到加强后比之前对国有企业绩效更具有正向影响以及中国特色现代国有企业制度整体上来讲是有效率的结论。

二、提出并论证了劳资共享逻辑优于单一的资本逻辑和单一的劳动逻辑

中国特色现代国有企业制度在党组织对国有企业的引领作用下，将党组织的政治核心优势与西方现代企业制度中发挥激励功能的经济优势结合起来，将纯粹的私人资本逐利逻辑变革为公有资本主导下各种资本融合发展的共享逻辑，将企业个体视为企业主体共同创富、共同分享、共同发展，构建了一个企业实体和企业中职工个体全面发展以及与社会良性协调共存的模式。这一模式是对西方现代企业制度的扬弃，突破了西方单一的资本逻辑和苏联与中华人民共和国成立后到改革开放前单一的劳动逻辑的局限，融合了中西方文化的制度之长，能够推动中国特色现代国有企业健康发展。

三、构建了衡量中国特色现代国有企业制度绩效的指标评价体系

本书构建了中国特色现代国有企业制度绩效的衡量指标体系。制度作为软实力，由于其自身的主观性和心理感知性，一直没有形成公认的衡量指标体系。本书运用最小加权二乘法统计模型构建的测度中国特色现代国有企业制度的四大类指标及其细分指标，可以为量化研究中国特色现代国有企业制度建设提供参考，有利于评价和判断不同国有企业建设中国特色现代国有企业制度的成效。

第二章

中国特色现代国有企业制度基本理论[①]

第一节　中国特色现代国有企业制度的基本概念

一、中国特色

中国特色现代国有企业制度的中国特色不是指笼统意义上的中国特点、中国特征，它是与中国所选择的社会制度和发展道路紧密联系的概念，是与中国特色社会主义密不可分的概念。所以，要弄清楚中国特色的内涵离不开对中国特色社会主义的考究。

中华人民共和国成立后，中国的社会主义建设相当一段时期内是照搬苏联模式，虽然取得了巨大成功，但是随着苏联模式自身问题的暴露，毛泽东同志及时指出了问题所在。他在1956年4月发表的《论十大关系》中认为，苏联已经暴露了一些建设社会主义的缺点和错误，不能重蹈他们的弯路，要从中吸取他们的经验教训，探索我们自己的社会主义建设道路。从此，在他的领导下，第一代领导集体开始了中国社会主义建设的努力探索。这些探索为第二代领导集体开展新的中国社会主义建设奠定了基础，提供了借鉴。以邓小平同志为核心的第二代领导集体在传承马克思主义基础上大胆解放思想，创造性地推进中国特色社会主义建设，提出了像中国这样经济文化比较落后的国家怎样建设和发展社会主义的理论，是继毛泽东以后将马克思主义运用到我国实践得出的最为重要的成果。到了江泽民同志和胡锦涛同志时代，中国特色社会主义得到了极大丰富和发展，分别涌现了"三个代表"理论和"科学发展观"理论，使得

---

① 本章中的第一节和第二节相关内容已经发表了，具体见《商业研究》杂志2020年第1期题为《试论中国特色现代国有企业制度的内涵与原创》的论文。

马克思主义更加中国化，中国特色社会主义更加具有中国特色。

但是，很长一段时期，关于中国特色社会主义的起始有过不同观点，有人认为始于新中国成立之时，也有人认为始于改革开放。理论界对中国特色的研究也是多种多样，有从马克思原理同中国实践结合形成的特色论，有从我国国情出发自然而言得出的特色论，有从比较优势视角来分析中国特色的，有从警"右"防"左"角度来看待中国特色形成的，还有从实践中问题的产生、解决来分析中国特色的①。甚至国外学者也对中国特色进行了研究，比如，英国剑桥大学教授彼得·诺兰（Nolan, P.）从"第三条道路"，乔舒亚·库珀·雷默从"北京共识""中国模式"等角度进行分析，也有从社会主义的本质及特征（美国马丁·哈特－兰兹伯格和保罗·伯克特）、经济属性与民主政治（新加坡郑永年）等视角来进行解读的。可见，自从我国走上社会主义道路，伴随而来的中国特点、形式、模式等看法和理论不绝于耳，中国特色一直成为理论界和实践界随时拿来归因的理由，用来解释比较棘手问题存在的原因。很显然，实践界不少人对中国特色的理解有误，或者片面，或者表面。基于对历史的尊重和对实践的考虑，习近平总书记在 2013 年 1 月 5 日明确指出："我们党领导人民进行社会主义建设，有改革开放前和改革开放后两个历史时期，这是两个相互联系又有重大区别的时期，但本质上都是我们党领导人民进行社会主义建设的实践探索。中国特色社会主义是在改革开放历史新时期开创的，但也是在新中国已经建立起社会主义基本制度、并进行了 20 多年建设的基础上开创的。"十八大以来，习近平总书记在全面掌握国情和世情的基础上，有针对性地提出了系列理论，形成了习近平新时代中国特色社会主义思想，将中国特色社会主义理论体系最大限度地完善起来。可见，因为文化和价值观念的不同，中国社会确实存在有别于西方社会的内在运行逻辑，中国人也有自己的行为习惯和行为特点，清晰地认识和把握这些逻辑和特点，有利于增强政策的实效性、提高宏观和微观管理效率。所以，"中国特色"是一个科学概念，有它的科学含义，它是中国共产党领导的中国特色社会主义和中国特色社会建设实践的结合，即理论与实践的结合。具体来讲就是指中国共产党在马克思主义基本原理与中国具体实际相结合所形成的实践特色和理论特色，是中国特色社会主义建设理论提出后形成的关于我国经济社会发展的且与其他社会主义国家有所区别的理论体系

---

① 依次形成了实践说（颜晓峰，2013）、国情说（石仲泉，2016）、优势说（秦宣，2010）、左右说（高放，2012）和问题说（李进，吴琼，2014）。

和实践体系的总称。具体来讲，它包括如图 2-1 所示的内容。

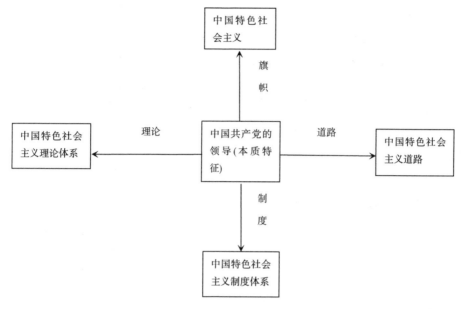

图 2-1 "中国特色"内涵示意图

从图 2-1 可知，中国共产党的领导是中国特色社会主义最本质的特征；决定中国社会主义建设的方向是中国特色社会主义旗帜；中国社会主义建设的路径是中国特色社会主义道路；中国社会主义建设的理论根基是中国特色社会主义理论体系；中国社会主义建设的制度保障是中国特色社会主义制度体系。

2012 年，胡锦涛同志在"7·23"重要讲话中强调"必须不断丰富中国特色社会主义的实践特色、理论特色、民族特色、时代特色"。习近平总书记在 2013 年 1 月 5 日指出："中国特色社会主义是科学社会主义理论逻辑和中国社会发展历史逻辑的辩证统一，是根植于中国大地、反映中国人民意愿、适应中国和时代发展进步要求的科学社会主义，是全面建成小康社会、加快推进社会主义现代化、实现中华民族伟大复兴的必由之路。"这再次证明了图 2-1 所示的五个方面共同构成了"中国特色"的重要支撑。

由此可知，目前存在普遍认为的中国特色，比如，中国特色就是中国特点，中国特色就是中国特有的认识并不是科学意义上的"中国特色"。自改革开放以来，我国学习了很多西方国家的先进经验，譬如借鉴了市场经济机制等。然而，那些旨在一味地照搬照抄西方优秀文化，不结合中国实际，在实践中甚至还歪曲地借鉴西方精华，很显然是违背科学社会主义基本原理和价值导向的，不能成为构成中国特色的内容。西方市场经济机制的糟粕比如自由化、颓废的价值理念等就是我国引入市场经济机制时所要避免的。有些西方优秀文化同我国结合能形成特色，有些却导致了祸害。所以，在今后的发展中，我们对中国特色的深入认识要坚持辩证发展的观点。

从"中国特色"的主义来看，"特"就特在既始终如一，又不断丰富发展。始终如一体现在始终坚持走社会主义道路，不断丰富发展体现在不同时期始终不忘探索具体的主义表现形式。

从"中国特色"的实践来看，"特"就特在人民群众的实践是在党的领导下进行的。历史是人民群众创造的，但是党的领导又是人民群众创造历史的保障。不管是经济发展，还是社会管理，党的领导都是得到坚定不移的贯彻的。正是有了党坚强有力的领导，我国才能在每次经济发展问题暴露之前提前采取措施，进而带领人民群众最大限度地避免了经济周期波动的不利影响。正是有了党的坚强领导，才能在我国经济突飞猛进、粗放发展的同时，我国的社会建设得到较大程度的重视，从而避免了拉美化陷阱，促进了经济发展和社会发展协同共进。

总之，"中国特色"是我国举什么旗、走什么路的问题，是解决我国改革发展重大实际问题的重要原则，是共产党带领我国人民共同富裕图强崛起的法宝。它关系到我国经济社会发展的方方面面，是整个社会发展道路、发展模式的决定力量，是我国搞经济建设和社会发展的指导思想，更是微观经济主体需要考虑和适应的大政方针，是企业经营的中国哲学。所以，在中国特色社会主义条件下，我国国有企业要发展必须形成相应的能够巩固其中国特色的经营策略和战略，积极构建中国特色现代企业制度，为中国特色在微观领域得到贯彻提供制度保障。我国国有企业更应该在发展和完善中国特色社会主义事业中发挥主导力量，积极建设中国特色现代国有企业制度，切合中国特色社会主义事业对微观经营主体的需要，助推我国特色社会主义的落地生根发芽壮大，形成中国特色最为内在的灵魂和精神支柱。

二、现代企业制度

对现代企业制度的理解要从基本概念出发，首先要搞清楚企业是什么，现代企业是什么，制度又是什么。只有这样才能比较全面地把握现代企业制度的内涵。

　　企业的英文"enterprise"是由"enter"和"prise"两词复合而成的，在拉丁语中，"enter"具有获得、开始享有之意，可以延伸为盈利、收益的意思；"prise"则有撬起、撑起之意，可延伸为杠杆、工具的意思。因此，英文中的企业是指获取盈利的工具的意思。明治维新后的日本向西方学得了"企业"一词，而且赋予了东方文化的解释。在日本，企业是指经营主体持续经营某项事业的意思。我国《说文解字》里面的企业是指为实现共同的事业而聚集在一起的人们。至今，日本一些著名的大企业在章程中都注明是"为经济的发展和社会的进步而努力奋斗"。但是，在我国广泛流传的观点则认为企业是指以盈利为目的，在一定的技术条件下，通过整合使用土地、劳动力、资本和企业家才能等要素，生产并向市场提供商品或服务，进而实行自主经营、自负盈亏、独立核算的具有法人资格的经济组织。现在，在我国一些人的心目中，企业的概念是以盈利为导向的，人民办企业只为挣钱，连基本的经营守则都可违背，所以在市场经济发展一段时间后，我国社会迎来转型期，在这个时期社会矛盾突出激烈，各种像纯粹以盈利为目的的西方国家现代市场经济中的恶果比如安全事故、伪劣产品、生态破坏、劳资冲突等以海啸般涌来。我们学习西方企业的内涵学到了以盈利为目的，却没有学到日本企业为经济社会发展进步为目的。也就是说，把西方企业的原始内涵学到了，却丢掉了我们自身传统文化的优良基因，哪怕这种基因被日本吸收了。所以，本书认为，企业作为经济组织，是具有社会性的，其行为准则也就不能仅仅是盈利，还应该遵循社会良序公俗。在此前提下，通过组织配置劳动力、生产设备、原材料，并运用一定技术实现用最小投入获得最大化产出的组织才是企业应有的内涵。

　　现代企业是现代市场经济的一种典型的组织形式。它具有五个基本特征：一是企业法人拥有所有者投入形成的法人财产权，具有独立的民事权利并独自承担民事责任；二是企业法人能够依法自主经营、自负盈亏、独立核算、照章纳税，对所有者承担资本保值增值责任，以法人资产对债务承担有限责任；三是企业的所有者按投入企业资本多少来分享权益，并以投入财产多少来承担有限责任；四是企业法人是在保护环境的条件下按社会需求和市场反应来组织生产经营活动，提高劳动生产率、追求企业经济效益和社会效益是其主要目的；五是建立科学的企业领导体制和组织管理制度，形成激励和约束相结合的经营管理机制，以及在股东大会、董事会、高层经理人员和监事会间形成相互制衡的关系。所以，倘若说原始或近代企业遵循"资本至上逻辑"为原则的话，现代企业则必须是遵循"人本至上逻辑"为准则。因为，"资本至上逻辑"的企业追求的是资本回报的最大化，即想方设法将企业资源都视为利润的源泉，尽可能地压榨企业资源尤其是人力资源去获得更多的利润，因为他们视企业的人同企业的其他物质资源一样仅仅是生产利润的工具。这种西方前工业化时期"见物不见人"的经济行为准则，与现代社会对"人权、民主、道德和科学"的重视，要求重视人、重视社会利益相关者的价值理念显然是格格不入的。遵循"人本至上"原则的现代企业是以实现人的社会价值和提升生活品质为宗旨的，通过对社会的贡献来获得合理的利润，进而实现自身的发展，这与现代社会价值理念是一致的。本书认为，现代企业是投资者投入资本并形成所有权，企业自身形成法人财产权，投资人、管理者和职工等在高效的法人治理框架内，通过按市场和社会需要来生产或服务，进而满足和引导社会消费、提升生活的幸福感、承担应尽的社会责任，最终实现企业内部员工和企业外部利益相关者全面发展的社会经济组织。这种对现代企业的诠释不仅符合中华传统文化对经营组织本质的诠释，更符合中国共产党领导下对现代企业本质的要求。自古至今，凡是伟大的企业，都是在践行着这种企业价值理念的。

　　而制度是什么呢？研究者从不同的视角给制度下过形形色色的定义。按照道格拉斯·诺斯（North, D. C., 1991）的说法，制度是"人为设计出来构建政治的、经济的和社会的互动关系的约束，由宪法、法律、产权等正式的规则和奖惩、禁忌、习俗、传统及行为准则等非正式的约束组成"；诺斯（North, D. C., 1954）又说"制度由一系列规则形式的和规章形式的行为约束组成；而且制度最终是由一系列道德的、伦理的和行为的规范组成的，这些规范限定了人的行动界限，并且制约着具体制定和实施各种规则、规章的方式"；阿兰·施米德（Schmid, A., 1992）则把制度定义为"人们之间的多组安排好的关系，这些关系规定着人们的权利，使人们面对他人的权利、特权和义务"；丹尼尔·布罗姆利（Bromley, D., 1989）则主张把制度分为两类：惯例与规则或权利；安德鲁·肖特（Schotter, A., 1981）视制度为"社会全体成员一致同意的行为规则，这些规则具体规定了在特定的反复出现的情景中的特定行为"；而按照埃里克·福鲁博顿和鲁道夫·里奇特（Furubotu, E., and Richter, R., 1991）的说法，"现代制度经济学关注于财产制度和支配着产权的获取与转让的规范体系"。可见，上述定义只是从社会宏观环境的角度界定了人与人之间的关系及行为规范，而各式各样的具体组织也只能在这样的宏观环境下来构建自己本组织的合约安排与微观治理的制度安排。可见，制度不仅一般地指要求大家共同遵守的办事规程或行动准则，还包括其实施机制，即要有一套保障约束和指引着行为及其尺度的机制；不仅调节人与人的关系，还包括调节人与物的关系，也包括调节物与物的关系。在经济学意义上的制度，是指那些具有执行力的，对交易协调具有保障作用的，能够指导交易中主体间利益分配和交易费用分摊的行为规则。

企业制度的形成可以追溯到中世纪前的罗马帝国，原始的企业制度的主要形式为康枚达和索塞特以及特许公司的雏形"条例管理公司"等。随着工业革命的出现，高级形态的生产力使得生产组织方式发生重大变化。16世纪末到19世纪三四十年代是现代企业制度形成和发展的阶段，也是原始企业制度向现代企业制度过渡的阶段。因为，这一时期，传统手工业向机器大工业演进，最初的封建专制管理开始发展为系统的所有权与经营权分离的现代管理。这期间又可以分为两个阶段，一是1790年开始以纺织机和蒸汽机开启的劳动协作时代，企业制度始于当时管理劳工的规章制度，以资本家经验管理为主，主要是延迟工作时间、增加劳动强度、压榨工资等制度来管理企业。二是1841年美国马萨诸塞州至纽约铁路客车碰撞引发的建立各级岗位责任制和老板只分红不参与管理的职业经理制。这样，企业所有权与经营权相分离，企业法人地位逐步确立，并形成了企业破产法和公司法，企业法人产权制度慢慢形成。这种制度演进不仅适应了生产力的升级，而且极大地保护了经营投资者，激发了社会投资的积极性，进而推动生产力进一步地发展提高。从制度的演进来看，企业内部各参与者之间的关系及权利、义务的界定都必须以一定社会条件下宏观制度的约束为前提；否则，如果企业不顾客观存在的社会制度约束，另行构建一套有别于甚至与现行社会制度、规范相冲突的制度，极有可能导致其实施成本太高而使收益无法弥补成本，得不偿失。所以，不同时期的宏观制度会对企业制度形成不同的影响，企业制度要适应宏观制度的发展，企业才能尽可能地获得制度优势和增强其适应性。因此，企业制度是指企业为了实现既定经济目标和社会目标，通过内部资源的配置与外部环境的适应，在财产关系、组织结构、运行机制和管理规范等方面形成的产权制度、组织制度、治理制度、管理制度等系列制度安排。显然，它不仅仅是企业内部资源的配置制度，也包括与所处社会环境的相处制度，所以企业制度具有开放性，它不是封闭的。

现代企业制度是企业制度在现代的发展。学界普遍认为现代企业制度最初源自美国经济学家阿尔弗雷德·D.钱德勒（Chandler, A.D.）所定义的现代企业。1977年，钱德勒在《看得见的手——美国企业的管理革命》一书中，提出了现代企业是由一组支薪的中、高层经理人员所管理的多单位企业。当时，这类公司已在美国经济的许多部门中成为占优势的企业制度。除此之外，奥利弗·威廉姆森运用交易成本理论揭示了现代公司的演化过程，认为现代公司是众多以节约交易成本为目的和效应的组织创新的结果。自此，公司制成为现代企业制度的基础，要理解现代企业制度首先就要了解公司制企业。在我国，认为现代企业制度就是公司制度这种观点在学术界占据主流。不过，也有专家和研究人员认为现代企业制度不仅包括公司制，还包括个人业主制和合伙制，作为市场经济载体的独资企业和合伙企业同样具有现代企业的性质。可见，我国理论界对现代企业制度的范畴还存在不同的认识。正是在这样的背景下，本书认为，所谓现代企业制度就是以市场经济为基础，以企业法人制度为主体，以公司制度为核心，以产权清晰、权责明确、政企分开、管理科学为条件，在协同追求经济效益、社会效益的基础上实现企业利益相关者全面发展为目标的新型企业制度。具体来讲，现代企业制度大体可包括以下内容：一是所有者制度非常清晰，即企业资产要有清晰的实物边界和价值边界，所有者主体明确并能履职履责。二是治理制度非常明晰，即企业要按照《公司法》的要求形成股东代表大会、董事会、高级经理人员和监事会组成的高效制衡的公司治理结构。三是管理制度比较完善，即企业有生产经营管理制度、明确的战略管理、高效的人力资本管理，以及和谐的社会配套服务管理。四是组织制度非常科学，即企业要有合理的组织结构，在产供销、研发、质控、财务等方面有科学合理的管理制度和机制。五是扩张与破产制度到位，即企业要有刚性的预算约束和合理的财务结构，可以通过兼并重组联合等方式实现企业的扩展，也可以在经营难以为继时破产。

三、中国特色现代国有企业制度

现代国有企业是在现代企业的基础上发展起来的。在西方，它是伴随着国家垄断资本主义的出现而产生的。第二次世界大战后，随着经济危机的不断爆发，自由竞争的资本主义经济面临着严峻挑战，资本主义国家开始对经济进行干预。由于在科技革命的推动下生产力大幅提高，自由市场无法实现生产与消费的有效衔接，酿成了严重的社会问题。在这种情况下，资本主义国家首先开始对生产进行领导。比如，自 1945 年开始，英国将很多基础工业和英格兰银行收归国有，法国将能源、保险、银行等战略性基础行业的企业和关系国家整体经济的大公司收归国有，日本设立的国有企业数量在 25 年间增加了 15 倍，美国政府也在能源、基础设施、提供公共产品和科技开发等领域创办了大量国有企业。不仅如此，在很多发展中国家，国有企业也得到重视，呈现蓬勃发展之势。这主要表现在民族解放运动中对海关、银行、税务机构，以及原殖民者拥有的足以垄断或操纵国计民生的大企业收归国有，以及收回资源主权后形成的包括石油、矿山和农渔业等资源性国有企业。在发展中国家，国有企业的形成和发展，不仅对维护国家主权、确保经济独立、奠定发展基础、维护社会经济的正常运行以及促进区域经济均衡发展等方面发挥着重要作用，而且在促进非国有经济发展、推动落后国家技术进步、建立较完整的市场机制等方面都起了巨大的作用。可见，不管是西方资本主义国家，还是第三世界国家，国有企业都有过辉煌发展的时期。不过，国有企业在发展的同时也暴露出很多问题，诸如产权混乱、垄断损害竞争、政企不分、管理行政化等。20 世纪 70 年代中期以来，随着凯恩斯主义的盛行，不管是西方资本主义国家还是发展中国家都纷纷对国有经济进行整顿和改造，也取得了很大成就。

经过研究实践中国国有企业的种种行为和特征，可以发现对国有企业的内涵给予准确的界定是非常困难的。比如，新古典经济理论认为，企业是以利润最大化为经营目标的生产单位。如果以这一说法为标准，就会把一大批公认的国有企业排除在外。这是因为许多国有企业不可能把利润最大化作为基本目标。更为准确地说，其基本目标应当是社会效益或社会福利的最大化。由此可见，国有企业是一种特殊的企业类型。在西方国家中，国有企业一般仅指中央政府或联邦政府投资或参与控制的企业。而在我国，国有企业既包括央企也包括省、市、县政府投资或参与控制的企业。国有企业与一般企业的区别在国有二字，所谓国有即指国家所有，也就是说企业的资产所有权及其伴生的资产处置权、受益权等权能都在国家手中。在西方资本主义国家，国有企业由于其所有者是资产阶级代表，国家所有是为资本家服务的。在我国，由于国有企业所有者是广大人民，国家所有是为广大人民群众服务的。也就是说，资本主义国家国有企业以及相关制度是为了更好地最大化资本家和资产阶级的利益，而我国的国有企业及其相关制度是为了更好地最大化人民群众的利益，不管是特定领域的国有独资还是新兴产业中的国有控股，抑或是竞争行业中的国有参股，国有企业都是在发挥兜底和引领作用中最大化地实现社会效益，是为了全社会的共同福利而发展的，不是为了某一个团体和阶层服务的。因为国有企业是政府的影子，不管是在资产阶级利益代表的西方政府还是在为人民服务的我国政府，政府作为一个国家维护整个社会秩序和引导社会发展的作用都是极为重要的。在我国，代表人民利益的政府更加具有重大的责任和担当，国有企业正是实现其目标和功能的重要抓手。所以，政府的理念和行为决定了国有企业的行为。作为一种市场主体形式，国有企业既有营利法人的特性也具有公益法人的特性。国有企业的营利性体现为国有资产的保值和增值，国有企业的公益性体现为作为国家调节经济的手段与提供公共产品和服务的重要财力支持来源。国有企业在维护整个社会经济的稳定协调运行上起着巨大的无可替代的作用，并且还积极承担着突发事件的应对和发挥社会兜底功能的作用。

国有企业制度是事关国有企业运营的制度体系，包括产权制度、组织制度和管理制度等。国有企业的产权制度就是国有企业以产权为依托，对其财产关系进行科学高效的调节、组合、管理的制度。国有企业的组织制度是指国有企业的组织架构及其运作规范。国有企业管理制度是指国有企业中人事、资产、营销、文化等各个模块的具体运营制度。在资本主义国家，国有企业制度从严格到宽松，从片面到全面，经历了一系列的改良改造，实现了资本主义企业的不断发展，延长了资本主义发展方式的生存周期，推迟了国家经济危机发生的时间，是资本主义国家经济发展的重要调节器。我国国有企业制度在国有企业改革发展中不断完善，现在基本建成一套国有企业成立、运营、发展、完善、升级转型等完整体系。从最初的产权制度改革，到现代治理结构的构建，再到先进管理制度的运用，国有企业制度建立了立体式的层次模式。当然，我国国有企业制度不管是在组织制度还是管理制度上，同国外国有企业都有很大的差异。既有遵循企业一般要求的制度内容，也有我国特殊国情下国有企业怎样与社会主义市场经济相适应的制度创新。前者有人员管理制度、产权制度、考核制度等，后者有治理结构与机制制度、思想政治工作与企业文化融合制度、党建引领与政治导向制度等。国有企业制度是国有企业实现经济效益和社会效益的重要保障。制度就是生产力，制度出效率，制度保公平公正。于是，党的十四届三中全会明确指出："建立现代企业制度是发展社会化大生产和市场经济的必然要求，是我国国有企业改革的方向，并把现代企业制度的基本特征概括为'产权清晰、权责明确、政企分开、管理科学'

十六个字。"党的十五届四中全会进一步指出要加快建立和完善现代企业制度，并重申了上述"十六字"总体要求。在此后的各种经济工作会议及企业改革会议都提及并强调了建设现代企业制度的重要性和具体举措，有力地推动了我国国有企业现代企业制度的建设。但是，至今我国理论界对于什么是现代国有企业制度，现代国有企业制度的内涵和外延具体指哪些内容，仍然莫衷一是。即使至今"现代企业制度"在绝大多数国有企业得到构建的情况下，现代国有企业制度的基本样态在理论界和实践界还是有各种说法，不同的模式还在不停地试验中。一些学者认为，现代国有企业制度就是公司制度。如经济学家吴敬琏曾指出，经济学文献所说的现代企业制度主要是指 20 世纪上半叶渐趋成熟的现代公司。吴敬琏（1993）更是直接指出"现代国有企业制度就是指以企业法人财产权为基础，以法人治理结构为核心，以有限责任为特征的股份有限公司制度"。吴家骏（1994）更是明确地提出"建立现代企业制度也就是对国有企业进行公司化改造"，他将现代国有企业制度视为现代公司制度，将公司制度视为现代企业制度的最典型的组织形式。甘培忠等（1995）甚至认为现代国有企业制度仅仅是指股份有限公司制度，而不是其他的企业组织形式。张五常（2000）认为企业是一种代替市场形式的合约，以降低交易成本为发展方向，企业制度是因为制约并促使企业合约形式正常运行而形成的，其核心是企业的产权问题，本质是企业依法拥有企业法人的财产权。黄保强（2005）认为现代企业制度是符合社会化大生产的特点，适合市场经济体制要求，体现企业成为独立法人实体和市场交易活动主体要求，在所处特定环境的规范和约束下，企业拥有独立的财产权利和责任的一种制度。

之所以对国有企业现代企业制度的认识还是模糊的，主要是因为对国有企业内涵的把握和对现代企业制度内涵的把握上还没有很好地结合起来。在中国，国有企业的最终产权是归全体人民共同所有的，俗称"全民所有制企业"。现在国有企业将全民所有制改为国家所有企业。由此可见，在中国建设社会主义现代市场经济中，国有企业是特殊企业。这主要表现为两个方面，一是国有企业地位特殊作用也特殊，具有特殊性质和功能；二是国有企业数量伴随着市场经济的发展产生的大量私有企业呈现递减态势。基于以上对国有企业性质的认识，本书认为现代国有企业制度与现代企业制度是存在区别的，后者泛指现代市场经济中企业制度的普遍形态和高级形态，而前者仅指现代市场经济中国有企业制度的高级形态，它与不同国家对国有企业的规定性有关，因而呈现出较大的现代国有企业制度差异。因此，对国有企业改革而言，在理论界和实践界对建立现代企业制度有两种不同的解释和操作路径。一种是强调按一般的现代企业制度对国有企业进行改制，按西方国有企业甚至私有企业制度的标准将国有企业改造为西方自由市场经济中的企业；另一种则认为我国是建设社会主义市场经济而且是有中国特色的社会主义市场经济，不是西方那样的市场经济，所以我国的国有企业制度建设不是要建立在一般意义上的西方式的现代企业制度，而是要建立在中国特色上的现代国有企业制度。所以，对于我国现有的 15 万余家国有企业来说，改革的方向应该是：对国有独资和国有控股的国有企业在分类改革的基础上，不管是哪种类型都要坚持党的领导不动摇，严格按照党组织与企业"三会一层"组织架构的深度融合的要求来构建新型的中国特色现代国有企业治理框架，在明晰各自责任的同时，给予国有企业最大化的符合中国社会主义市场经济的经营行为自由，使市场在资源配置中的决定作用得到充分发挥；而对于那些非国有独资和非国有控股的混合所有制企业，更多的是赋予其市场中一般企业的角色定位，尽可能地倡导这类企业走私营企业、外资企业那样的纯市场化企业的模式，但是仍然需要企业党组织参与治理，以克服其市场化行为的内在缺陷，保障国家大政方针能够在基层企业中得到贯彻执行，进而使得它们一起在经济稳定、社会稳定中发挥应有的功能。这样，才能真正建立中国特色现代国有企业制度的有效运行系统，进而适应我国社会主义市场经济中市场对资源起决定作用的要求。综合以上认识，本书认为中国特色现代国有企业制度是指现代企业制度在引入中国国有企业中时，在借鉴现代企业制度旨在提高企业生产效率和实现企业经济效益的诸如产权清晰、"三会一层"、科学管理等一般性制度的基础上，充分考虑中国国有企业的实际情况，将中国共产党的领导和中国国有企业长期积累的集体团队精神和职工民主管理等优秀的文化嵌入国有企业而形成的制度集合。具体来讲，包括中国特色现代国有企业党的建设制度、中国特色现代国有企业公司治理制度、中国特色现代国有企业管理制度和中国特色现代国有企业监督制度。这种制度由于有中国共产党的坚强领导，国有企业就不会只谋求企业私利，而是在服务社会、造福社会中实现经济效益和社会效益的协同发展。同样地，由于党的领导的介入，原来现代企业制度普遍存在的由于信息不对称造成的外部监督失灵和由于内部人控制造成的内部监督失效的监督困局，在党领导纪检监察工作导入国有企业后，得以实现全透明化和全覆盖，国有企业"黑匣子"得到有效控制，监督行为的效果将大大提升。这也是中国特色现代国有企业制度的特色所在。

第二节 中国特色现代国有企业制度建设的基本原则

一、党的领导原则

中国是一个从半殖民地半封建社会转变过来的社会，其中最为关键的就是中国共产党的成立和坚强领导，可以说没有共产党就没有中华人民共和国，没有共产党就没有改革开放，没有共产党就没有今天中国的繁荣富强。中国共产党的执政地位是中国人民在长期革命斗争和社会主义建设中选择的，并在宪法中得到明确的，是毫无疑义的，也是中国进一步改革发展的最大公约数和交集。党的十一届三中全会以来，中国的经济、政治、文化、党自身的建设等都经历了巨大变化，但共产党的性质、宗旨和领导地位始终没有变。党的十二大以来，几度修改党章，但对党的性质始终如一地表述为："中国共产党是中国工人阶级的先锋队，是中国各族人民的忠实代表，是中国社会主义事业的领导核心。"[①]十九大对党章进行修订后，仍然强调"中国共产党是中国工人阶级的先锋队，同时是中国人民和中华民族的先锋队，是中国特色社会主义事业的领导核心，代表中国先进生产力的发展要求，代表中国先进文化的前进方向，代表中国最广大人民的根本利益"[②]。党的性质不变，当然党的地位和作用也不能变。这在国有企业中更是如此。因为，国有企业是我国国民经济的重要支柱，是中国特色社会主义市场经济的支撑力量，是中国共产党执政的重要经济基础和阶级基础，是全面建成小康社会的主力、社会主义精神文明建设的重要载体和实现中华民族伟大复兴的主体力量。国有企业的发展与坚持党的领导密不可分，加强党组织对国有企业的领导，是进一步深化国有企业改革和发展的必须坚持的准绳。要通过加强和完善党对国有企业的领导、加强和改进国有企业党的建设，使国有企业成为"党和国家最可信赖的依靠力量，成为坚决贯彻执行党中央决策部署的重要力量，成为贯彻新发展理念、全面深化改革的中坚力量，成为实施'走出去战略''一带一路战略'等重大战略的决定性力量，成为壮大综合国力、促进经济社会发展、保障和改善民生的重要支撑力量，成为我国共产党

---

① 见 1997 年 9 月 18 日中国共产党第十五次全国代表大会通过的党章。
② 见 2017 年 10 月 24 日中国共产党第十九次全国代表大会通过的党章。

赢得具有许多新历史特点的伟大斗争的主体力量"①。加强国有企业党的建设是保障国有企业在风云动荡的国际经济环境中生存发展的关键,只有坚持党的领导,国有企业才能突破私营企业的劣根性,从容应对经济周期低谷和外部环境恶化带来的冲击。因此,在国有企业中坚持党的领导既是国有企业自身发展的需要,也是践行党的政治路线的需要。只有不断加强和改进党对国有企业的领导,才能保证现代企业制度下国有企业的发展方向,才能推动国有企业顺利实现两个根本转变。可见,坚持党的领导是国有企业建立有中国特色现代企业制度、推进国有企业改革与发展的根本保证。

具体到操作层面,坚持党的领导主要是指坚持党在政治、思想和组织上的领导,是通过中央、地方和基层三个层次来实现的,其中对基层的领导尤为重要,因为基础不牢地动山摇。江泽民同志在党的十四大报告和党的十五大报告中指出党的基层组织是党的全部工作和战斗力的基础,并明确了新形势下基层党组织要怎样通过搞好自身建设来发挥政治核心和战斗堡垒作用。十八大以来,以习近平总书记为核心的党中央对基层党的建设更是极为重视,而且以实际行动来推动基层党的建设,使得基层党建抓铁有痕。很显然,就全国而言,中国共产党是中国社会主义事业的领导核心。就国有企业而言,由于我国国有企业不像西方企业那样是劳资冲突型的关系而是劳资共享型的关系,这就需要最大公约数的党组织深入企业,充分发挥政治核心作用和引领作用。所以,国有企业党组织不是可有可无的,也不是可以虚设的,当然也不能像计划经济条件下以党代政、包揽一切。国有企业中党的基层组织的政治核心作用和引领作用主要聚焦于"五个一",即一个确保、一个把关、一个带动、一个教育和一个自身建设。一个确保是指党和国家的方针政策要确保在国有企业中得到贯彻落实;一个把关是指国有企业党组织要对国有企业重大决策进行把关;一个带动是指发动连接职工、引导国有企业的工会与共青团等群众组织及职工代表大会的工作;一个教育是指在国有企业中思想政治教育和精神文明建设;一个自身建设是指强化党组织自身素质建设,塑造优良的党性党风②。国有企业聚集了大量的工人阶级,国有企业党组织是中国共产党与工人阶级中坚部分的天然结合。国有企业不管是建立现代企业制度,还是

---

① 见 2016 年 10 月 10 日到 11 日习近平总书记全国国有企业党建工作会议上的讲话。

② 根据 1997 年中共中央发出的《关于进一步加强和改进国有企业党的建设工作的通知》、十五届五中全会通过的《关于国有企业改革和发展若干重大问题的决定》的规定、2016 年全国国有企业党建工作会议精神以及党的十九大修改通过的党章归纳整理而得出的。

转换经营机制，抑或是提升竞争力，都需要党组织的保证、监督、参与、支持、领导。倘若，国有企业党组织被取缔，或处于可有可无、软弱涣散的状态，那么共产党必然会一步步脱离自己的阶级基础，进而逐步丧失对中国特色社会主义经济的领导地位和自身的执政地位。因此，在国有企业，把党建工作要求写入公司章程，把党的领导融入公司治理，完善"双向进入、交叉任职"领导体制，配备专职副书记等措施，使有企业党的领导真正得到落实、扭转党的建设弱化淡化虚化边缘化问题，成为首要任务。

二、经济效率原则

企业的经济效率是西方厂商理论的核心命题。厂商是指能做出独立生产决策的单位，主要包括个人企业、合伙企业和公司制企业。在研究生产者行为时，一般的理论假定是：企业都是具有完全理性的经济人，其生产目的是追求利润的最大化，即在既定的产量下实现成本最小，或者在既定的成本下达到产量最大。在西方经济学中，关于厂商的生产理论、成本理论和市场理论都会影响企业经济利润的获取。比如，在生产领域，资源的配置要使得在同等条件下，产量尽可能地最大化，在成本方面，要使得最小的投入产生最多的收益，市场领域要针对竞争、垄断、垄断竞争等不同的市场类型采取利润最大化措施。除了利润最大化原则外，西方经济学家又提出厂商的目标是多元化的。例如，美国经济学家威廉·鲍莫尔（Baumol，W. J.）分析了厂商以销售量最大化为目标的行为；美国制度学派经济学家詹姆斯·K. 加尔布雷斯（Galbraith，J. K.）则把稳定与增长作为大公司这样的厂商的目标，它们追求的是适度利润。但是，可以看出不管是以销量最大化还是以稳步增长作为目标，目的都是为了资本家利益着想的。

围绕企业利润最大化目标，西方经济学又提出了"效率"概念，既然是率，那就是指比率和比率的变化，于是在西方生产理论、成本理论和市场理论的基础上，西方经济学家演绎出了一套由有单位的量的分析向无单位的比率分析的经济理论。比如，在生产理论中，西方经济学家侧重研究各种生产要素投入的比率及其比率的变化情况带来的影响，诸如边际产量和平均产量及它们的不同比率的变化对投入要素的影响；又比如在成本理论中，侧重于分析边际成本和平均成本及它们的变化率对边际收益和平均收益的影响，关注的是劳动生产率而不是总劳动量等；市场理论中侧重于分析价格因素影响情况下投入要素价格和产出价格的比率变化，进而来分析影响企业效率的各种要素及其配置比例。

可见，从西方经济学的理论来看，面对企业个体的决策，经济效率就是产出与投入的比率，也就是用最少的劳动占用和劳动耗费来实现最大的有效产出，因为单个企业对价格是接受者，它是无法左右市场价格的。所以，就会得出效率的经典定理，即在其他条件不变的情况下，劳动生产率的高低与在单位时间内所生产的产品数量成正比，与单位产品的价值量成反比。我国原来计划条件下的企业是没有效率概念的，自改革开放以来，在竞争的倒逼下，在系列改革刺激下，逐渐变为自主经营、自负盈亏的市场主体，没有效率、没有效益、挣不到钱，企业只有倒闭或者走向没落。所以，在社会主义市场经济条件下，效率的引入和竞争的倡导，企业必须讲经济效率原则，这也是以经济建设为中心口号下微观市场主体必须遵循的原则，否则就会被市场淘汰，难以在激烈的市场竞争中存活下来。

企业就是通过组织人、物在一定的技术函数下、在遵守社会法律道德规则下，力求投入最少产出最大的经济组织。国有企业也是企业，在市场经济条件下要遵循企业的一般规律。所以，追求经济效率是所有企业都必须遵守的经济原则。从实践来看，也只有坚持经济效率原则，国有企业才能实现大发展。近四十年的改革实践表明，随着国有企业改革的不断深入推进，国有企业的效率确实得到了较大提高。这一方面得益于改革开放后市场机制的引入迫使国有企业自身运行机制的改变，另一方面得益于市场经济的发展使得资源配置效率显著提高，倒逼国有企业提高市场经济的适应性。尤其是公有制经济一统天下被国有经济、私营经济以及三资经济混合发展的宏观经济发展模式所取代，多元化的市场主体相互间的竞争、竞发大力促进了我国国有企业和工业整体水平的提高。假设与之相反，若国有企业没有效率，不仅等待它的是大量的亏损和冗员，失去企业的本真，变成官僚机构了，还直接损害工人阶级的利益，造成国家财政损失，而且会在宏观上造成对社会其他经济主体的拖累，源源不断地对国有企业进行的各种输血和在资源资产资本获取上的优势，会大大挤压其他经济主体的发展，带来严重的经济主体不公。因为，作为中国国民经济的最为重要的微观主体之一的国有企业，其效率状况对整个国家的经济运行效率会产生直接的影响，事关国家经济安危和稳定。所以，从理论和实践来分析，国有企业追求经济效率，不是国家要从中挣多少钱，而是其作为社会主义市场经济主体之一要遵循的基本经济规律。

三、民主管理原则

我国是共产党领导的以工农联盟为基础的人民民主专政的社会主义国家，依靠工人阶级是党的优良传统，也是党领导全国人民革命建设取得成功的法宝。国有企业是我国工人阶级的重镇，国有企业中的工人具有很强的政治敏锐能力、团结协作能力和高尚的品格力量，传承着中国共产党领导工人阶级革命建设中形成的集体主义精神。当然，共产党的民主作风对新中国成立后相当长时期内的国有企业的管理产生了很大影响。当时，国有企业中职工以主人翁姿态积极参与劳动、管理和技术创新，在实践中探索出了闻名于世的以"两参一改三结合"为主要内容的鞍钢宪法。这是中国国有企业民主管理的典范，也是当时国有企业在短时期内在一穷二白的基础上建起健全的工业体系的最为重要的制度创新。由于国有企业职工成了国家和企业的主人，有利于他们自觉地充分发挥主人翁的精神，进而有利于激发他们的生产积极性和创造性，所以，劳动生产率得到明显提高。这不仅在微观个体的鞍钢公司中得到实现，在宏观层面来看，国有企业也是有效率的。见表2-1，就鲜明地说明了我国国有企业民主管理的高效性。这种高效性在世界上都是罕见的。在国有企业中形成的民主管理主要是指完善以职工代表大会为基本形式的企业民主管理制度。这种制度通过采取厂务公开、支持职工参与管理等方式，来维护职工合法权益，加强基层民主政治建设，进而实现促进企业持续健康发展的目标。企业民主管理是化解企业矛盾，从源头上杜绝企业内部关系错乱、内耗的重大举措，借用西方企业管理中的团队协作理论和群体动力理论来说，职工民主管理有利于最大程度地发挥职工团结功能和系统协作能力，形成各尽所能、劲往一处使、具有强大向心力的团队，推动企业快速发展。在国有企业实行民主管理工作应当坚持党的领导，以邓小平理论和"三个代表"重要思想为指导，深入贯彻落实"科学发展观"、习近平新时代中国特色社会主义思想，切实在国有企业中执行党的全心全意依靠工人阶级的根本工作方法。国有企业党组织要强化对企业民主管理的领导，大力支持企业职工代表大会、工会、群团组织积极主动开展有利于企业发展和团结凝聚人心的工作。按照合法、有序、公开、公平的原则，建立职工代表大会，完善职工代表大会的工作机制，树立职工代表大会的权威；积极推行民主管理，依法建立完善职工董事制度和职工监事制度；切实保障重视职工依法享有的知情权、表达权、参与权和监督权等民主权利，支持引导职工参与企业管理；尊重和支持企业管理者依法行使管理职权，积极监督企业管理者的经营管理行为，维护企业利益①。

表2-1 1952—1988年我国国有工业企业效率表

	1952	1957	1965	1975	1978	1988
国有工业企业资金利税率	25.4%	34.7%	29.8%	22.7%	24.2%	20.6%
国有工业企业纯利润率	19.2%	24%	20.9%	14.9%	12.8%	8.3%
国有工业企业全员劳动生产率	年均3.9%					

数据来源：徐贵荣. 2011. 国有企业定能重振雄风 [J]. 国企，（11）：106-107.

四、共享发展原则

邓小平同志认为："社会主义的本质是发展生产力，消灭剥削，消除两极分化，最终达到共同富裕。"怎么达到共同富裕，这里涉及两个方面的内涵。一是要富裕，经济要发展，社会要有丰盛的物质成果。二是要大家都能享受这些物质成果，不能社会产品丰富后还有"朱门酒肉臭，路有冻死骨"的现象，全体国民都要过上共同富裕的生活。这个过程的关键就是要共享发展成果。什么时候来共享呢？是等完全发展起来了、社会物质产品大量剩余了再来考虑共享，还是在发展的过程中就要将每取得的发展成果都考虑到怎样分享到普通国民手中呢？本书认为在改革开放私利主义的影响下，个体对私人利益肆无忌惮的追求和金钱价值导向的社会环境，需要政府或者政府的工具能够在经济发展过程中推动社会发展成果尽可能地惠及普通群众，若等到利益阶层完全占有利益积累到一定阶段后，其行为惯性和私利价值观将其独占社会发展成果的行为固化，进而造成富有者越富、贫穷者越穷的结局，这不是邓小平同志想要看到的结果，也不是社会主义建设要想达到的目的。所以，在对我国经济发展问题诊断的基础上，习近平总书记提出了"创新、协调、绿色、开放、共享"五大发展理念，系统总结了我国发展经验，并为今后的发展指明了方向，这不仅反映了以习近平总书记为核心的党中央在发展新阶段适时的理论自觉，也极大地丰富了马克思主义发展观和党的执政理念。其中，共享发展是五大发展理念的出

---

① 见1986年9月25日国务院发布的《全民所有制工业企业职工代表大会条例》。

发点和落脚点，具有强烈的时代感和现实针对性。因为，伴随着改革开放近40年的发展，我国经济总量跃居世界第二，综合国力得到极大提升，同时各类矛盾和问题愈加凸显，分配不公、贫富差距大，城乡地区间发展不平衡，人与自然的关系日益紧张，以及精神文明的滑坡倒退等问题充分涌现，成为我国全面建成小康社会和推动我国经济社会向更高阶段发展的"拦路虎"。若这些问题得不到有效解决，掉入拉美那样的中等收入陷阱是迟早的事。此外，我国改革开放以来追求的现代化首先是实现物质上的现代化，在总量做大之后，就需要从内部结构上进行改革，倘若一直以物质上的发展、以挣钱为衡量标准，则民生、满足人民群众对美好生活的愿望就会成为空中楼阁。只有正确面对发展中存在的诸多问题，正视越来越拉大的收入差距、城乡差距等容易激发矛盾的问题，推动共享发展，才能营造一个既繁荣富强又和谐发展的良好局面。

共享发展理念是对科学发展观的丰富和发展，是对共同富裕这一社会主义原则的坚持和丰富。将共享发展理念作为"五大发展理念"的起点和归宿，对推动发展问题的解决，对朝着共同富裕的目的奋斗有着重要的理念指导作用。共享发展集中体现和反映了新一届党中央坚持全心全意为人民服务根本宗旨的执政理念，彰显了中国道路的鲜明特色，是中国特色社会主义发展模式的重要构成内容。要坚持共享发展，最为关键的是要尽快构建有效的制度支撑体系。具体来讲，就是要坚持和巩固社会主义初级阶段的基本经济制度，加快贯彻落实党的十八届五中全会提出的实施脱贫攻坚工程、增加公共服务供给、提高教育质量、促进就业创业、缩小收入差距、建立更加公平更可持续的社会保障制度、推进健康中国建设、促进人口均衡发展八个方面的制度。在以上具体制度和政策的制定完善上，要做出显著有利于贫困弱势群体的安排，通过增加低收入劳动者收入，提高他们的生活水平，努力缩小社会贫富差距。这些制度和目标必须在宏观经济发展战略的科学引导下才能实现，这就要求在今后的发展中始终坚持"两个毫不动摇"，即"必须毫不动摇巩固和发展公有制经济，坚持公有制主体地位，发挥国有经济主导作用，不断增强国有经济活力、控制力、影响力。必须毫不动摇鼓励、支持、引导非公有制经济发展，激发非公有制经济活力和创造力"。这不仅意味着共享发展目的的实现是建立在公有制经济起主导作用的宏观经济中，而且要有微观上大量支撑公有经济的企业组织。这就要求坚决拒绝搞大规模私有化国有企业的主张，同时想办法按照社会主义价值原则对国有经济做出一系列战略调整，做强做优做大国有经济，强化国有经济在中国特色社会主义现代化建设中的作用。

第三节　中国特色现代国有企业制度建设的理论基础

企业制度是在一定的社会经济环境中诞生的，企业制度的类型和模式离不开所在社会经济的特点和模式。即使是同样的西方现代企业制度，在不同的国家表现也不同。日本与德国的企业制度更多地表现为组织控制型的公司制，美英的企业制度更多地表现为市场型的公司制。所以，一国的企业采取什么样的企业制度，具体的制度细节和制度执行条件都会呈现很大差异。其中的原因就是企业制度在不同国家的适应基础发生了变化，根据自身的实际情况和发展历史特征进行了适应性的修正。所以，在现代市场经济影响下，在计划经济时代我国国有企业对企业制度的探索中，以及在传统文化积淀下形成的个人与社会特征和行为方式中，我国国有企业制度形成了内在的特征。总结起来，中国特色现代国有企业制度的理论基础，需要从党建理论、企业理论、权利平衡理论和现代管理理论等方面来分析。党建理论体现了执政党和国家政策导向对现代国有企业的制度规定，企业理论体现了西方现代企业的精华，管理理论体现了现代管理理念对我国现代国有企业制度的影响，权利平衡理论体现了企业"黑匣子"中多方博弈的行为架构。

一、党建理论

党建理论即指共产党建设理论。很显然，作为马克思主义在我国传播后并以此为理论建立的共产党，其发展和理论创新离不开国际共产党的影响，自然也就离不开共产主义理论的回顾和分析。自 1847 年 6 月 2 日世界上第一个共产主义政党共产主义者同盟的建立为开端日诞生后，很多伟大人物都对其理论进行了探索，从其历史发展演进的过程来看，马克思、恩格斯、列宁等都在理论和实践上做了很多贡献。《共产党宣言》《法兰西内战》就较为集中地展现了马克思和恩格斯的党建思想。《共产党宣言》第一次揭示了无产阶级政党的性质、目标和任务等系列党建基础理论。而《法兰西内战》则是马克思和恩格斯通过总结巴黎公社政权建设的经验，形成的工人阶级政党在取得国家政权后如何进行自身建设的理论策略。最早的执政党建设理论是由列宁提出的，对全世界无产阶级政党建设发挥了重要的指导作用。国际共产主义对共产党的成立、建设、发展等问题都进行了详细的研究，为指导国际共产主义运动发挥了重大理论指导作用，当然在这些理论的实践运用中也得出了很多教训，成为后来共产党理论和共产主义运动实践的重要来源。马恩列的主要党建思想见表2-2。

表2-2　马克思、恩格斯、列宁主要党建思想一览表

马克思、恩格斯	《共产党宣言》《法兰西内战》	《共产党宣言》阐明了共产党的性质是无产阶级的先锋队；然后阐明了共产党的纲领，其最低纲领是推翻资产阶级的统治，夺取国家政权，而最高纲领是实现共产主义，为每个人的自由发展创造条件；最后，马、恩指出了共产党领导革命和建设的基本规律。《共产党宣言》指出："工人革命的第一步就是使无产阶级上升为统治阶级，争得民主。无产阶级将利用自己的政治统治，一步一步地夺取资产阶级的全部资本，把一切生产工具集中在国家即组织成为统治阶级的无产阶级手里，并且尽可能快地增加生产力的总量。"
		《法兰西内战》明确指出："工人阶级政党在取得国家政权后进行制度建设的方针和策略。第一，实行普选制、低薪制、监督制和罢免制，这是防止国家和国家机关由人民公仆变为人民主人的根本政治制度。第二，使劳动者在经济上获得解放是无产阶级政党的根本特征和根本要求。第三，公开性原则是无产阶级政党永远进步的内在要求。"
列宁	《怎么办?》《共产主义运动中的"左派"幼稚病》	列宁首次利用马克思主义学说建立了布尔什维克政党，结合党的实际情况、地位以及历史任务等几个方面，明确地提出了党建原则。其党建思想的主要内容有：一是要坚持无产阶级政党的领导。列宁认为，马克思主义政党是社会主义胜利的唯一保证。二是要以科学的理论为指导。列宁认为只有全体组织成员真正在思想上有共同的理想和信念，才能真正建立起一个新型的无产阶级政党。三是新型政党必须有严密的组织和统一的纪律，这是政党战斗力的保证。四是要区分革命党和执政党的任务。前者是夺取资产阶级政权，后者是巩固无产阶级新政权，发展国家。五是要实行集体领导制度，绝不允许个人专断独裁。为此，要建立专门的监察机构，监督党员及政府官员的任何腐败行为，重视党员质量建设。

资料来源：马克思，恩格斯. 共产党宣言 [M]. 北京：中央编译出版社，1998. 马克思. 法兰西内战 [M]. 北京：人民出版社，1961. 列宁. 列宁专题文集——论无产阶级政党 [M]. 北京：人民出版社，2009.

　　自中国共产党于 1927 年成立以来，中国党建理论在革命和建设中不断地发展完善。在革命年代，很多仁人志士将党建理论创造性地运用到革命实践中。其中最有代表性的是毛泽东。他与其他第一代领导人形成的毛泽东党建思想是马克思主义党的建设学说在中国革命与建设中的实际运用和创造性发展。它不仅回答了为什么要建党、建设一个什么样的党的问题，也回答了怎样建设党以及怎样实现党的领导等重大问题，是一个集党的思想建设、组织建设、作风建设、反腐倡廉建设、制度建设于一体的理论体系。1978 年，党的十一届三中全会开启了我国改革开放的新时代。伴随着改革开放的深入发展，以邓小平同志为核心的第二代中央领导集体创立了邓小平理论，这是我党的又一次重大理论创新。在党的十四大上，邓小平理论被明确为全党的指导理论，在党的十五大上邓小平理论被正式确立为党的指导思想。此外，邓小平同志对于国有企业党的建设方面也提出了许多理论探索，比如，工厂党的领导有效有力的判断标准等。江泽民同志的"三个代表"思想对党的建设做出了新的、集中的提炼和概括。譬如，要把加强党的思想理论建设始终放在首位，"两个坚定不移"、两个"不能含糊"是检验我们党的试金石①。胡锦涛同志提出的"科学发展观"是马克思主义中国化又一重大理论成果，并提出党的建设要科学化、制度化、规范化。比如，在党的十七大上形成了党的思想、组织、作风、反腐倡廉和制度"五位一体"的党建新格局，2011 年在"七一"重要讲话中又提出了"五个必须坚持"的重要论断。十八大以来，习近平总书记极大丰富和发展了党建理论。强化党的意识是习近平总书记党建思想的最核心特点。他认为，党的意识是政党的灵魂，是执政党带有根本性的问题，是共产党员政治觉悟和党性的集中体现。为此，习近平总书记提出了四个新论断②。全面从严治党是习近平总书记党建思想中最引人关注的特点，他认为管党治党，必须严字当头，把严的要求

---

①　即指，一是必须坚持马克思主义的立场、观点、方法，坚持马克思主义的基本原理。这一点，要坚定不移，不能含糊。二是一定要贯彻解放思想、实事求是的思想路线，坚持勇于追求真理和探索真理的革命精神。这一点，也要坚定不移，不能含糊。

②　即指，一是"第一身份"的论断。习近平总书记要求全体党员要牢记自己的第一身份是共产党员。二是"第一职责"的论断。习近平总书记要求全体党员要牢记自己的第一职责是为党工作。三是"最高位置"的论断。习近平总书记要求全党同志"始终把党放在心中最高位置"。四是"最大政绩"的论断。在党的群众路线教育实践活动总结大会上，习近平总书记强调："各级各部门党委（党组）必须树立正确政绩观，坚持从巩固党的执政地位的大局看问题，把抓好党建作为最大的政绩。如果我们党弱了、散了、垮了，其他政绩又有什么意义呢？"

贯彻全过程，做到真管真严、敢管敢严、长管长严，要立规严谨、问责严肃、管控严格①。习近平总书记要求全党要坚持"人民主体论"和"人民中心论"②，始终做人民群众的服务员和贴心员，将人民群众利益放在首位，等等。具体到国有企业改革发展，习近平总书记提出了全面加强国有企业党建工作的建议，指导出台了国有企业党建工作具体方案。他指出："国有企业是中国特色社会主义的重要物质基础和政治基础，是我们党执政兴国的重要支柱和依靠力量。"坚持党的领导、加强党的建设是国有企业的"根"和"魂"，党的领导和党的建设更是我国国有企业的独特优势。新形势下，国有企业坚持党的领导、加强党的建设，总的要求要做到"五个坚持"③。整体来说，党的建设在不断地强化完善，每次改革都是在党强有力的领导下进行的，每次深化国有企业改革都是党指引国有企业在总结经验和吸取教训中创新推进的，国有企业的改革发展离不开党的领导和推动。具体来讲，我国几代主要领导人的党建思想见表 2-3。

---

① 即指，一是立规严谨，治党理念与法治精神相契合。突出党章作为"党的总章程""根本行为规范"的重要地位，要求全体党员必须认真学习、严格遵守，其实质是运用法治方式和制度思维，依据党章、党规党纪规范党组织和党员的行为，为依法治国提供重要前提和政治保障。二是问责严肃，治标和治本统筹兼顾。强调"管党治党要靠纪律和规矩"，要求"把纪律挺在前面""不断完善党内纪律的制度化建设，不断加强监督执纪的力度和水平，使纪律成为真正带电的高压线"。这就要求党的建设要着力构建科学规范、系统完备、运行有效的制度体系，把权力关进党规党纪的笼子。三是管控严格，自律和他律双管齐下。习近平总书记强调"严肃党内政治生活是全面从严治党的基础。党要管党，首先要从党内政治生活管起；从严治党，首先要从党内政治生活严起"，要求加强和规范党内政治生活，严肃党的政治纪律和政治规矩，增强党内政治生活的政治性、时代性、原则性、战斗性，全面净化党内政治生态。

② 关于"人民主体论"，习近平总书记强调，围绕尊重人民主体地位，保证人民当家作主，要不断发展人民代表大会制度，扩大人民群众有序参与政治，保证人民广泛参加国家治理和社会治理。关于"人民中心论"，习近平总书记在"七一"讲话中又强调"坚持以人民为中心"的发展思想。坚持人民为中心的发展思想必须始终站在人民大众立场上，始终不脱离、不动摇这个立场，时刻把群众安危冷暖放在心上，努力解决学有所教、劳有所得、病有所医、老有所养、住有所居的问题，带领人民创造幸福生活。

③ "五个坚持"是指坚持党要管党、从严治党；坚持党对国有企业的领导；坚持服务生产经营；坚持党组织对国有企业选人用人的领导和把关；坚持建强国有企业基层党组织。

表 2-3　我国主要领导人的党建思想一览表

领导人	主要代表作	党建思想主要内容
毛泽东	《中国革命和中国共产党》《〈共产党人〉发刊词》《为人民服务》《论联合政府》《〈农村调查〉的序言和跋》《论十大关系》等，还可参考《毛泽东选集》	毛泽东党建思想的内容非常丰富而深邃，它回答了为什么要建党，建设一个什么样的党，怎样建设党以及怎样实现党的领导等重大问题，是关于党的思想建设、组织建设、作风建设、反腐倡廉建设、制度建设的理论体系。概括起来主要有如下一些内容：1. 强调党的领导的重要性，这是中国革命和建设事业的根本保证，所以，把党的建设作为一个"伟大工程"是毛泽东的重大战略思想。2. 重视从思想上建设党，始终把思想理论建设放在首位，这是毛泽东党建思想的核心内容。3. 重视政治上建党，毛泽东认为围绕党的政治路线加强党的建设，这是党兴衰存亡，事业成败的关键。4. 重视组织上建党，毛泽东认为实行民主集中制，这是我们党的根本组织制度和领导制度，是我们党区别于任何资产阶级政党的重要标志，也是党的组织优势和力量所在。5. 必须坚持理论联系实际，密切联系群众和批评与自我批评的优良作风。毛泽东认为党的作风建设是党的建设中的重要环节，对党的巩固和发展起到关键性作用。
邓小平	《永远记取党的斗争经验和教训》《在全国农村基层组织工作会议上的讲话要点》《对党的干部要求应更加严格》《必须对党员实行严格的监督》《党一定要有领导核心》等，具体可参考《邓小平选集》	以邓小平为代表的中国共产党人在执政、改革开放和发展社会主义市场经济的历史条件下，紧紧围绕建设一个什么样的党、怎样建设党这个问题，形成了一个系统的理论体系。1. 确定新时期党的建设的主题，把党建设成为领导全国人民进行社会主义物质文明和精神文明建设的坚强核心。2. 在党的领导问题上，既旗帜鲜明地坚持党的领导，又提出为坚持党的领导，必须改善党的领导。3. 在党的指导思想问题上，强调老祖宗不能丢，同时又要讲新话，把坚持与发展马克思主义统一起来。4. 在思想建设与制度建设的关系上，既重视思想建设的极端重要性，又指出制度问题更带有根本性。在批评错误思想时，既突出肃清封建思想残余的任务，又重视抵制资本主义腐朽思想的影响。在干部队伍建设方面，既提出"四化"的完整方针，又把革命化放在首位；既批评论资排辈，主张大胆提拔优秀中青年干部，又寄语中青年干部要继承老同志的革命传统。5. 在党和人民关系问题上，既讲党离不开人民，党的领导就是服务，又指出人民离不开党，需要党带领群众前进。6. 在党风和廉政建设问题上，既指出不反对腐败，党有失败的危险，又坚信共产党能够消灭丑恶的东西。7. 在党内反对错误倾向问题上，既提出要警惕"右"，又强调主要是防止"左"。
江泽民	《论党的建设》《江泽民论中国特色社会主义（专题摘编）》等，具体可参见《江泽民文选》	以江泽民为核心的党中央明确了推进党的建设新的伟大工程的任务和总目标；提出了加强党的执政能力建设和保持党的先进性的重要命题；创立了"三个代表"重要思想；探索了系列加强党的建设的新思路和新举措；积累了宝贵经验，发展和丰富了党建理论。1. 党的建设总目标即党始终是中国工人阶级的先锋队，同时是中国人民和中华民族的先锋队，始终是中国特色社会主义事业的领导核心，始终代表中国先进生产力的发展要求，代表中国先进文化的前进方向，代表中国最广大人民的根本利益。2. 提高共产党的领导水平和执政水平。党的先进性主要表现在，不断提高"五个方面"的能力，即科学判断形势的能力、驾驭市场经济的能力、应对复杂局面的能力、依法执政的能力和总揽全局的能力。坚持与时俱进，坚持执政为民，坚持马克思主义理论和纲领，坚持社会主义发展方向，坚守最广大人民的根本利益，坚持对中国特色社会主义事业做贡献，坚持取财有道，用财有德。3. 思想政治建设始终是党的建设的首要任务。理论上成熟是政治上成熟的基础。党的基层组织是党的全部工作和战斗力的基础。农村、国有企业、街道社区、高校和非公有制经济组织党的建设提高了党的基层组织的影响力、凝聚力和战斗力。开展"讲学习、讲政治、讲正气"教育，创造以整风精神进行党性党风教育的新途径。围绕民主集中制加强各项制度建设，推动党的建设向科学化、制度化、规范化迈出新步伐。建立健全反腐倡廉领导体制、工作格局，加大从源头上预防和惩治腐败的力度。

续表

领导人	主要代表作	党建思想主要内容
胡锦涛	《胡锦涛文选》	胡锦涛同志把马克思主义关于发展的重要思想、世界观和方法论与全面建设小康社会、发展中国特色社会主义的实践相结合,形成了科学发展观,开拓了马克思主义理论发展的新境界。从制度建设贯穿到思想建设、组织建设、作风建设的有机结合中,到思想建设、组织建设、作风建设、反腐倡廉建设和制度建设"五位一体"的党建新格局的形成;从坚持以加强党的执政能力建设为重点,全面推进党的思想、组织、作风和制度建设,到必须把党的执政能力建设和先进性建设作为主线;从党内民主是党的生命,对人民民主具有重要的示范和带动作用,到面对精神懈怠的危险、能力不足的危险、脱离群众的危险、消极腐败的危险,要落实党要管党、从严治党,不断提高党的建设科学化水平,建设马克思主义学习型政党,党建理论的内涵更加丰富。
习近平	《习近平系列讲话》	习近平总书记以超前的魄力和精准的判断力,推出了系列党的建设举措。第一是强化了党的意识。提出了"第一身份""第一职责""最高位置""最大政绩"等新论断。牢记自己的第一身份是共产党员,第一职责是为党工作,始终把党放在心中最高位置,把抓好党建作为最大的政绩。第二是系统提出了从严治党的要求。即立规严谨、问责严肃、管控严格。治党理念与法治精神相契合,依据党章、党规、党纪规范党组织和党员的行为。强调"管党治党要靠纪律和规矩",要求"把纪律挺在前面",要着力构建科学规范、系统完备、运行有效的制度体系,把权力关进党规党纪的笼子。加强和规范党内政治生活,严肃党的政治纪律和政治规矩,增强党内政治生活的政治性、时代性、原则性、战斗性,全面净化党内政治生态。第三是党的最大依靠是人民。尊重人民主体地位,要不断发展人民代表大会制度,扩大人民群众有序政治参与,保证人民当家作主。坚持人民为中心的发展思想必须始终站在人民大众立场上,始终不脱离、不动摇这个立场,时刻把群众安危冷暖放在心上,努力解决学有所教、劳有所得、病有所医、老有所养、住有所居的问题,带领人民创造幸福生活。第四是党建工作方法要坚持问题导向。共产党是为人民服务的,人民的问题就是党的工作重心,要千方百计为民排忧解难。第五是全面加强国有企业党的建设。坚持党对国有企业的领导不动摇,发挥企业党组织的领导核心和政治核心作用,保证党和国家方针政策、重大部署在国有企业贯彻执行;坚持服务生产经营不偏离,把提高企业效益、增强企业竞争实力、实现国有资产保值增值作为国有企业党组织工作的出发点和落脚点,以企业改革发展成果检验党组织的工作和战斗力;坚持党组织对国有企业选人用人的领导和把关作用不能变,着力培养一支宏大的高素质企业领导人员队伍;坚持建强国有企业基层党组织不放松,确保企业发展到哪里、党的建设就跟进到哪里、党支部的战斗堡垒作用就体现在哪里,为做强做优做大国有企业提供坚强组织保证。

资料来源:毛泽东.毛泽东选集 [M].北京:人民出版社,1996.邓小平.邓小平文选 [M].北京:人民出版社,2014.江泽民.江泽民文选 [M].北京:人民出版社,2006.胡锦涛.胡锦涛文选 [M].北京:人民出版社,2016.习近平.习近平总书记系列重要讲话读本(2016 年版)》[M].北京:学习出版社、人民出版社,2016.

二、企业理论

企业在很长一段时间内都是经济学解释的重要内容。到 19 世纪 70 年代,随着经济学领域市场失灵、财产所有权、信息不对称理论等的成熟，对交易成本的产生和存在、产业组织领域替代性激励机制有了更深入的了解，专门的企业经济学产生，即创设了一种解释商业公司存在理由、企业存在的界限以及它的内部组织结构的经济学理论，去解释在现代产业组织经济学所存在的比较重要的问题。企业理论包括厂商理论、企业制度理论和现代企业理论。

厂商理论主要是指新古典厂商理论，即主要研究厂商怎样才能在既定技术条件和外部环境下实现利润最大化。主要代表有亚当·斯密（Smith, A.）、乔治·斯蒂格勒（Stigler, G. J）、约翰·斯图尔特·米尔（Mill, J. S.）、阿尔弗雷德·马歇尔（Marshal, A.）等。前三者分别从劳动分工、生命周期、股份公司的视角来论述企业的产生和存在，是对企业的单一维度进行研究，因而也就无法从整体上把握企业。作为现代微观经济学体系的奠基人，剑桥学派和新古典学派的创始人，马歇尔从技术进步、知识、决策、企业组织形式、企业规模、企业家作用和市场竞争结构等方面对企业进行研究，奠定了现代企业理论起源的地位。新古典企业理论把企业作为一个既定生产函数，主要研究生产要素与产出量的物质数量关系及其决定的成本和利润模式。其主要关注的内容如图 2-2 所示。

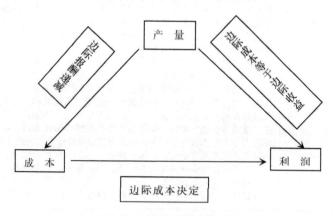

图 2-2　新古典企业生产关系

首先，对于产出量而言，得出了边际报酬递减规律和规模报酬变动规律，并指出经济增长不能仅仅是要素投入堆积的结果，要选择适合企业自身的规模水平。其次，对于企业成本而言，通过运用可变成本和不变成本在短期和长期与产量的关系，得出了边际成本是决定企业决策的关键依据。最后，分析了企业利润最大化时的产量和价格的确定，认为在边际成本＝边际收益（MC＝MR）

时，利润实现最大，将企业生产要素和产量的决策归结为求极大值的数学问题。在此基础上，进一步提出了在完全竞争市场、完全垄断市场、垄断竞争市场、寡头垄断市场四种不同类型市场的条件下，企业产量和定价决策模型。具体来讲，就是在完全竞争条件下，市场出清，MC＝MR＝P，企业将获得平均利润；垄断竞争条件下，由于按照 MC＝MR 时决定的产量对应的平均收益索要价格，所以垄断竞争中的企业实行差别定价的原则和模型；以及寡头垄断市场条件下，要么出现寡头企业根据其他企业的产量按照利润最大化原则来决定自己的产量，要么与其他寡头企业会"合谋"，形成寡头谈判模型。

企业制度理论主要是指以新制度经济学为核心的对企业进行分析研究的企业理论。首先是 1932 年贝利（Berl，A. A.）和米恩斯（Means，G. G.）在《现代公司与私有财产》中专门以企业组织和企业制度为研究对象来进行论述。此后，最为重要的代表是科斯（Coase，R. H.），他创立了交易成本理论，并用来解释企业的存在和边界，从市场和企业的关系入手对企业的本质和规模进行了探讨①，形成的科斯定理论证了是否存在交易费用的前提下，产权配置清晰对社会福利的作用。威廉姆森（Williams，O. E.）、克莱笛（（Klein，D. B.）、克雷普斯（Kreps，D. M.）等也从交易费用视角来分析企业问题。当然，还有张五常、阿尔饮（Alchian）和德姆塞茨（Demsetz，H.），黄有光和杨小凯，哈特（Hart，O.）等从契约视角来分析企业问题，形成了企业理论的契约学派。契约学派是沿着科斯提出的企业是以一种契约替代另一种契约的思路来构建主要框架的，但是，契约被划分成为完全契约和不完全契约两个阶段。比如，完全契约假设，代理商可以预见的将来可能发生的所有突发事件，可以零成本地将所有突发事件写入合同，以及有关"自然状态"信息对称的假设。基于契约完全性假设而建构的动态博弈模型、棘轮效应模型、强制退休模型等激励理论和声誉模型等信号传递理论，为经济学标准地回答现实问题提供了理论依据。但是，现实是复杂的，是信息不完整的，是不存在零成本的，所以在复杂的代理关系中，后期的委托代理理论和机制设计理论认为要在签约前设计最优的激励契约以达到委托人对代理人的最优激励。这只是对完全契约理论假设的修正，面对现实中不完全契约的大量存在，还是显得无能为力。因为，现实中合约不可能做到完备的程度。主要表现为三个方面，一是经济主体的有限理性，契约的条

---

① 企业本质即企业是市场和价格机制的替代物，企业边界和规模即"一个企业扩大的一笔额外的内部交易成本等于在市场上进行这笔交易的成本"时。

款含糊其词；二是无法确定复杂的或有情况；三是难以在事前制定详尽无遗的规则。正是由于契约存在以上不完全情形，所以对企业来讲要区分特定控制权和剩余控制权，企业的特定控制权可以事先通过契约的方式分配，但是剩余控制权由于复杂的或有情况的存在无法通过契约来明确，必须通过所有权界定来明确，即谁拥有对资产的支配权，剩余控制权就归谁。此外，新制度经济学还深入分析了诱发企业制度变迁的四种因素，即规模经济、外部性、风险和交易费用。

表2-4 新古典企业理论与新制度经济学企业理论比较表

	研究对象	研究假设	研究范式	专家代表	主要观点
新古典企业理论	企业内部生产要素	完全理性的经济人、严格的偏好序、完美的信息集、一般均衡、市场出清等一系列严格而苛刻的假设条件。	边际范式	斯密、施蒂格勒、约翰·斯图亚特·米尔、马歇尔	市场存在资源配置失灵，从生产领域考察企业黑箱，信息是对称的，对企业发展方向无知。
新制度经济学企业理论	把制度、环境、管理等要素引入经济模型	信息不对称条件下的契约人，委托代理关系，路径依赖和制度变迁，信息不对称下有限理性下的行为。	前期是新古典范式，后期是实践范式和规范方法，引入了西蒙的有限理性概念。	科斯、德姆塞茨、威廉姆森、阿罗、阿尔钦、张五常、诺斯	产权是资源配置关键，从交易费用和流动领域看企业，信息是不对称的，认识到企业制度的变迁。

资料来源：徐传谌，刘凌波．从新古典厂商理论到后现代企业理论［A］．2007．制度内化与范式转换的理论演进［C］．第一届中国政治经济学年会应征论文集．61-470．马光秋．马克思的企业理论与新制度经济学的企业理论比较［A］．2007．制度内化与范式转换的理论演进［C］．第一届中国政治经济学年会应征论文集，489-500．

从前面论述，可知新制度经济学与新古典企业理论存在明显的区别，具体来说两者的区别可以见表2-4。从两者的区别可以发现，新制度经济学对企业理论的分析比新古典企业理论具有明显的进步。其进步性表现在三个方面：一是突破了新古典企业理论仅仅就企业而论企业的局限，认识到企业外的制度、契约和环境对企业经济行为具有重要影响。二是在研究企业时，将制度、契约和环境因素本身作为研究对象，并运用定量、定性相结合的方法来进行分析研究。三是把制度、契约和环境因素等外生变量纳入模型内部进行定量研究。可见，企业理论不仅要关心企业利润和运营效率，还要考虑产权等制度因素的约束和安排。这对开阔企业理论分析的视野、扩展企业理论研究的对象、解释新古典企业理论的难题都是具有突破性发展的。在新古典企业理论和新制度企业理论之后，就是企业理论的新近发展阶段，也就是后现代企业理论阶段。这个阶段主要是以量化交易成本、企业内部组织特征、企业资本结构和企业激励约束机制等为主要内容的扩展研究。20世纪末以来，企业理论迅速发展并且在众多前沿学科领域如信息经济学、交易费用经济学、管理学、公司治理理论、创业理论、企业间网络理论等领域取得重要突破，这些研究都是将制度内化的结果，也是企业制度研究范式转化的结果。

三、现代管理理论

在工业化条件下，手工作坊向机器生产进化，工厂有了专业分工，管理开始复杂化，企业管理开始变得越来越重要。但是，关于企业管理理论的起始学界没有取得一致意见。罗宾斯（Robbins，S. P.）、孔茨（Koontz，H.）与韦里克（Weihrich，H.）把管理理论从产生开始就称为现代管理理论。雷恩（Wren，D. A.）、卡斯特（Kast，F. E.）和罗森茨韦克（Rosenzweig，J. E.）以及芮明杰等将"二战"以来或20世纪80年代以来的管理理论称为现代管理理论。也有人认为20世纪初以美国泰罗、法国法约尔、德国韦伯等为代表的科学管理思想视为现代管理理论的开端。从法治化历程来看，管理理论经历了科学管理理论发展阶段和现代管理理论发展阶段的演变。

科学管理理论主要包括弗雷德里克·泰罗（Taylor，F. W.）的"效率论"、亨利·法约尔（Fayol，H.）的"职能论"和马克斯·韦伯（Weber，M.）的"组织论"。1911年，泰罗出版了代表其管理思想的《科学管理原理》一书，提出了科学的作业方法、计划职能与执行职能的分离、雇主与员工的双赢等管理思想，历史上第一次使管理从经验上升为科学。在这本书中，泰罗还提出基于定额计件工资制的效率主义思想，以及以科学研究代替经验臆断、用科学方法挑选工人、对工人进行合适的教育和培训、建立管理者和工人良好协作关系四大科学管理原则。可见，泰罗的管理思想来源于工厂生产现场管理，通过对工厂现场员工行为的研究来确定管理者与员工间以及员工与员工间怎么合作才能实现效能最大，即实现最大的产出和最高的个人收入。法约尔的"管理职能论"把企业全部活动分为六类十四项管理原则，并提出计划、组织、指挥、协调、控制五大管理职能，构建起了管理理论的基本框架。泰罗的效率论和法约尔的职能论都是源自当时现实工厂的需要，他们开创了将管理活动从生产经营实务中分离出来的先河。被称为"组织理论之父"的德国社会学家马克斯·韦伯在

《社会组织与经济组织管理》一书中提出了理想的行政组织理论，即认为组织都是以某种形式的符合理性的、合理合法的权威（力）为基础的。

纵观科学管理理论的思想，可以发现科学管理理论关注的是可见的对象，缺乏对管理对象内心的关注。随着管理研究的发展，对管理对象人的关注越来越得到重视，人际关系——行为科学理论就是在这样的背景下引起了管理学者们和从事管理实践的人对组织中人的重视，并且研究得出企业中的工人不是经济人而是社会人，企业中除了正式的行政等级组织还存在着非正式组织，影响企业生产率的关键因素不是可见的技术而是隐性存在着的工人的工作态度以及他工作生活所处的人际关系等具有颠覆性的管理思想。同时，随着数学和运筹计量工具在企业管理中的应用，管理科学理论使管理理论从定性到定量扩展，力求管理决策科学化。美国管理学家切斯特·巴纳德（Barnard，C. I.）通过研究企业中的人际关系，更进一步发现除了企业中存在正式组织外，还存在非正式组织，并且区分了两者的功能和作用，同时提出了以决策人为基本假设来进行管理研究，这就克服了之前的社会人假设只注重情感因素的片面性。随后，现代科学技术迅速发展并与管理紧密结合，更多的现代管理理论应运而生了。归纳起来，主要的现代管理理论有管理过程理论、管理经验理论、群体行为理论、社会技术系统理论、经理角色理论、沟通中心理论、管理数学理论、权变理论等。

现代企业管理理论突破了以往只是关注企业内部忽视企业外部的缺陷，把组织视为一个开放系统，注重内外部环境的互动关系。此外，企业文化理论的提出掀起了企业管理中建设企业文化来提高企业竞争力的热潮。这样在企业文化和企业开放系统下，必然要对企业组织架构和组织理论带来冲击，于是管理学研究理论和实践中开展了轰轰烈烈的组织变革运动，彼得·圣吉（Senge，P. M.，1990）的《第五项修炼》和迈克尔·哈默（Hammer，M.，1993）与詹姆斯·钱皮（Champy，J.，1993）合作出版的《再造公司》成为现代企业管理圣经。总之，归纳起来，现代管理理论的发展呈现三个趋势：一是由"封闭系统"→"开放系统"转变；二是由"定性分析"→"定性分析"与"定量分析"相结合转变；三是注重将科学的技术与方法引入管理实践中。

可见，从科学管理到现代管理，管理的环境、对象、目的、方式等都发生了翻天覆地的变化。但是从本质上来分析，科学管理与现代管理还是保持着坚持和继承的关系，现代管理理论并不是完全抛弃科学管理理论而自立新的理论。

比如，人际关系理论、企业再造理论、全面质量管理理论都有着科学管理理论的影子，人际关系理论是对泰勒科学管理理论中人本思想的拓展，企业再造理论在强调流程效率方面与泰勒的科学管理是一脉相承的，全面质量管理理论以统计数据为基础来提高组织效率与科学管理中的动作量化研究也是一致的。对比研究古典管理理论和现代管理理论丛林，众多的管理分支研究都是在前面研究的基础上进行的。尽管中国现代企业发展历史没有西方国家企业发展历史那么久，国内的企业管理绝大部分都是处于粗放式管理阶段，沿用的是以经济效益为中心的泰勒式科学管理，尽管当前中国在大力转型发展，科学管理依然在中国被广泛运用到生产经营中。但是，我国的国有企业管理一直以来都在践行以人为本的管理理念，尤其是十八大以来，以人为本，坚持以人为中心的发展思想得到最大程度地倡导，国有企业制度建设也是在这样的背景下，大力倡导人本理念，比如，员工民主管理、注重人的激励等在一定程度上取得了突飞猛进的发展。所以，西方现代管理理念的形成发展对我国的企业尤其是国有企业坚持以人为本的理念提供了启示，尽管其是出于维护资产阶级利益的需要而这么做的，但我国国有企业是出于维护全民利益，最大化调动员工积极性而这么做的。这也是我们整个国家建设民主国家最为微观的基础之一。所以，现代管理理论对我国国有企业制度的发展有着非常重要的影响。

四、权利平衡理论

组织中权利的制约问题对组织发展具有重要影响。同行政学中的管理论和控权论一样，企业组织中也存在管理论和控权论。企业中各类权利的博弈，经过互相的调节和平衡，才能形成一种稳步向上的促进企业发展的内在力量，进而推动企业持续向前发展。企业中"管理论"把行政管理那套运用到企业管理中，把企业行政制度当成"管理法"或者管理制度，是管理员工和利益相关者的重要手段，所以，企业行政制度是控制企业员工权利的制度，而不是规范企业管理者的制度，并认为效率、秩序是行政制度所要实现的主要价值目标。管理论认为为实现管理目标并实现企业有效运营，需要构建一种"支配与服从"的关系来确保企业管理主体与企业员工形成提高效率的合力。在企业管理主体处于支配地位和员工处于服从地位的关系中，企业管理者、企业员工是分别作为权利主体、义务主体而存在的，也就是说企业管理主体拥有更多权利，而企业员工拥有更多义务。管理论是苏联、东欧和我国改革开放前的行政法理念在企业中的延伸而形成的理论，至今在我国一些等级森严的国有企业和家长作风的家族制企业中存在着。控权论则认为政府制约、阻滞了市场中企业的发展，但它又是维护员工基本权益权利和发展社会生产的必要条件。企业管理权的存在对企业员工权利构成了天然的威胁，员工权利随时有被侵犯的可能。控权论还坚持个人权利本位，主张个人利益优先，并认为市场主体能在"看不见的手"的指引下最优地配置社会资源，管理和行政的干预不仅不利于社会资源配置，还会形成市场垄断与行政专制。因此，需要构建立法、司法、社会监督等法规制度来约束行政权，限制其侵略性行为。可见，对企业而言，管理论和控权论都有合理的一面，在实践中也都有运用和实施良好的案例，但是两者都有其自身所无法克服的缺陷。理论界正是开创了用来分析评价企业制度的平衡论，避免法学中的管理论和控权论在企业制度分析的内在缺陷，使得其合理内核在企业制度中得到继承，人们对企业制度的功能能够进行更为全面和完整的认识。管理论、控权论、平衡论在企业应用中的比较见表 2-5。

表 2-5　法学中管理论、控权论、平衡论在企业中应用的比较表

	内涵	应用到企业中的主要观点	主要缺陷或优点	共同缺陷
管理论	法学中的管理论是指在行政法中，行政机关据以进行行政管理的法。	主张需要在企业管理主体与企业员工间构建一种"支配与服从"的关系来确保效率、秩序。	缺陷：第一，过分强调行政管理和政府权威，使行政权失去了应有的监督和约束，产生了大量的权力寻租、权力异化、权力腐败、权力侵犯权利等问题；第二，不注重市场在配置资源方面基础性和决定性的作用，导致行政专制、行政垄断、资源利用的低效率；第三，不注重保护相对人在行政过程中的合法权益和个人在行政管理过程中的自主性，不利于发挥个人的创造力，同时也容易造成公民与政府关系的紧张，不利于行政管理和服务的顺利开展；第四，强调"政府全能"，导致政府不堪重负，效率低下。	企业管理行政化与企业管理实践存在脱节的问题；无法平衡多种社会利益主体在企业中的共存。
控权论	法学中的控权论是指在行政法中，控制行政权、保障人权的法。	主张个人利益至上和个人权利本位，认为市场主体能在"看不见的手"的指引下最优地配置社会资源，管理和行政的干预会带来社会资源配置的低效。	缺陷：第一，把行政权和相对方的权利完全对立起来，忽视了二者间的内在的互动、相互配合和相互依存；第二，畏惧行政权的消极作用，要求加强对行政权的法律控制，易使行政权处于瘫痪状态，阻遏了行政权的积极作用，不符合当代社会发展对积极行政和民主行政的需求；第三，由于过分强调个人自由、权利本位，导致了个人权利的滥用，加剧了社会的无序与混乱，也引发了诸如失业、市场垄断、环境污染、资源浪费等社会问题。	

	内涵	应用到企业中的主要观点	主要缺陷或优点	共同缺陷
平衡论	法学中的平衡论是指自由与秩序、公正与效率、行政主体与行政相对人、个人利益与公共利益之间总体的、相对的动态平衡。	企业中权利平衡主要涉及企业中义务的平衡,公共利益与个人利益的平衡,效率与公正的平衡。	优点:能较好地实现多种利益主体在企业中的平衡共存。比如,在企业与员工权利义务关系中,权利义务在总体上要求平衡;作为社会中的企业,其利益相关者是多元化的,平衡论能正确处理企业与企业所处地政府间的关系,以及企业内企业集体与企业员工个体的关系,即要在兼容多方利益的环境下才能更好更持续地发展;企业有追求效率的天生内在动力和与社会相处对公正的要求之间需要取得平衡。	

资料来源:罗豪才,袁曙宏,李文栋.现代行政法的理论基础——论行政机关与相对一方的权利义务平衡 [J].中国法学,1993,(1):52-59.

企业中权利平衡主要涉及企业中权利义务的平衡,公共利益与个人利益的平衡,效率与公正的平衡。企业中权利义务的平衡是指在企业与员工的权利义务关系中,权利义务在总体上应当平衡,它既表现为企业管理者与企业员工的权利和义务分别平衡,也表现为企业管理者与企业员工各自权利义务的自我平衡①。之所以要平衡地配置企业管理主体和企业员工双方的权利义务,就是因为既要激励管理权的充分行使,使管理权诸如减少成本、保证质量、维护和谐、履行社会责任等价值目标能够有效地充分地及时实现,同时又要避免管理权存在侵犯个人权利、行政专断、权力寻租、权力腐败等被滥用的风险;既要防范企业员工滥用权利进而影响行政管理权价值目标的实现,又要给予企业员工抗衡行政管理专断的制度力量进而避免企业员工在被管理时成为"牺牲品"。

企业中公共利益与个人利益的平衡是指作为社会中的企业,其利益相关者是多元化的,企业不可能独善其身,只顾自身经济利润,需要正确处理企业与企业所处地政府间的关系,以及企业内企业集体与企业员工个体的关系,即要在兼容多方利益的环境下才能更好更持续地发展。因为,个体是生活在社会中的,不是孤立的,个体利益的实现有赖于社会公共产品的提供和公共利益的实现;同时,个体又是单一的,不是社会整体,不存在所谓的纯粹的与个人无关的公共利益,所以需要有个人合法权益的维护和实现个体利益的保障制度,否

① 这可以从两个方面来理解:首先是在企业权力与权利的设置上要赋予员工强大的制度力量来制衡行政管理权,因为企业行政管理权具有优益性和主导性,容易产生行政管理专断;其次是当一项行政管理制度具体到某一阶段,主体双方的力量出现不平衡时,可以通过赋予员工程序性权利,或者通过监督行政制度来实现新的平衡。

则保护和实现公共利益也就失去存在的意义。同样地，企业与社会，企业集体与企业员工之间必然存在着千丝万缕的联系和利益关系，只有突破新古典的企业黑箱，以社会视野来看待企业，才能正确认识企业长寿的决定因素。总之，从外部来讲，企业由于其社会性需要关注公共利益，由于其市场性需要关注个体利益。从内部来讲，企业由于其整体性需要关注集体利益，由于其员工的个体性需要关注个人利益。只有在这两方面都能得到较好的平衡，企业才能形成强大的发展力量，在社会中实现良好的发展。

效率与公正的平衡是指企业有追求效率的天生内在动力和与社会相处对公正的要求之间需要取得平衡。因为，企业行政管理以效率为目标会忽视公平公正，造成对社会对个人的不公平不公正。同样地，企业制度若对企业管理中存在严格的限权、控权，影响管理者的履职，则又会造成企业行政管理无效进而影响企业运营效率，这样最终会影响公正的实现。可见，法学中的权利平衡理论运应到企业制度中，就是倾向于个人利益的价值观及其行为导向与倾向于公共利益的价值观及其行为导向相互博弈，在达到势均力敌的状态时，就实现了效率与公正的兼顾。

总之，法学上的平衡是指行政权与相对人权利的平衡，实质上是公共利益与个人利益的平衡、公正与效率的平衡。运用到企业制度中，权利平衡论便具有了实现公共利益与个人利益双赢和公正与效率的兼顾的重大理论和实践价值，而这也是本书选取平衡论作为国有企业制度建设理论之一的初衷。

第三章

中国特色现代国有企业制度的基本内容

经历过将近 70 年的发展，中国国有企业在自身发展和转型中积累了丰富的经验，形成了自身独具风格的企业特点，使之既与私营企业不同，也与国外的国有企业存在巨大差异。在中国，国有企业具有宪法赋予的特殊地位，即是社会主义制度的重要物质基础和经济基础，是社会主义价值目标赖以实现的重要支撑。同时，经过改革开放以来多次的改革，国有企业在中国特色社会主义市场经济中逐渐成为独立的市场主体参与市场竞争，并通过积极履行社会责任来承担一定的社会功能。国有企业的这种特殊地位和独特特点需要特殊的组织机构来予以保障。这个组织机构就是中国共产党，具体来说就是国有企业中建立的各级党组织。国有企业党组织不仅充分使中国共产党的政治核心作用在最基层得到发挥，而且使党和国家的方针政策能够经过层层党的组织来在基层企业中得到贯彻执行，还有力地保障了国有企业不变质、不变色。在中国共产党的经济基础之一的国有企业中建立基层党组织，国有企业内部就有了依靠力量，党的活动和意图就有了执行和贯彻的主体，这很显然是彰显国有企业社会主义企业属性的内核。所以，国有企业党组织不是被奉行西方自由主义学者那样认为要去掉的对象，而是要强化其功能、充分发挥其作用，使之彰显国有企业在中国特色社会主义经济的地位。

中国特色现代国有企业不是一般的西方现代国有企业，中国特色现代国有企业是社会主义市场经济条件下形成的既具有社会主义性质又适应现代市场经济要求的国有企业，它同西方国有企业有着本质的区别。西方国有企业是西方国家财团和主流资产阶级利益代表出资组建的完全适应资本逐利和掠夺需要的经济组织，其本质是资产阶级和资本家服务的工具。中国特色现代国有企业在经过改革开放 40 年的发展，在社会主义市场经济条件下，形成了很多与西方国有企业相似的制度特征，因为现代市场经济中包含着资本主义市场经济和社会主义市场经济，而市场经济是两种不同社会制度共同存在的基础，即都是市场经济条件下社会化大生产的产物，这就是两者的共同点和一致性。当然，其特色也非常明显，因为由于社会制度不同，两者又必然存在差异和不一致性，这种差异和不一致性主要表现在：一是所有制的主体不同。即社会主义市场经济的所有制主体是公有制，资本主义市场经济的所有制主体是私有制。二是分配的主体不同。即前者以按劳分配为主，后者以按资分配为主。三是政权性质不同。即前者是人民民主专政的政权，它保护以公有制为主体的多种经济成分共存的市场经济；后者是资产阶级专政的政权，它保护以私有制为基础的市场经济。四是对市场作用的认知不同。即前者认为市场机制的盲目性、自发性、滞后性和局部性需要国家政府从客观上加以调控；后者则强调和崇拜完全自由的市场调节。实际上，完全自由的市场是不存在的。因此，必须既要从中国国情出发，又要从经济全球化和社会化大生产的视角出发，用马克思主义唯物辩证法的观点和方法去探讨和阐述中国特色现代国有企业制度；既要明确现代市场经济与社会主义市场经济的异同，又要明确西方国有企业与中国特色现代国有企业的异同，才能正确理解和认识中国特色现代国有企业制度与西方国有企业制度的关联、融合与区别，才能正确合理地制定中国特色现代国有企业发展战略，从而使中国国有企业在经济全球化的大潮中健康快速地走向世界。具体来讲，中国特色现代国有企业制度内容表现如下。

第一节　中国特色现代国有企业党建制度

我国是中国共产党领导工人阶级通过革命和改革发展才实现大统一和现代化的，共产党的领导始终是我国各项事业的坚强保证。我国现代国有企业坚持党的领导不是一时心血热潮提出来的，是有历史经验的，是经过实践证明的。

它既来源于我国宪法、公司法、中国共产党章程的要求①，也来源于改革实践的要求②。所以，我国国有企业改革发展只有在坚持党的领导下，才能走上科学发展大道，什么时候削弱了党的领导，国有企业发展就出现问题，什么时候彻底贯彻了党的领导，我国国有企业才能在改革中沿着正确的方向发展。没有共产党对国有企业的正确领导，国有企业发展将无所适从，国有企业改革将陷于泥沼。没有党建制度，国有企业将在西方现代企业制度的导向下重蹈西方企业的弊端，难以在周期性危机中实现长远发展。新中国经过近70年的发展，中国共产党已经牢牢地镌刻在我国国有企业制度中，各级党组织不仅保障和推动国有企业的经营发展，而且是构成中国特色现代国有企业制度的核心特征。因此，坚持党的领导是中国特色现代国有企业制度建设必须遵守的根本原则，也是中国国有经济不断做大做强的根本原因。2016年10月，习近平总书记在全国国有企业党的建设工作会议上指出："中国特色现代国有企业制度'特'就特在把党的领导融入公司治理各环节，把企业党组织内嵌到公司治理结构之中，明

① 我国《宪法》序言中叙述了中国共产党所取得的历史成绩，明确了中国共产党是建设有中国特色社会主义事业的领导核心。《宪法》第1条规定："中华人民共和国是工人阶级领导的、以工农联盟为基础的人民民主专政的社会主义国家，社会主义制度是中华人民共和国的根本制度。禁止任何组织或者个人破坏社会主义制度。"我国《公司法》第19条规定："在公司中，根据《中国共产党章程》的规定，设立中国共产党的组织，开展党的活动。公司应当为党组织的活动提供必要条件。"《中国共产党章程》第32条第2款规定："国有企业和集体企业中党的基层组织，发挥政治核心作用，围绕企业生产经营开展工作；支持股东会、董事会、胜事会和经理依法行使职权；参与企业重大问题的决策。"

② 比如，1992年11月中共十四届三中全会提出的出资者所有权与企业法人财产权分离，建立现代企业制度是国有企业改革的方向。1995年9月中共十四届五中全会明确提出政企分离。1999年9月中共十五届四中全会提出国有独资和控股公司的党委负责人，可以通过法定程序进入董事会、监事会。2002年11月中国共产党第十六次全国代表大会修订党章，规定国有企业和集体企业中党的基层组织，发挥政治核心作用，支持股东会、董事会、监事会和经理（厂长）依法行使职权。2004年10月中共中央办公厅《中央组织部、国务院国资委党委关于加强和改进中央企业党建工作的意见》规定了中央企业党委会对股东会、董事会层面决策的问题包括哪些。2005年10月中华人民共和国第十届全国人民代表大会新《公司法》规定："在公司中，根据中国共产党章程的规定，设立中国共产党的组织，开展党的活动。公司应当为党组织的活动提供必要条件。"2007年10月中国共产党第十七次全国代表大会，新党章规定"国有企业和集体企业中党的基层组织，发挥政治核心作用，围绕企业生产经营开展工作；支持股东会、董事会、监事会和经理依法行使职权；参与企业重大问题的决策。"十八大以来，党中央出台了系列国有企业改革文件和国有企业加强党建工作的专门文件，为今后国有企业改革发展指明了方向和道路。

确和落实党组织在公司法人治理结构中的法定地位，做到组织落实、干部到位、职责明确、监督严格。"总之，国有企业党建制度在国有企业制度体系中居于核心位置，要在党组织设立、党组织运行、党组织工作评价等制度方面来构建完善的国有企业党建制度。

一、国有企业党组织"三定"制度

在国有企业党组织的搭建层面，要明确"三定"，也就是要定好机构设置、定好工作职责、定好工作人员。任何一个组织，党建工作的基础就是要有机构和人，要有明确的工作职责和工作内容。完善组织体制，明确和落实党组织在公司法人治理结构中的法定地位。坚持党的领导融入公司治理各环节，党组织内嵌到国有公司治理结构中，党建工作的具体要求写入企业章程，将党组织的组织机构设置、职责分工、工作任务、考核标准纳入国有企业的管理体制、管理制度、工作规范中，明晰党组织在国有企业决策、执行、监督各环节的权责和工作方式，力求做到组织落实、干部到位、职责明确、监督严格。理清国有企业党组织与其他治理主体的关系，完善领导体制，推行双向进入、交叉任职，为企业高效治理创造条件。具体来讲，就是国有企业中的党委成员应通过法定程序进入董事会、监事会、经理层，董事会、监事会、经理层成员中符合条件的党员可以依据规定程序进入企业党委；董事长、总经理原则上分设，党委书记、董事长一般由一人担任。完善工作机制，建立既能使国有企业中的"三会一层"按照各自规定章程参与影响决策，又能使国有企业党组织参与重大问题决策的决策监督机制。将现代企业制度要求与实行民主集中制有效结合，解决党组织参与重大问题决策、落实党管干部原则两个关键问题，保证党组织在法人治理结构中的工作空间和话语权。企业生产经营重大决策必须在体现党委意图的前提下，由董事会依法依规做出决定；将党管干部原则与董事会依法产生、董事会依法选择经营管理者以及经营管理者依法行使用人权相结合，发挥党组织在企业选人用人中的主导作用。进一步完善党委书记专题会、党委及其成员职责清单、党委工作规则、党委会议事规则等制度，健全党内问责、党内组织生活、纪检监察工作制度，加强对企业基层党建、项目党建的指导。

二、党组织有效参与企业决策制度

在国有企业党组织的运行层面，必须在制度建设上健全和完善国有企业党建工作体制机制。国有企业党组织设立后，要做到既能够引领、引导企业朝着符合国家大政方针的方向发展，又能做到推动和促进企业适应现代社会主义市场经济的发展要求。也就是说，国有企业既要履行国家宏观调控的职能，也要履行好繁荣和活跃市场经济的职责。这种二重矛盾和相互对立的职责，在西方国有企业中是难以调和的，在中国国有企业中因为党组织的有效参与，能够较好地实现二者的和谐统一。但是，国有企业党组织的有效参与需要良好的企业决策机制作为支撑。只有在国有企业中党组织与其他企业治理主体在体制、机制、制度上有效对接，才能真正实现发挥国有企业党组织政治核心作用、健全公司法人治理结构和全心全意依靠工人阶级有机统一。保障国有企业党组织有效参与决策的体制机制包括赋予国有企业党组织的权利、构建相应的领导体制、强化党员队伍建设、健全党建责任制度四个方面。赋予国有企业党组织的权利就是要保证和落实国有企业党组织对企业改革发展的领导权、重大决策的参与权、重要经营管理干部选用的主导权、党员干部从业行为的监督权、职工群众合法权益的维护权、思想政治工作和企业文化建设的领导权。国有企业党组织参与决策的领导体制是指在坚持和完善双向进入、交叉任职的领导体制的基础上，实行党委书记兼任董事长，并专设副书记，其他董事会成员、经理层成员、监事会成员中党员按照竞争择优原则选拔进入党委会。根据国有企业的类型和重大决策、重要经营管理人员腐败等发展的实际需要，可以强化国有企业党委的领导权，不仅管方向、大政，企业的具体经营也可以管起来。保障国有企业党组织有效参与决策还需要强化党员队伍建设，因为企业高层做出的决策，若基层没有具体的党员来执行，那么很有可能会不到位、难以彻底落实。加强国有企业党员队伍建设，吸引优秀员工加入党的队伍中来，将党组织对群团工作的领导作用和党员队伍对其他非党员队伍的引领作用结合起来，形成高效的企业发展合力。为了使国有企业党组织有效参与决策，提高决策的执行力，还要健全党建工作责任制，形成党委（党组）、书记、各有关部门党支部、党小组齐抓共管的格局。在国有企业中要形成书记担主责、其他党委成员一岗双责、部门党支部具体负责的责任机制，督促国有企业改革发展的决策有人拍板、有组织负责。

三、企业党建工作绩效考核制度

作为基层党组织，其中的党员行为规范履行得怎样和工作做得怎样，除了基本的大道理和政治导向外，必要的考核奖惩举措也是要考虑的。对企业党员和企业党建工作的考核奖惩涉及多方面，不能像资本主导下的企业只考核经济绩效，作为中国特色社会主义性质下的国有企业，还需要考虑到党员的品格、价值观和个人的言行举止是否符合党员的行为规范，企业党组织功能发挥，带动企业非党员职工，引领企业的青年团员、妇女等群团力量在企业发展中建功立业等情况，绝不仅仅衡量党员个人的经济绩效。所以，企业党建的考核要从多方面建章立制。

首先是国有企业党员的组织生活会制度。国有企业党组织生活会是国有企业党委、党支部或党小组通过分享学习体会、总结工作表现、剖析工作缺陷、汇报思想状况等方式来开展批评与自我批评的组织活动制度。一方面，通过党组织生活会来检查国有企业党组织贯彻党的路线、方针、政策和上级党委决议的执行情况，国有企业党组织坚持党性原则和贯彻民主集中制原则的情况，国有企业党员干部遵纪守法、廉洁自律情况，以及国有企业党员干部密切联系职工、走群众路线的情况。另一方面，通过在组织生活会上国有企业党委班子成员开展批评与自我批评，沟通思想、交换意见、互相帮助、改掉缺点、共同提升，来实现增强国有企业党组织创造力、凝聚力和战斗力的目的。其次是国有企业党员干部民主生活会制度。国有企业党员干部围绕思想状况、工作情况、生活作风、自身学习等方面的实际情况，严格对标党的路线、方针、政策和上级党组织决定的要求，开展批评与自我批评的党内政治生活会议。国有企业召开党员干部民主生活会时，在主题导向下，各自围绕自己的工作生活实际，尤其是分管的工作，查找问题和有待改进的地方，并互相予以批评，进而提高自身解决矛盾和问题的能力，围绕企业核心和中心工作团结进取，将国有企业发展得更好。再次是国有企业党建"三会一课"制度。这是国有企业党建工作常抓、入脑、入心的重要制度安排。国有企业党建"三会一课"制度是指在国有企业中，党组织定期召开党员大会、党委会、支部会和党小组会，按时或者按照上级党委的要求结合党的新理论新论述给党员上好党课。国有企业党员大会是国有企业中的党组织召集本企业的所有党员召开的大会。在这种大会上，主要是传达贯彻国有企业上级党组织的决定，研究决定本企业的重大问题，发展本企业党员队伍，增撤支部和支部委员，以及有关的奖励和处分等事项。国有企业党委会是履行国有企业党员大会的日常工作且由党组织的领导班子开的会议，主要是包括落实国有企业党员大会的决定，对国有企业"三重一大事项"

进行讨论决议，对董事会和经理层发挥党的引导带领功能，督促和监督董事会和经理层的决策和具体经营行为是否遵守党的规章制度和纪律要求。国有企业支部会是指国有企业内部不同部门的党支部召开的会议，对本支部的党员发展、干部选拔、思想教育、政治学习、评优评先等进行决议，尤其是对涉及党员个人利益和党组织集体利益的时候更是要征集所有党员的意见。党课是党组织通过授课定期或者不定期对党员开展教育的一种方式。国有企业中的党课要结合不同时期的经济发展形势和国家发展的战略导向，紧密围绕企业自身改革发展中存在的问题和党员干部职工的思想状况有针对性地进行。最后是党员民主评议制度。为了保持党的肌体的健康，打造高素质队伍，形成能够代表先进阶级的力量，对国有企业中的党员进行民主评议是走群众路线的重要方法。国有企业的党员只有依靠工人阶级，才有存在的必要性，才能发动带领企业其他职工一道做强做大做优国有企业。

第二节　中国特色现代国有企业公司治理制度

公司治理制度是企业制度中的核心。公司治理源于西方委托代理制后所有者与经营者分离产生的监督与反监督的博弈。西方公司治理主要有美英模式和日德模式，美英模式侧重于市场股东治理机制，日德模式侧重于外部机构参与治理。我国的现代国有企业要建立现代企业制度，必然要建立现代公司治理制度。但是，我国的国情和经验又使得我国国有企业现代公司治理有其自身的特色，其主要表现在除了西方公司治理中董事会、股东会、监事会和经理层外，还有职工代表大会、党组织和工会，尤其是企业中的党组织会对公司治理产生重要影响。所以，我国现代国有企业公司治理制度必然会与西方现代公司治理制度有所区别，具体来讲中国特色现代国有企业制度主要包括现代产权制度、治理主体协作制度、利益相关者共同治理制度、严密的监督体系制度和经理层多重职责的平衡制度。

一、宏观现代产权制度

公司治理的前提和基础是产权。没有产权的公司或者产权不清晰的公司，其治理会存在先天的缺陷。现代产权制度是与现代市场经济发展相适应的有关产权界定、运营、保护等一系列体制安排和法律规定的总称。从宏观上来讲，建立归属清晰、权责明确、保护严格、流转顺畅的现代产权制度是我国现代国有企业治理的基础性工作。

（一）产权归属要清晰

在文明社会，财产归属是所有经济问题的起点。法律法规要对各类财产权的具体所有者进行准确明确界定。产权归属清晰不仅是构建现代产权制度的首要特征，也是中国特色社会主义市场经济高效顺畅运行的基础。归属清晰是要解决产权主体的资格问题，要按照"谁投资、谁拥有产权"的基本原则来明确各类产权的具体所有者，才能实现市场经济中的起点公平。假若没有归属清晰，权责明确、保护严格和流转顺畅就会成为空中楼阁。当前，既要在政府层面上建立完善国有资本出资人代表制度，以从源头上解决国有产权主体长期缺位的问题，也要通过理顺产权关系，按照产权链条，通过规范的企业法人治理结构，实现出资人代表层层到位，形成产权主体清晰和产权运营过程清晰的国有资本监管体系。

（二）产权主体权责要明确

权责对等是现代市场机制的基本要求，这就需要在产权归属清晰的基础上明确各类产权主体的权利范围和责任范围，做到两者的边界非常清晰。各相关主体权利到位、责任落实，有非常清晰的权利边界和行使权利相应的责任规定。从实际来看，私有产权由于关爱程度高，权责天生明确；国有产权则不然，从企业层面看，由于其权利主体和责任主体事实上的分离，造成权利由个人行使、责任则由法人或组织承担，甚至形成"内部人控制"与出资人相对抗的现象。对国有出资人来讲，既要维护其自身权益，依法行使法律赋予的选择管理者、重大决策、投资受益等权利，又要尊重所出资企业依法享有的法人财产权；对国有企业来讲，既要维护其作为市场主体和法人主体应享有的各项权利，也不得损害出资人的合法权益。两者决定了现代企业制度产权清晰和权责明确，清晰的产权使利益得到保护，明确的权责使得内在动力得以激励。

（三）产权保护要严格

在现代社会，产权清晰的财产具有神圣不可侵犯性。也就是说产权归属和权责明确后，需要系统完备的法律制度来加以保护，确保各类性质、各种形式的产权享有平等的法律地位，在中国法律面前受到法律的平等对待。这样，各类产权才有安全性和持续性，其合法权益才能得到国家法律保护，各产权主体才有实实在在的安全感。可见，产权保护要严格就是要有严格的法律来规范产权，使产权待在安全屋中，以实现有恒产者有恒心。这在原来现代企业制度特征中是缺失的，却是现代产权制度的重要特征。

（四）产权流转要顺畅

各类产权主体在社会主义市场经济中能够作为独立的市场参与者依法在市场上自由流动、运营。只要是不违背法律规定，产权主体不受所有制的限制，也不受地方及部门利益的约束和限制，都能够自由流转。这一特征也是原来现代企业制度特征中所没有的，但是它反映了现代产权的可流动性、可交易性，有利于提高资源配置效率，促进市场在资源配置中起决定作用的发挥。各类产权主体要流转顺畅还要求规范发展多层次的产权交易市场，因为只有有了产权交易市场这一平台，各类产权主体才能顺利实现交易流转。

二、各微观产权融合协作制度

企业治理结构的主要影响因素是产权。不同的产权结构会导致不同的企业治理结构。中国特色现代国有企业的治理结构也必然与其产权组成的紧密联系结构。由于中国特色现代国有企业的特殊性，既要体现其社会主义性质，也要适应市场经济的一般要求，同时还要体现人民当家做主的地位，所以，在产权构成上，也要考虑到与之相适应性。从社会主义性质的体现要求来看，一定要坚持公有制为主体，坚守公有制这一基本的所有制，坚持国有企业的公有性质，国有资产、国有企业、国有资本无论是实物形态的资产还是货币化的资本都要形成公有产权，都要归属于公有。为了建立适应市场经济的灵活性、营利性和发挥个体逐利积极性，原来单一的公有产权的国有企业要求改造为多元产权来源主体的企业。非公有资本进入国有企业，形成公有资本与非公有资本共同存在于同一国有企业中的现象就是混合所有制经济的微观化主体呈现。这是社会主义与现代市场经济相结合在微观经济主体中实现的表现，也只有这样才能兼具二者的优越性，充分发挥其社会主义集中优势和发展道路引领优势，避免资本主义企业在周期性危机中经历巨大波动和危机。同时，将西方市场经济的长处内置于现代国有企业，打破计划环境下国有企业内在的桎梏和弊病，形成与个人主义价值观导向下对私利追求的内在动力，并将其导向为国有企业效率提升和竞争力跃进的内生动力源。之所以还要将劳动产权融合，主要还是避免我国社会主义市场经济走向西方资本导向型的市场经济，见物不见人，视工人劳动者为企业主资本家的牟利工具，推动劳资矛盾一步步加剧，为自己自掘坟墓。所以，在我国现代国有企业中，一定要注重劳动产权的存在，并在实践中对这种产权摆在同资本产权同等重要的位置，不能将其视为资本产权的附庸。这样，在现代国有企业中，资本产权与劳动产权并存，由原来的计划环境下劳动产权占主导和西方市场环境下资本产权占主导的模式转变为资本与劳动共同占主导，二者形成相互协作、互惠互利、相互尊重的融合体，才能实现现代国有企业的持续健康发展。具体来讲，公有资本产权、非公有资本产权和劳动产权融合协作制度包括混合所有制经济发展制度、劳动资本化制度、员工持股制度等。这些制度在推动公有资本与非国有资本融合、资本产权与劳动产权融合方面将发挥积极推动作用。

三、多主体企业共同治理制度

企业治理涉及众多主体，所以企业治理结构也是较为复杂的。单一的企业治理结构无法充分平衡企业内部多主体的诉求。《公司法》明确表明企业治理结构是法律、文化和制度综合后形成的，企业治理结构不仅影响企业的目标、行为，而且影响在企业股东、债权人、经营者、职工、供应商和用户等众多的利益相关者中，由谁来控制企业、怎样控制企业以及风险和收益如何在不同主体之间分配等问题。因此，就必须考虑健全政府、职工、股东和债权人企业共同治理制度。这也得到契约理论的解释。按照现代契约理论的观点，企业治理结构实质上是一个关于企业所有权的契约，因为企业所有权包括企业控制权和剩余索取权，所以企业治理结构就是企业控制权和剩余索取权的契约。企业治理结构是在产权分离的情况下出现的，所以企业控制权和剩余索取权就是其主体，而权、责、利的分配就成为其客体，企业治理结构的主体和客体只有在对称分布的水平上才能实现有效率的治理模式。现实中，企业经历了企业所有权股东所有，股东拥有企业控制权和剩余索取权的发展阶段后，在企业剩余索取权和控制权的归属问题上越来越多的主体要求分一杯羹。传统的团队生产理论、委托代理理论等不能满足现实中多元主体的需要，利益相关者理论开始引入和运用到企业中，利益相关者共同治理模式的理论和实践得到快速发展。

我国传统国有企业是政府主导下的一元化治理。现代国有企业由于涉及的利益相关者越来越多，混合所有制国有企业中股权结构多样，不仅有国有，还有社会机构、私人股权等，在债转股后，还有债权人。这众多的股东体现为国有企业的利益相关者是多元的，除此之外，社区、供应商、消费者等外部主体也是现代国有企业重要的利益相关者。因为与西方企业治理理论相区别的是，国有企业治理目的不能仅仅是股东利益最大化，还要考虑职工、债权人、供应商、用户、所在社区等的利益。这不仅是因为职工、经营者、供应商和用户与股东一样，都对企业进行了专用性资产投资、承担了风险，而且我国国有企业因为其特殊的定位和功能使得它必须履行相应的社会责任，而很多社会责任都是企业的外部利益相关者。所以，现代国有企业涉及的治理主体是非常多的。在坚持社会主义市场经济的道路下，在国有企业是国家和中国共产党执政的经济基础的指导下，我国现代国有企业必须处理好政府、职工、股东和债权人的关系，必须改变政企不分、党企不分、官员企业家合一的体制，遵从社会主义现代市场经济的一般规律，来重新塑造其治理结构和治理制度。这就要求彻底改变传统国有企业的一元治理，将国有企业内外部的利益相关者纳入企业共同治理之中。要做到这些，就需相关的制度安排。比如，各利益相关者的准确界定、职责权利与义务、议事机制、管理架构、协调制度等。

四、党员董事、职工董事和职工监事作用发挥制度

我国现代国有企业的治理主体是多元的，作为体现国家性质和国体政体的国有企业，在里面的党员职工和先进职工代表应该成为国有企业的重要治理力量。因为，根据宪法规定，党的基层组织要切实成立党组织和坚持党的领导，我国国有企业作为基层组织之一，而且是作为党执政经济基础的微观主体之一，必然要坚持党的领导。那么我国国有企业怎样坚持党的领导，其中的党员怎么发挥积极作用，企业党组织怎样在整个企业的发展规划和战略中起到引领和牵引作用，这就需要研究具体细节上的操作规范。工人阶级作为先锋阶层在我国现代化建设和全面复兴大业中发挥中坚力量，在现代国有企业中也应该发挥比西方国有企业更为强大的作用和发挥他们更为积极主动的作用。所以，在我国现代国有企业中，党员、职工都应该有一定的人数进入董事会、监事会。在董事会中，党员董事是积极贯彻党中央大政方针的重要力量，是夯实基层党的领导的关键，是监督经理层的重要利剑。党员以其严于法律的高标准作为言行准则，对企业中其他非党员董事和经理层产生行为带动和引领功能，在企业领导层塑造良好的精神面貌和积极向上涵养有素的团队，为企业的发展壮大提供源源不断的高素质队伍和高执行力团队。为此，在现代国有企业董事会中要积极

选拔各方面都很优秀的党员加入董事会集体中，在职工队伍中要大力选拔训练有素、积极有为、综合素质比较高的职工加入董事会和监事会中。虽然，我国国有企业的规章制度中和政策规定中有提到而且是经常倡导，但是没有详细的可操作方案，没有具体的党员董事、职工董事、职工监事的选拔比例。一些国有企业有少量职工董事、职工监事，但是形式大于内容，其作用未真正发挥。所以，在当前全面深化国有企业改革和大力发展中国特色现代国有企业的大好时机，可以进一步明确其具体比例和党员董事、职工董事、职工监事的运作制度和规范。只有真正落地可操作，现代国有企业才能真正地将党组织建在企业中，调动企业职工的能动性，为国有企业的中国特色贡献智慧。

五、经理层政治职责与经济职责的双重制度安排

作为现代国有企业重要治理主体之一的经理层，具有很强的自主性和绝对的权利。很多研究证明，我国国有企业在相当长时期是经理层控制①，当然，经理层很多也是政府的代理人，是体制内利益的代理者。改革开放后，对国有企业的关注从其社会责任的担当者开始向企业利润的创造者转变，国有企业的脱困和提质增效一直成为其中心任务和目标追求。经理层在这当中充当了急先锋的角色，围绕着经济效益的主要目标竭尽全力地调动各类资源朝着利润最大化的方向将国有企业做大做强。这极大地推动了我国工业化进程，但是同时也带来了严重的环境、分配差距等社会问题。这种西方化的国有企业发展模式和思路在经济上是成功的，但是作为中国社会主义市场经济环境下国有企业的社会主义导向却显得无力。这与经理层的单一目标和经济利益至上的导向是分不开的。所以，改革开放以来，一些国有企业市场化改革导向带来的负面影响必须得到重视，不能一味地为了经济效益而不顾法律法规和违背道德良知。市场化的初衷是改变国有企业死气沉沉的现状和积极性严重缺乏的表现，重塑国有企业发展新的动力，但是并不意味着就能为所欲为，必须是要践行社会主义导向和国家社会利益，承担政治责任和发挥好国家宏观经济调节等战略任务。

因此，作为中国特色社会主义下的现代国有企业经理不能仅仅是个职业经理人，还必须是个政治家。也就是说现代国有企业经理层要勇于承担起政治职责和经济职责，在发展国有企业经济的同时，履行党的基层建设和国家政治稳定、社会和谐的重任。这就要建立起双重制度安排，一方面要对国有企业经济

---

① 徐翔. 国有企业内部控制机制及运行研究 [R]. 成都：西南财经大学，2014：4.

绩效有所要求，另一方面要对国有企业政治责任履职能力所有强调。在国有企业经济绩效方面，要看其成本费用节约能力、市场开拓能力和技术创新创造能力，在政治责任和社会责任方面要看其是否真正发挥了工人阶级先锋队的作用，是否充分调动了工人阶级的积极性，是否能引领全体职工朝着党中央的政策导向往前发展。具体来讲，首先是要有非常严格的党中央政策在国有企业的贯彻执行制度和监督制度，其次是要有切合国有企业实际的经济效率考察制度。这两方面的制度体系要相互衔接，不能厚此薄彼，形成综合性的责任担当体系，真正做到国有企业的政治功能和经济功能融洽相处和齐头并进，使国有企业真正成为中国共产党执政的基石和经济安全的守护神。

第三节　中国特色现代国有企业管理制度

国有企业的管理是具体运营中的重要内容。一家企业不管其所有制结构多么复杂和战略目标多么高大上，没有具体的管理体系作为支撑，就会在日复一日的经营中碌碌无为。国有企业的管理制度成为其落实和支持其定位、战略的重要必不可少的手段。与西方国有企业管理不同的地方是，我国特色国有企业的管理要体现党的领导，党对企业管理的要求要贯彻到具体的日常运行中；西方国有企业是以资本为中心、以资本家和资产阶级为轴心来进行管理的，对企业中的职工体现为压榨和剥削，而我国特色国有企业制度则是围绕社会主义国家建设目标和广大人民为核心利益来管理的，对企业中的职工体现为全面发展和共享富裕。这种因为定位和目标不同导致的管理的差异，就是中国现代国有企业管理制度的特色所在。

一、以职工为核心的民主管理制度

企业的民主管理包括管理层的民主管理和职工的民主管理。作为经营层来讲，民主管理在西方管理思想的引导下和其相互间的利益制衡下比较容易实现。但是，企业中职工的民主管理在等级严重和严密的科层结构下往往有形而无实。职工民主成为企业民主建设需要着力解决的难点。在西方国家，企业职工民主又称产业民主或劳工参与，即指企业职工以劳动者身份而非股东身份影响、参与企业经营管理行为。它是企业职工的内在权利，与工会和企业行政协商确定劳动条件的集体谈判的外部权力是相区别的。集体谈判是签订集体合同和解决集体争议的手段，一般适用于劳动者与企业管理方关系出现对立冲突的场合，其内容只限于劳动条件、劳动者待遇及劳动保障等劳动关系中应明确的事项。在我国国有企业的全面深化改革中，职工民主管理是现代经济民主的重要内容，是企业普通职工分享企业经营管理权的重要形式，是构建和谐企业关系的重要手段。因为，职工民主管理是有其理论根源的。第一是劳动力与资本平等理论。我国是搞社会主义市场经济，不是资本主义市场经济。在资本主义市场经济中，资本是占主导地位的，而在我国劳动力与资本是平等的。在我国国有企业中，不管是资本的所有者还是劳动力的拥有者，都需要考虑对方的意志来支配其所有物，国有企业的股东不得因为所有权的行使而任意支配企业的劳动者，尤其是在涉及劳动者利益的事项时，应考虑劳动者的利益和要求。第二是现代民主决策理论。现代企业的决策不是一个或者某几个人决定的，而是在广泛民主讨论上决定的。这就需要企业的利益相关者共同来做出企业决策。国有企业中的民主决策是综合多方意见而决定的，多方意见主要是来源于企业的利益相关者，不管是内部利益相关者还是外部利益相关者，在资产所有者和劳动力所有者聚集在一起进行经营后，企业的一举一动都会牵动着利益相关者的神经。其中，对企业经营最为关心的是股东代表和劳动力所有者代表，他们在企业运营管理决策中发挥着决定作用。第三是企业决策执行理论。企业决策一旦做出，最为重要的就是执行，推动决策落地生根。企业决策的执行是要靠企业普通职工来完成的，需要有劳动者的高度介入和认同，要充分发挥职工的能动作用，才能使得最后做出的决策能够在实践中迅速地被劳动者所认同并高效地执行。具体来讲，以职工为核心的民主管理制度包括：

（一）职工代表大会制度

职工代表大会制度是企业中职工实行民主管理的基本形式，是职工通过民主选举，组成职工代表大会，在企业内部行使民主管理权力的一种制度。既然职工的民主参与是现代企业民主管理的重要手段，那么作为职工民主参与的形式，职工代表大会就是与企业党委会、董事会、监事会等同等重要的企业内部权力制衡手段。一方面，职工代表大会能够保障职工的民主管理权利，充分发挥职工的积极性和创造性，营造公平公正和谐的发展环境，提高企业的科学管理水平，促进国有企业经济发展。另一方面，职工代表大会是职工自身提高素质，参与企业管理和监督企业经营者行为的重要途径，因为《工会法》赋予职工代表大会的权威作用，其对职工民主参与管理，召开职工代表大会是有着法律规定效应的。职工代表大会的主要职责要界定清晰，根据《工会法》的要求，职工代表大会要贯彻执行党和国家的大政方针，妥善处理职工、企业、国家三者的利益关系，积极行使自身法定职权，调动职工积极性；参与企业决策、监督企业领导干部、维护职工合法权益；行使企业重大事项的建议权、通过权，对经营管理团队的经营行为行使监督权；在法律规定的范围内支持董事长、总经理行使经营管理决策和统一指挥生产活动的职权，引导职工积极参与本企业民主决策、民主管理、民主监督。企业职工代表大会实行过半有效的原则，由企业工会委员会组织和筹备，日常工作也由企业工会委员会负责。

（二）职工参与经营决策制度

组织决策理论表明，组织中的参与式决策是指组织中的非领导成员以平等的地位与组织的高层管理者一起参与组织的具体决策的制定，通过参与组织中的各项重大问题和决策，组织中的普通成员找回自身作为组织主人翁地位的感觉。组织中的员工参与决策是一种"人本管理"，它重视人的价值，鼓励人的发明创造，通过最大限度发挥组织中成员的作用，释放组织成员能量，更好地实现组织的预期目标，也更有利于组织公民社会的生成。我国国有企业职工参与经营决策有两个方面的原因。一是从我国实际情况来分析，我国国有企业的所有者是全体国民，职工作为国民中的一分子也是企业的主人，这与西方国有企业中职工是企业的被动要素之一不同，我国国有企业中的职工是企业的主动因素，拥有参与经营决策的内在动力。国有企业职工作为工人阶级先锋队，身处生产经营一线，对企业的政策方针落实情况和问题比较清楚，引导他们参与企业经营决策能更好地解决企业运营中的实际问题。二是从西方管理思想来看，双因素理论认为外在的影响相对于工作积极性是一种保健作用，其只是对积极性的维持，而真正起作用的则是员工的内心状态。因为组织有较为宽松的环境鼓励员工参与决策、员工高的参与度、组织满足员工的成就感与责任感、员工从组织中获得更多的锻炼与提高员工积极性的重要因素。西方的研究也证明员工参与的水平和企业生产率、企业的长期财务绩效均呈现正相关关系；有效的员工参与举措可以提高员工满意度，促进产品质量的改善和提高企业整体生产率[1]。总之，理论和实践证明，员工参与决策时若决策事物的性质符合员工参

---

[1] Forehand G A, GLmer B H. Environmental Variation in studies of organizational behavior [J]. Psychological Bulletin, 1964, 6（2）: 361-382.

与决策的要求，那么便可以产生增效性，其整体效果将大于部分效果之和；员工参与决策实际上比个人决策更容易实现组织的增效性，且员工参与决策容易调动员工的积极性和创造力。员工参与企业决策的形式有多样，可以是通过日常性的决策建议、职工董事参与的一般性决策、重大决策前召开职工代表大会征求意见等方式凝聚决策力量、提高决策科学性和可行性。所以，员工参与决策被推崇为治疗士气低落和生产力低下的"灵丹妙药"。

（三）职工参与管理制度

职工参与管理是指企业决策后，具体的经营管理实践中要有职工的参与，职工参加公司内部的具体管理。职工参与决策后，对决策的执行具有直接体验性，对决策的正确与否以及需要改进的地方具有第一时间的感受性。职工参与管理，一方面便于企业管理层了解职工群体的需要，另一方面也有利于企业管理方式、手段的合适性检验。职工参与管理是通过在公司治理中积极介入来实现的。职工参与公司治理是公司社会责任理念在职工利益领域的表现。在企业所有利益相关者中，职工是最重要的利益相关者之一。企业中的职工不仅工作生活与企业密切相关，而且企业生产产品质量也与他们紧密相连。伴随着技术进步，职工整体素质不断提高，企业中的职工不仅仅是同企业签订了"卖身契"，而且他们的知识和智慧是作为特有的人力资本也一并投入了企业中。这就意味着职工这种特定的"人力资本"投资具有企业资产所有者一样的性质，也应该成为剩余索取者并成为剩余风险承担者。企业不仅是资本联合，而且也是劳动与资本的联合，作为劳动者的职工是其不可忽视的构成部分。所以，劳动者参与企业管理是天经地义的。

具体来讲，企业职工参与管理有多种方式，下面分析其中的四种方式。一是信息参与方式。企业职工通过了解掌握公司的经营状况，并向公司提出建议和意见。二是经营参与方式。即指由职工代表直接进入董事会，就企业的管理问题进行直接参与。三是监督参与方式。即指职工通过其代表参加公司监事会行使其监督管理权，对企业的经营管理进行直接的监督。四是职工持股参与。这主要是指职工通过购买并持有公司股份进而成为其股东，职工再以股东身份参加股东大会来行使民主管理权利。之所以要推行职工持股主要是通过持股使职工从劳动者变为既是劳动者又是所有者，从而可以通过像所有者拥有控制权、剩余索取权一样，职工也可以通过股份参与利润分配来提高其对企业的关切度，进一步增强对企业的凝聚力，为企业职工参与公司治理创造条件。这四种方式最终都是以企业职工参与公司治理的方式来参与企业管理。对我国国有企业来说，由于国家股和法人股的集中，而且对国有企业的监管还不规范，国有股一股独大的问题比较严重，控股股东主体缺位、少数股权股东又无法行权，这些导致了"事实上"的内部人控制。所以，在国有企业中，推动职工参与管理，发挥职工监督管理层显得尤为重要。职工参与管理不仅能够化解信息不对称条件下监控国有企业经营者行为的困难，而且可以为我国国有企业的职工真正成为企业主人提供现实的路径。因为，尽管我国的宪法和有关法律明确规定公有制企业的职工是企业的主人，但在国有企业的具体经营管理实践中，却难以看到国有企业职工有企业主人的感觉，职工的实际地位和主人地位相距甚远，工人阶级当家做主这一政治理念缺乏具体的操作举措。落实职工参与制度，可以提高企业职工话语权和提高其重视度，进而提高其认同度和归属感，使其全身心投入企业工作中。

二、高效的企业激励制度

企业的激励问题历来是企业发展动力的重要问题。企业中的激励是指企业通过运用物质和精神方面的各种方法和手段去调动员工的积极性和创造性，促使员工努力去完成企业分配的任务，进而实现企业的目标。企业中的激励机制是指企业通过制定恰当的行为规范和分配措施来实现人力资源的最优配置，进而实现企业利益和员工利益的高度一致。之所以要建立激励机制，主要是要正确地诱导员工工作动机，使他们在实现企业目标的同时实现自身的需要，进而提高工作满意度。可见，激励机制最为重要的就是把个人为企业做出的业绩与个人利益关联起来，使个人利己行为成为能促进企业提高效率的行为。因此，激励机制是否科学合理是决定着企业兴衰的重要的内部机制。国有企业的激励问题一直广为诟病，被指激励不到位或是激励严重缺乏。在计划条件下，国有企业的激励主要表现为精神激励，在毛泽东同志革命建设口号影响下，全国集体主义精神普遍存在于企业之中。以国家利益为重，以企业利益为重，先国家先企业，不能将个人利益摆在前面，不能公开表现为了追求个人利益而牺牲企业利益。但是，在改革开放后，市场因素的引入，经济人假设的行为逐渐成为整个社会的主导行为，个人追求自身私利不仅不会被社会氛围鄙视，甚至还涌现出谁没有挣到钱、谁富不起来谁才是被非议的对象，个人创富者代替计划经济时期的道德楷模、工匠楷模成为社会的明星。现代国有企业的发展在市场经济大发展后的今天，在个体私利追求白热化的当下，要调动其积极性就不可能仅仅是给予精神思想上的鼓励，而要从物质和精神双向激励机制上下功夫。

（一）经营管理层的激励制度

企业经营管理层是现代企业的具体组织领导者和各项变革的推动者，是企业发展的领头羊。同时，企业经营管理者又是一种特别稀缺的要素，尤其是具有企业家精神的企业经营管理者更是极其稀缺，在物以稀为贵的市场经济中，其人力资本价值会很高。所以，只有正视企业家的特殊劳动价值，才能发挥经营管理层应有的功能作用。不仅要在精神上给予激励，也要在物质上给予激励。在精神上的激励，首先应当强化企业经营管理层的使命感和责任感。当前我国整体经济正处在转型升级战略期，我国国有企业改革发展进入全面深化阶段，国有企业经营管理者只有看清楚我国国有企业所面对的机遇与挑战，进而意识到自己肩负着光荣而又艰巨的使命，精神激励才能对其发挥作用。其次是要弘扬倡导真正的创新精神、敬业精神、奉献精神，培养良好的学习精神和强烈的成就感。这样能使国有企业的经营管理者有更高的追求和更好的态度。对经营管理好的国有企业经营者给予荣誉和地位，使之感受到自己经营管理带来的乐趣，进而促使他们持续保持昂扬的斗志。在物质激励上，企业经营管理者的收入可以采用年薪制和股权分配制的形式。年薪制将经营者的工资与一般职工的工资分开来，其中很大部分和企业经营业绩直接挂钩。一般来讲，年薪分为两个部分：一是基薪，二是经营目标风险收入。在实践中，基薪应当与企业职工的平均工资水平相近，经营风险收入则直接与经济效益挂钩不受基薪水平限制，这样就通过年薪将经营者对自身利益追求与企业对利润目标的追求融合在一起。而股权分配制则是企业将一定数量的企业股份以适当的价格让渡给经营管理层持有，或者是给予经营管理者的期权奖励，而且在企业扩股时经营管理者有优先购股权。但是，国有企业股权分配制在具体的实践中被歪曲了，导致了诸如MBO造成的大量国资流失。整体上来讲，我国不像西方国家那样崇拜经济激励，只有把利益激励与精神激励结合起来，才能推动经营管理者努力持续做出贡献。当前，国有企业经营管理者的激励正在形成体系，既有计划经济时代流传下来的强大的精神激励，比如，各种劳模、五一劳动奖章、与政治职场互通等方式，也有管理层持股、高管薪酬市场化等物质激励。在中国特色社会主义市场经济中，对国有企业的经营管理者激励要继续围绕精神激励和物质激励进一步深化改革，以切合中国实际需要。当然，在这个过程中既要反对只搞精神激励，不顾市场经济中的物质激励的保守做法，也要反对只搞市场化的物质激励，而忽视管理者的精神需要的做法。

（二）普通职工的激励制度

由于我国是工人阶级领导的以工农联盟为基础的人民民主专政的国家。我国国有企业中的工人是领导阶级，国有企业的普通职工就是企业重要的主人。因此，对国有企业普通职工的激励也是非常重要的。可以说，国有企业普通职工积极性发挥得怎样，国有企业的生产力水平就会表现得怎样。与国有企业管理者的激励一样，国有企业普通职工的激励也可以分为物质激励和精神激励。对普通职工的物质激励包含奖金激励和福利激励两方面。面对改革开放后外资企业和民营企业高报酬的诱惑，国有企业大量的优秀员工流失。对国有企业优秀员工的奖金激励是留住核心人才的一种主要方式。甚至对普通职工中的关键技术人员要加大绩效奖励力度或者给予企业股份激励。另外，荣誉激励、榜样激励和表扬激励等合适的精神激励会起到事半功倍的效果，可以更好地陶冶员工的思想情操，激励企业职工积极、努力、勤奋地工作和学习，进而大大提高企业的人力资本竞争力。随着新时代的到来，职工的需求也越来越多元化，采取多元化的激励方式和激励手段成为企业吸引新兴青年人才的法宝。比如，一些企业注重职工的配套服务，积极主动介入职工工作的家庭服务，构建子女护理、父母的赡养等福利体系，以激励促使职工安心工作，创造最大价值。一些企业通过采用工作轮岗制，丰富了职工的工作技能和工作经历，满足了职工自我价值实现和不断成长要求的内心需求。还有的企业为了吸引年轻有才华的人才，破天荒地采取了灵活的工作作息制度和可供选择的工作地点等方式，以适应新时代人才的新需求。事业发展与规划管理也是激励员工的重要手段，且具有长期激励效应。因为它不仅能使企业职工的工作时间与休闲时间取得平衡，还有助于实现企业利益与员工利益的同向发展。对普通员工的激励除了正面激励外，还可以在国有企业中引入淘汰机制，通过运用科学合理的考核评价方式对员工工作表现进行打分，对得分较低的职工进行调岗、降职或辞退，提高员工流动性，激活员工内在动力，锻造高效员工队伍。

三、共享型的利益分配制度

与企业民主管理相对应的是要实行共享型利益分配制度，因为在资本专制的企业中，利益是为资本独享的，而资本和劳动力共同治理的企业中必然要求共同分享创造的利益。从价值的产生来看，赋予劳动者共享企业利益是内在的需要。因为，马克思的劳动价值论表明，企业有价值产品的生产是生产资料与劳动力共同作用的结果，生产资料只是生产有价值产品的必要物质条件，劳动者的劳动才是生产有价值产品的源泉。生产资料在价值创造过程中不创造新价值，它只是创造新价值的物质载体，重新保存和转移到新产品上去。马克思认为生产过程劳动、劳动对象和劳动资料的内在关系是劳动者凭借一定的劳动资料，根据某种生产计划作用于一定量的劳动对象，进而生产出所需要的产品。可见，社会生产过程是各种生产要素综合作用的结果，其中劳动是不可或缺的要素。此外，英国经济学家马歇尔在《经济学原理》中也认为"一般资本和一般劳动在创造国民收益上是相互合作的，并按照它们各自的（边际）效率从国民收益中抽取报酬"。不管是在马克思的劳动价值论，还是西方经济学中的资本、劳动共同创造国民收益，劳动都是价值创造极为重要的因素。在马克思劳动价值论中，劳动资料可以视为资本，同西方经济学中的资本是一个意思。既然西方经济学中资本所有者可以支配企业所有权，那么作为价值创造中与资本处于同等地位的劳动也应该享受所有权。但，这在资本主义社会很难实现，资本至上将劳动物化了，而在马克思劳动价值论中劳动与作为资本的劳动资料一起作用于劳动对象，创造了新的价值。所以，在马克思劳动价值论来看，资本与劳动具有内在统一的逻辑，体现了劳动权益与资本权益的对等性，这就奠定了我国国有企业形成共享型利益制度的基础。在利益共享型企业制度中，企业劳动力所有者与资本所有者共同占有、权力共使、利益共享、风险共担。

（一）资本所有者共享利益

在现代市场经济中，资本权益占主导。在资本权益下，劳动被资本雇佣，并在生产过程中与生产资料相结合，进而创造出大量超过自身价值的剩余价值，资本所有者拥有企业的剩余索取权，将劳动者创造的剩余独占了，而劳动的收益仅仅是通过工资形式在企业利润形成之前被扣除的那部分。可见，在资本权益占主导的市场经济中，资本的供应是行使权力、占有成果的唯一依据，即谁拥有资本谁就拥有雇佣劳动者指挥劳动者的权利。这具体表现在两个方面，一是资本所有者既能自行行使企业经营有关的所有权力，也可随自身意愿委托部分权力给代理人；二是资本所有者将销售收入扣除各种耗费后的剩余占为己有，并自由主导这种剩余的再分配。企业的投资者对企业拥有所有权，但是在所有权与经营权分离的情况下，资本的所有者只能分享企业经营的利润，不能具体操纵企业运营。这在企业法人财产权得到实现的条件下，企业资本所有者更是只享受企业红利和股息收入，其他企业的经营都与之不相关。所以，资本所有者作为企业的所有者，作为企业成立时资产的一次性投入者，与投入企业中的其他要素一样要分享企业利益。这也是为什么资本所有者会投资企业的重要原因。作为社会主义国家的国有企业，依据其来源和初始投入主体，其原始资本是全体人民共同投资的。所以，作为我国国有企业的资本所有者——广大人民来说，用国有企业利润充实社保基金是一个可行的落实资本所有者分享利益的举措。最近几年，国家也正在这样做。

（二）劳动所有者共享利益

劳动与资本一样是企业的重要生产要素。在资本主义社会，劳动被资本剥削，劳动所有者不能分享自己创造的利益。这就造成了日益严重的劳资关系矛盾、加剧了两者的冲突、劳动者起来反抗游行示威的后果。建立劳动所有者权益分享制度就显得尤为必要。在劳动权益导向下，劳动力产权占主导，资本从属于劳动，劳动力所有者拥有企业的剩余索取权并占有企业收益。在劳动所有者权益主导制度中，权力派生于劳动、利益归属于劳动者，资本是为劳动创造价值服务的工具。具体来讲，这也表现在两个方面，一是劳动者直接行使、间接地通过选举代表行使企业战略决策权力，同时将企业日常经营权力委托给具有一定专门知识和技能的人；二是劳动者共同地决定企业经营的剩余，并遵循劳动贡献公平地分配企业经营所得的剩余。可见，资本在企业经营中是以生产要素的身份体现的。企业生产要素的报酬是以成本形式列支的，与企业经营成果不存在内在的关联。所以，在劳动所有者权益主导下，资本作为生产要素获得利息成本的回报，无法像资本权益主导下获得剩余，进而资本也就无法拥有对劳动权益主导下的经营成果形成的各种权力。企业的经营者是受企业劳动者集体委托来提供经营服务的，并以服务水平的高低来分享经营成果。这样，很显然，劳动者既是权力和利益的主体，又是经营者组织生产活动所需利用的一种要素。在企业的决策权力中，劳动者集体具有话语权，而经营者处于服从地位；在企业的执行权力中，作为企业单个劳动主体又必须接受经营者的具体指挥。所以，作为企业的职工，作为劳动要素的所有者，他们以像资本的所有者一样的身份参与到企业的整个生产经营过程中，使得资本因为与劳动结合享受劳动创造的剩余价值而具有增值的可能。也就是说，在企业内部，资本所有者和劳动所有者成为企业生产经营正常开展的前提，没有劳动者的参与，企业中的资本是静止的，只有在劳动的作用下，企业中的资本才能运动。在企业黑箱中，劳动与资本的复杂合作产生了新的利益，这种新增加的利益不能被前面所讲的资本所有者独占，而应该是劳动与资本共同分享。在资本主义社会，资本是独占企业利益的，劳动所有者利益是被侵害的。在人民当家做主的社会主义国家，在企业资本所有者是广大劳动者的我国现代国有企业中，劳动所有者无论是从资本角度还是从劳动角度都应该分享企业利益。这是我国社会主义国家国有企业与西方国家国有企业的重大区别。西方国家也开始讲劳动所有者分享利益，但是那是资本所有者纯粹出于自身利益考虑让出来的，他们称为分享剩余，而我国劳动所有者共享企业利益是由双重因素决定的。

（三）企业外部利益相关者共享利益

企业的利益相关者有很多，前面讲了资本所有者和劳动所有者都是企业的利益相关者，他们和企业经营管理层一起构成了企业的内部利益相关者。作为社会中的企业，它需要与外界互通信息有无，必然会有很多外部利益相关者。企业不能脱离社会存在，也就决定着企业不能脱离外部利益相关者而单独发展。因此，企业外部利益相关者也是企业重要的生产经营因素，没有合适的外部利益相关者的配合和支持，企业是无法持续实现高效运营发展的。企业所在的社区、当地政府、企业所在产业链的配套协作企业、企业产品服务购买者、原材料供应者、资金提供者等。这些利益相关者与企业是同在的，企业不可能脱离这些利益相关者而单独存在。既然是企业存在发展所不可或缺的外部利益相关者，那么企业的利益分享就不能仅仅是考虑企业内部的利益相关者。因此，企业外部利益相关者分享企业发展的利益是必须的。但是，必须注意，企业外部利益相关者分享利益不是直接从企业中支配剩余，也即不具有直接占有企业剩余控制权和分配权。企业外部利益相关者分享企业利益是企业以贡献社会的方式和途径来将企业剩余投向必要的社会责任领域和捐赠方面。这也不难理解，因为外部利益相关者没有所有权，也就不能直接拥有企业剩余控制权和分配权。但是，企业又离不开整个社会系统的协调运转，所以必须用一部分分配后的剩余投入社会中，来促进企业和周边社会关系的构建和维持。

四、市场化人员选聘制度

国有企业人浮于事、人员积极性不高、工作效率不高等弊病广为人知，其关键原因是员工的动力机制缺乏，传统的人事管理制度僵化。建立职业经理人制度，是国有企业干部人事制度的一个重大突破，是深化国企国资改革的一项重要制度创新。职业经理人形成机制与现有的国企、央企领导层任命制是不同的，职业经理人是通过市场机制选拔产生的专业从事管理的人才，是特殊的人力资源阶层。职业经理人加速国企改革打开职业经理人聘用渠道，不仅优化了企业管理者队伍的结构，而且提高了企业管理者队伍的素质，增强了企业活力，促进了企业快速健康发展。市场化选聘具体是指通过高校应届毕业生选聘、社会公开招聘、猎头公司协聘等途径，运用市场化机制公开选拔聘用人才。市场化人员选聘能够实现委任制向选聘制转变、官员化向职业化转变、终身制向任期制转变。在市场化人员选聘过程中，要坚持党管人才与市场化配置、公司法人治理结构规范运作相结合，公开公平公正原则，竞争择优、能上能下、能进能出原则，德才兼备、任人唯贤、注重实绩原则。坚持党管干部原则是国企职业经理人市场化选聘的首要原则，实施双重把关，"党组织把住人选准入关，董事会把住人岗适配关"。在具体的操作过程中，市场化人员选聘可以分为内部市场化选聘和外部市场化选聘进行。市场化人员内部选聘是指实施存量转身、畅通企业干部和职业经理人身份转化通道，采取充分协商、组织把关，市场聘用的方式，探索出国有企业中层干部与职业经理人之间的良性流动机制。市场化人员外部选聘是指推行增量改革，招选结合选聘职业经理人，对外组织开展市场化招聘人才工作，引进中高层人才，对国有企业的二级单位、职能部门、重点项目职位等开展职业经理人市场化选聘工作。市场化选聘的人才可以通过聘任制和契约化管理来对其实施硬约束，其薪资标准是和业绩挂钩的，在职业经理人试用期重点考核其发展愿景能否与国有企业的战略规划相适应，工作能力是否胜任岗位的需求，在团队中是否可以发挥领军人才的核心作用等，并充分体现"市场化来、市场化去"的原则。

第四节　中国特色现代国有企业监督制度

资产监管是个世界性的问题。为了防范风险，提高资产运营效率，无论是政府还是企业，都对如何加强对国有资产的监管十分关切。在我国，随着社会主义现代市场经济体制的不断发展，国有企业市场化行为越来越多，与国有企业一直以来存在的行政化管理和多重目标存在严重的冲突。国有企业在中国特色现代市场经济中逐步从传统走向现代，在这个转型期间，有好多的漏洞和空白地带，因此构建高效的监管机制对于防范国有资产流失、保证国有资产的保值增值具有极其重要的战略价值。具体来说，国有企业的矛盾和冲突又源于我国国有企业的双重使命。即国有企业一方面要追求经济效益最大化，最大限度地实现国有资产保值增值，另一方面又要在建立和完善国民经济结构、保障人民基本生活和国家基础建设物资供给、引导和推动国民经济的技术改造等方面充分发挥其宏观调控功能。正是国有企业具有这种双重使命，所以国有企业在平衡其内在的矛盾和冲突中不断改革发展。在以上这些因素的多重作用下，导致对国有资产的监管不力，国有企业的腐败行为屡禁不止，国有资产流失问题层出不穷。因此，构建完善的监管制度，提高监管效率是国有企业改革发展最为紧迫的问题。

一、党组织监督制度

在中国国有企业中，充分发挥好国有企业党组织的监督功能是完善中国特色国有资产监管体制的应有之义，也是在基层坚持党的领导的充分体现。在我国，国有企业中的党组织监督制度不是软性的企业内部制度要求，而是有相关法律法规作为支撑的硬性要求。从党组织监督制度的发展历程来看，新中国成立后党的纪律要求在国有企业中就得到了充分体现，直至改革开放前，国有企业党组织的监督犹如政府机构中党组织的监督一样，是空前的控制型监控。改革开放后，随着市场经济的发展，在以经济建设为中心的导向下，发展成为最为关切的议题，先发展后监督的现象在国有企业中越来越普遍。所以，在相当长时期内，国有企业党建监督被弱化了甚至忽视了。直到党的十三届四中全会，党中央才又开始对国有企业党组织监督工作重视起来，出台了相关的政策法规，比如，2003 年 5 月，国务院颁布实施的《企业国有资产监督管理暂行条例》。最为重要的表现是党的十七大党章第三十二条中的规定，为国有企业党组织监督和国有企业党建工作指明了方向和要求①。十八大以来，党中央高度重视国有企业监督管理工作，习近平总书记强调指出："要着力完善国有企业监管制度，

---

① 十七大党章第三十二条中的相关内容如下："国有企业和集体企业中党的基层组织，发挥政治核心作用，围绕企业生产经营开展工作。保证监督党和国家的方针、政策在本企业的贯彻执行；支持股东会、董事会、监事会和经理（厂长）依法行使职权；全心全意依靠职工群众，支持职工代表大会开展工作；参与企业重大问题的决策；加强党组织的自身建设，领导思想政治工作、精神文明建设和工会、共青团等群众组织。"

加强党对国有企业的领导，加强对国有企业领导班子的监督，搞好对国有企业的巡视，加大审计监督力度。国有资产资源来之不易，是全国人民的共同财富。要完善国有资产资源监管制度，强化对权力集中、资金密集、资源富集的部门和岗位的监管。"党中央层面的要求为我国国有企业党组织监督建设提供了强有力的支撑。从现有体制看，党对国有企业和国有资产的监督管理，要两条腿走路，一方面要强化国有企业内部监督管理，另一方面要加强国有资产监管机构建设。所以，一方面需要国有企业党组织制度的不断完善，另一方面需要在全面深化国有企业改革中强化党中央对整个国家国有资产监管体系建设的领导。

二、决策执行监督制度

企业董事会做出了决策后，关键在于决策的执行。倘若经营决策得不到很好的执行，经营决策的执行得不到有效的监督，企业经营管理的秩序就难以维持。在现代市场经济条件下，国有企业市场化的经营行为愈来愈多，但是又存在双重目标，政府性的干预和影响也依然存在，在竞争越来越激烈和多目标的作用下，企业的经营决策风险越来越大。所以，国有企业的经营决策在得不到监督的情况下，很有可能就会为腐败提供土壤。加强对国有企业经营管理层决策执行行为的监督，及时发现问题并加以修正，不仅是确保企业经营能够顺利开展的需要，而且是保护经营管理人员误入歧途、锻造高素质经营管理团队的需要。因此，要加强企业监事会建设，做强做实监事会，发挥监事会的强大监督职能，重点监督"三重一大"事项决策的实施，监督企业经营决策的议事制度、财务资产管理制度、项目管理制度等在执行过程中发生的问题，查处违纪违规和腐败行为。

三、工会职工监督制度

在大型国有企业，不仅经营决策的执行需要监事会监督，很多具体的岗位和工序也需要监督，才能将产品的品质提高。这就要发动职工监督职工、职工监督管理层的作用。企业董事会要认真落实《公司法》的规定，赋予工会应有的权利。因为工会作为企业中与经理层制衡的主体，能够为职工的监督提供组织支持。工会的监督包括监督公司对涉及职工切身利益的法律法规、规章制度和公司章程的贯彻执行情况，公司职工工资、劳动保护、社会保险、福利及劳动合同、集体合同等制度规定的落实情况，以及对涉及职工切身利益的规章制度或者重大事项进行审查。职工监督主要包括听取和监督公司的经营管理情况，对公司的财务检查和对公司董事会、经理层人员履行职责的监督。实行职工董事制度和职工监事制度，推行职工代表列席董事会会议制度，积极引导和鼓励职工代表对董事会决议进行询问或提出建议，选取职工代表参加监事会，督促监事会发挥监督功效。

四、外部监督制度

由于国有企业具有较为严重的内部人控制问题，要想使得监事会、职工董事、职工监事发挥作用，还要加大外部监督力量。具体来讲，构建外部监督制度至少要包含以下四个方面：一是外派监事制度。所谓外派监事就是指从企业的外部且与企业不存在利益关系的专业人士中选聘业务精湛擅于监督检查的高素质人才担任企业的监事。不管是国有独资企业、国有独资公司，还是国有参股公司、国有控股企业，都要尽快建立完善外派监事制度。外派监事要聚焦监督主业，对国有企业决策环节和经营环节有可能存在的损害国有资产安全、导致国有资产流失和侵害国有资本权益的问题和事项进行重点监督，对董事会和经理层依法依规履职情况、"三重一大"事项情况、企业内控体系及有效性进行检查，发现问题及时上报国有企业党委和董事会或者是上级党委纪委，防范国有企业内部控制酿成窝案。二是纪检巡视巡察监督和监察监督制度。国有企业党建工作重要的一环就是企业外部党的力量对企业的监督。这主要体现为纪检监督和巡视巡察监督，两者都属于党内监督，是党章和纪检条例赋予党组织自己监督自己的重要职能。因为党建的参与和要坚持党的领导，国有企业的经营管理干部还要接受来自企业外部的党组织的监督检查。现在建立大监察体系，监督的对象大大扩大，所有公职人员都被纳入监察范围，当然也包括在国有企业工作的所有人员。三是审计监督。作为事后监督的一个环节，审计监督是行政监督在国有企业的重要内容。审计监督的主要内容是对国有企业财务报表、经营者经济责任落实等方面进行审查，并提出整改和处罚意见。四是建立顺畅的外部监督协同机制。为了避免多部门监督出现权责无法确定的现象，提高对国有企业的整体监督效果，可以积极建立整体监督工作协商机制。具体来讲，就是将出资人监管、外派监事会监督和审计、纪检监察、巡视等监督力量融入一个监督体系中，共同致力于国有企业运营的合规高效，为国有企业资产安全保驾护航。

第四章

中国国有企业制度改革的现状、问题与成因

新中国成立以来，中国国有企业改革经历了两个重要的历史时期。一是改革开放前，对计划经济体制下国有企业改革的探索，侧重于生产效率的改进和提升。二是改革开放后，对市场经济体制下国有企业改革的新探索，侧重于制度松绑赋予国有企业自身发展的动力。

第一节　中国国有企业制度改革的历史与现状

一、国有企业制度建设历程

我国国有企业是在新中国成立后一穷二白的基础上通过没收官僚资本家的产业和广大人民群众集中的资源以及苏联援建的基础上逐步发展起来的。通过第一个、第二个五年规化，初步建立起了工业体系，整个国家都是处在国有企业的控制之下，政企高度合一。那时的国有企业制度高度行政化，同行政制度紧密吻合，可以说国有企业就是政府在经济领域中的行政机构，国有企业制度就是附属于或者依靠于行政制度而存在的。改革开放后，经济活力的激发和个体自主行为的喷发，要求对缺乏灵活性和自主性的国有企业制度进行大刀阔斧的改革，于是就开始了一场轰轰烈烈的、至今仍在持续发酵的国有企业制度改革。当前国有企业全面深化改革的目的就是让国有企业数量和在国民经济中的比重在近40年的改革开放中不断压缩、功能不断萎缩等现象得到扭转，让广大人民群众作为主体的经济组织形式成为社会的主要经济组织形式，并通过国有企业制度的规范和完善，使全民共享国有企业创造的成果。具体来讲，我国国有企业制度的建设可以分为以下几个阶段：

　　第一阶段：从行政制度中释放企业所有权利，国有企业内部制度由封闭性转向开放性（1978年至1992年）

　　这主要是指1978年到1992年间的放权让利改革，国有企业从完全的计划行政体制中逐步获得了企业自身的一些权力，国有企业开始为了自身的权利而慢慢适应市场竞争。这是国有企业制度建设的发端，没有对行政体制的松绑，国有企业是不可能有机会往现代企业制度方向发展的。比如，自1979年7月开始，国务院在国有企业进行了轰轰烈烈的扩大自主权改革。这样，不仅企业主体的积极性得到激发，企业职工个体的积极性也得到激发，摆脱传统计划经济体制束缚的生产经营行为得到释放。但是，由于外部环境的制约，国有企业内部机制积累的矛盾仍然无法解决，出现了"内部人"控制、"工资侵蚀利润"和行为短期化等问题，即使实施工业经济责任制也没有使得国有企业内部制度能够符合对企业利益追逐的需要。于是，为了赋予国有企业更多的自主权，进一步加大力度放权，比如，相继推行了厂长（经理）责任制、承包经营责任制，之后又发展为主要针对小型国有企业实行租赁经营的改革，以及在一些大中型国有企业中开展的股份制改造和集团化改革。截至1988年年底，全国股份制企业中有21%是由国有企业改制而来。比如，1988年2月，国务院明确了"包死基数，确保上交，超收多留，欠收自补"的承包原则，充分肯定了承包制在国有企业改革中的作用。而且，全国人大还颁布了《全民所有制工业企业法》，用法律形式对扩权改革成果进行了肯定和明确。这种扩权让利的改革，对国有企业自身来讲，一是激发了企业积极性，国有企业从等靠要的思想行为中逐步解放出来，开始面对市场谋发展，因为这样会给他们带来更多的利益。二是这种让利起到了很好的激励作用，在国有企业原来一公二调、平均主义的思想中撕开了一道口子，鼓励国有企业走向市场、争取更多盈利，也鼓励分配上的激励，多劳多得，盈利多，国有企业职工就分得多。这样，无疑对企业内部的整个管理积极性和生产积极性都起到了巨大的促进作用。

　　1991年9月，中央要求国有企业转换经营机制，次年国务院出台了《全民所有制工业企业转换经营机制条例》，企业承包就没有再被鼓励，拉开了一场机制转换改革的大幕。于是，国有企业纷纷开始按照两权分离的原则来谋划改革发展大计，政企关系、企业与政府的法律责任，以及企业市场主体身份的塑造，包括经营权的明确、自负盈亏等都得到进一步理顺。从上面的分析，可以看出，我国国有企业改革走的是先从外部松绑之路。在松绑的过程中，国家还在外部环境上和配套制度上进行了大变革，例如，价格体制的改革，不再是全部由国家定价，而是以不同形式、不同程度放开价格为主，实施国家定价、国家指导价和市场调节价并行的思路，并允许企业拥有部分定价权。又比如，在流动体制上，计划管理的生产资料和商品被极大减少，原来 400 种计划管理的商品减少为 9 种，850 种生产资料由计划调拨转变为市场调控。在投融资体制上，国家不再对新建企业提供资本金，实行拨改贷，由之前的财政投资企业改为企业从银行借款投资。在监管体制上，成立国有资产管理局，统一行使国有资产所有者代表权以及投资和收益权、监督管理权、处置权等权能，结束了无人监管或者自己监管自己或者监管严重不到位的状况。整体上来看，从放权到较大放权的承包制再到强调经营机制的转变，我国国有企业的改革从外部转向内部，从要求政府的放权到要求企业内部机制的改善。这是我国国有企业现代企业制度的初始阶段，没有政府的放权，至今国有企业也就无法、更不可能建立现代企业制度。但是，很快人们就发现，即使企业内部转换机制，也难以达到国有企业成为市场主体、成为盈利主体的目的。

第二阶段：国有企业自身制度创新，通过内部制度的变革来塑造市场行为（1993 年至 2002 年）

国有企业经过第一阶段的改革，自身具有了盈利冲动。但是，伴随着市场经济的发展，个人价值观念发生了变化，国有企业的委托代理问题开始浮现。同时，随着私有经济的放开，私人企业以其灵活性给国有企业尤其是中小国有企业带来了巨大竞争。在这样的环境下，国有企业发展遇到很多问题，比如负债率高起、冗员多、摊派严重、员工积极性不高、社会负担重等问题，企业效益一年不如一年，亏损企业愈来愈多（见表 4-1）。1993 年 11 月，为了化解国有企业发展困境，十四届三中全会明确指出我国国有企业的改革方向是建立"适应市场经济和社会化大生产要求的、产权清晰、权责明确、政企分开和管理科学"的现代企业制度，并要求我国国有企业通过建立现代企业制度变成自主经营、自负盈亏、自我发展、自我约束的法人实体和市场竞争主体。这是国有企业改革的重大突破，是适应社会主义市场经济要求、创造更具活力的经济主体的关键举措，对困境中的国有企业带来重大转机。但是，国有企业现代企业制度建设不是一提出来马上就建立起来的，因为制度变革是需要时间探索和适应的。1997 年，中共十五届一中全会提出："三年内现代企业制度要在大多数国有企业建立起来，切实扭转众多国有企业亏损的局面，使国有企业走出困境。"

于是，诸如国有企业的兼并重组、主辅分离及债转股等系列政策举措出台了。其中，影响最大的是债权转股权改革，成立的四家专门金融资产管理公司，一方面使得国有商业银行集中处理了不良资产，另一方面对一些重点困难国有企业降低了债务。很显然，这都是为国有企业开展股份制改革创造有利条件。在当时，国有企业建立现代企业制度可以单一地理解为发展股份制，因为当时普遍认为股份制就是现代企业制度的最优选择。股份制试点经过几年试验后，在实践中存在一些问题，一些企业没有严格按照文件精神办，变相私有化了，造成了国有资产的流失，于是，1992年国务院又颁布了《股份制企业试点办法》《股份有限公司规范意见》等11个法规来推动国有企业股份制改造的规范化，同时在100户不同类的国有大中型企业开展现代企业制度建设试点。1994年，又在18个城市进行"优化资本结构"的配套改革试点，并大力采用破产、兼并等手段，用市场的办法推进国有企业转换经营机制和建立优胜劣汰机制。之后，又采取抓大放小策略，对国家集中抓的1000家重点企业分类确定指导方案，对小型国有企业采取多种形式推向市场，大量小型国有企业纷纷被改组、兼并、出售，或者被其他企业联合、股份合作，或者被租赁出去、承包给私人经营等。山东诸城、四川宜宾、广东顺德等许多地区在放小方面取得了丰硕的成果。同时，一些发展起来的私营企业趁机参与国有企业改革，或者是兼并、收购、投资控股，或者是将国有企业承包、租赁过来，取得委托经营权利，这样私营企业的管理理念和管理方式融入国有企业中，并产生了鲇鱼效应，激活了大量国有资产。但是，由于国有企业亏损面太大，亏损量太多，针对中小型国有企业的放活改革并没有为国有企业的整体纾困带来改观，国有企业制度上的问题进一步凸显。很快，全国有2343家国有企业加入现代企业制度建设的试点，截至1997年，有1986家国有企业建立了公司制，当时国有企业现代企业制度建设试点具体情况见表4-2。试点国有企业经过清产核资、明晰法人财产权，建立起了国有资产出资人制度，现代领导体制和组织制度框架也得到基本完善，法人治理结构得到普遍建立。1999年，十五届四中全会提出："要大力发展混合所有制经济，国有大中型企业尤其是优势企业宜于实行股份制的要通过规范上市、中外合资和企业互相参股等形式改为股份制企业，重要的企业由国家控股。"20世纪90年代后，理论界和企业界对企业制度的研究和运用都取得了巨大进展，建立现代企业制度成为国有企业的自觉行为。综上所述，只有制度变革才能适应新的发展、释放新的生产力，只有建立完善的现代企业制度，国有企业才能成为真正的社会主义现代市场经济的主体之一，才能适应现代市场经济的发展需要。

表4-1　20世纪90年代国有企业亏损情况

	90年代初	1994	1996	1997	1998
亏损面（%）	30	48.6	37.7	40	66.6
亏损额（亿元）	34.3	450	790	744	1050

数据来源：刘洪主编.中国统计年鉴（1999）［M］.北京：中国统计出版社，1999.

表4-2　国有企业现代企业制度建设试点情况表

	企业数（家）	占比（%）
公司制	1986	84.8
股份有限公司	540	23
国有独资公司	909	38.8
未实行公司制的国有独资企业	307	13.2
其他类型企业	47	2

数据来源：黄慧群.“新国企”是怎样炼成的——中国国有企业改革40年回顾［J］.中国经济学人（英文版），2018，（01）：59-83.

第三阶段：中国特色现代国有企业制度的探索阶段（2003年至今）

中共十六大之后，在面对我国国有企业现代企业制度建设不断推进、国有资产管理不断加强和资本市场快速发展的新局面，国有企业改革发展也进入了一个新的阶段。具体来讲，主要表现在国有资产管理体制改革、现代产权和现代治理体系、市场配套改革、监督制度完善和党建等方面得到切实加强。

一是国有资产管理体制改革的深化为国有企业的发展提供了保障。国家层面、省级政府层面、市级政府层面设立专门的国有资产监督管理委员会，县级政府层面设立专门的国有资产管理局，使得全国所有国有资产（除了文化、金融国有资产）都归国资部门管理，彻底改变了以往按部门来管理国有资产的散乱状态，统一了国有企业人、事和资产的管理。推动大型国有企业发展混合所有制经济，比如，大力推动大型国有企业引入外资、民资和上市筹资等方式实行产权多元化；剥离国有企业社会职能，实行主辅分离，使国有企业成为独立经营主体；强化国有企业考核，签订责任书，严格考评国有企业领导班子。

二是着力推动国有企业建立健全现代产权制度。国有企业的物权、债权和知识产权等各类财产权逐一得到落实，将知识产权也形成资产作价，弥补了过去由于产权不清、只见有形的物权不见无形的知识产权而造成的国资贱卖的做法。因此，国有企业建立现代产权制度不仅能够维护公有财产权和巩固公有制的主体地位，而且能够推动各类资本融合和混合所有制经济的发展，对于形成良好的信用基础和市场秩序都起着十分关键的作用，是对现代企业制度的重大完善。

三是资本市场的发展为国有企业改革创造了条件。国有企业产权多元化需要金融支持，国有企业治理结构的完善也需要金融主体的介入。但是，我国资本市场中股权分置阻碍了国有资本的流动，国有企业难以实现资本市场的投资、融资、定价和资源配置的功能，运作效率和资源配置效率也就难以随着资本市场的完善而获得提高。于是，经过 2005 年、2006 年两年的时间，针对股权分置进行了大刀阔斧的改革。这样，资本市场的上述功能逐步回归。国有企业股权分置改革使得国有企业内部股权结构有了优化的可能，之后国有资本实施战略性重组和配置有了更为灵活的市场手段。这对我国国有企业的发展具有强心剂的作用。

四是国有企业监督制度不断完善。长期以来，国有企业的内部监督主要是审计监督，在建立"三会一层"后，国有企业监事会的监督功能越来越发挥重要作用。尤其是监事会摆脱管理后，代表国有资产所有者对管理层实施监督更为公正，国有企业子公司、分公司的监事会由集团公司派出，这样就更加提高了监督效果。并且，在公司党组织的领导下，将监事会监督和公司纪检监察监督、审计监督统筹起来，形成强大的监督合力，能够切实保证公有企业"三重一大"等重要决策和经营行为的合法合规性，进而有利于防范风险和腐败，提高国有资产的保值增值率。

五是国有企业党建制度得到切实落地。在充分树立国有企业自主权和提升其市场经济适应性的同时，国有企业党建工作也开始得到重视。在计划条件下，国有企业党建是党政企不分的，改革开放后，又主要是政企不分，国有企业自主权放开后，企业的盈利发展导向又使得党建进一步弱化。所以，在十七大后，国家高层才又开始重视国有企业党建工作，不过，已经习惯市场经济行为风格的国有企业管理人员对此掌握和运用的不到位，国有企业党建的作用真正发挥得并不好。十八大以来，国有企业改革处在攻坚克难的关键阶段，中央果断提出全面深化改革，并将党的建设作为这次改革的头仗，专门召开国有企业党建工作大会，习近平总书记就国有企业党建工作做出了重要指示，提出"国有企业党组织是国有企业发展的'根'与'魂'的论断"，并在不同地区国有企业调研时一再强调国有企业是我国特色社会主义建设的依靠力量，是我国经济发展的顶梁柱等。可以说，当前，国有企业党建是我国国有企业改革发展的极为重要的工作，将党的领导融入国有企业治理、强化国有企业党组织地位、推动国有企业治理结构的完善、构建有特色的现代监督制度等，都是中国特色现代国有企业制度建设的重要内容。

二、国企混合所有制效率明显①

由前面的论述可知，党的十五届四中全会以来，通过改制改组发展成为混合所有制企业的国有企业越来越多。根据国家工商总局成立的企业发展与宏观经济发展关系分析课题组编写的《全国混合所有制经济发展研究课题报告》，截至 2014 年年底，国资直接和间接投资企业中的存续企业为 37.17 万户。到 2014 年年底，我国超过 90% 的国有及国有控股企业（金融类企业除外）完成了公司制、股份制改革，其中中央企业的子企业公司制改制面达到 92%。整体来看，国有企业混合所有制发展结构得到较大改善，其成效表现为三个层面。

第一个层面是从混合所有制国有企业数量和投资比重来看。截至 2014 年末，国资投资的 37 万户存续企业中，国资全资企业超过 20 万户，占比将近为 54%；混合所有制企业超过 17 万户，占比超过为 46%。投资到国资全资企业的资本金达到将近 23 万亿元，占比超过 58%，投资到混合所有制企业中的资本金超过 16.5 万亿元，占比将近 42%。

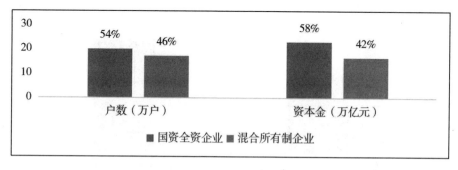

图 4-1　混合企业数量和资本金情况

---

① 因为统计原因和数据的可得性，一些指标拟采用国家工商局在 2014 年公布的数据来进行分析。

　　第二个层面是从国有企业混合成分来看。混合所有制企业中经济成分组成形式复杂，混合类型交叉，其中加入混合所有制企业的民营法人有 6.21 万户，占混合所有制企业总量的比重超过 36%；加入混合所有制企业的外资法人有 1.56 万户，占混合所有制企业总量的 9.13%；加入混合所有制企业的自然人出资企业 5.68 万户，占混合所有制企业总量的 33.14%。2005 年至 2014 年，含私营成分的混合所有制企业增加 3.28 万户，增长 112.09%，年均增速为 7.81%；含外资成分的混合所有制企业增加 0.6 万户，年均增速为 4.9%；自然人参与投资的混合所有制企业增加 2.06 万户，年均增速为 4.62%。

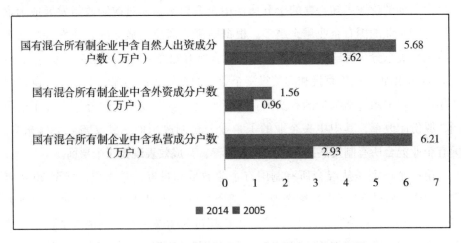

图 4-2　国有混合所有制企业中不同混合对象情况图

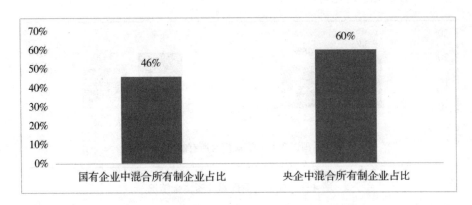

图 4-3　混合所有制企业在国有企业、央企中分布情况

　　第三个层面是从央企中混合所有制发展情况来看。2014 年，在中央企业及其子企业中，混合所有制企业户数占公司制企业户数的比例接近 60%，超过中央企业登记企业总户数的一半。中央企业净资产的 70%、资产总额的 58%、营业收入的 62%，利润的 84.29% 在上市公司。中央企业投资混合所有制企业的数量逐年上升，占比已由"十一五"初期的 8.77% 上升至 2014 年的 17.63%。

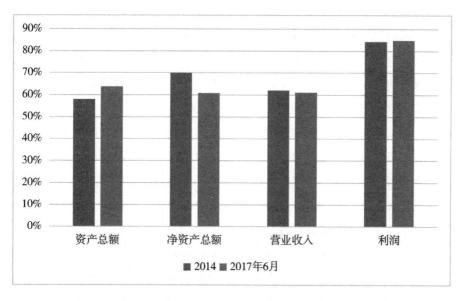

图 4-4　央企混合所有制企业经济指标比较图

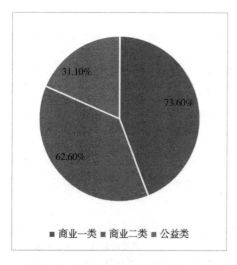

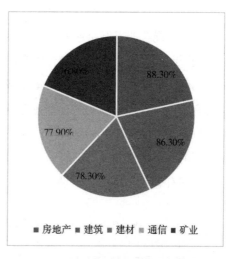

图 4-5　央企混合所有制企业类别分布　　图 4-6　央企混合所有制企业行业分布

随着央企混合所有制改革的推进，到 2017 年，央企中商业一类企业混合程度最高，混合所有制企业户数占比达 73.6%；商业二类企业次之，占比为62.6%；公益类企业最低，占比为 31.1%。从行业分布看，房地产、建筑、建材、通信、矿业 5 个行业，央企混合程度较高，混合所有制企业户数占比分别为 88.3%、86.3%、78.3%、77.9% 和 76.8%。

2014 年，中国建材等央企被选为集团层面的混合所有制改革试点，将国有企业混合所有制经济发展推向一个高峰。截至 2017 年底，已分三批在 50 家国有企业开展混合所有制改革试点。此外，我国还在产业领域上全面向社会开放，哪怕是被视为公共品提高的行业和国家经济社会发展的基础性公益性产业也在不断加大向非公有资本开放的力度。甚至连保密性要求很高的军工业务，一些环节和产品与服务业也向社会开放了。这些原来被认为是只有国有企业才能干的领域，放开后，在很多之前需要国有独资的关键行业，国有企业也开始实行体制内混合股权多元化，不仅大大扩大了国有企业自身的资本影响力，而且通过引入外资和民资，使得国有企业的治理结构在外部力量的介入下变得更为完善规范，实现了产业资本与金融资本的双赢。

整体上来看，国有企业发展混合所有制的成效是显著的，其经济效益也是非常好的，尤其是在税收的贡献和资产利润率上表现优异。比如，在税收的贡献上，90 年代末期的混合所有制经济税收贡献比重为 10% 左右，2015 年已经达到 50% 左右；在资产利润率的贡献上，2010 年至 2012 年的三年间，股份制混合所有国有企业比国有及国有控股企业的资产利润率高出了两三个百分点①。2017年，央企中混合所有制企业利润贡献率达到 84.8%。我国混合所有制经济发展的实践证明，国有企业实行混合所有制改革不仅推动了国有经济与市场经济的高效结合，促使了微观市场主体不断成熟，促进了我国社会主义基本经济制度运行有效，而且还推动了国有企业竞争力的提升和国有资本的保值增值。之所以能取得这样的成效，而没有被流行的私有化和西方化观点所倡导的那样会危及我国的关键产业和经济安全，其中最为重要的一点就是我国在放开的同时也强化了国有企业党组织的建设，对国有企业改革发展提供了坚强的领导，确保

---

① 中央党校曹立教授于 2014 年 6 月 30 日在学习时报上发表的题为《混合所有制经济的特征和效应》的文章，提到：2010 年、2011 年、2012 年，全国规模以上工业企业资产利润率，国有及国有控股企业分别为 4.9%、5.4%、4.6%，股份制企业分别为 6.6%、8.4%、7.6%。

了国有企业不偏离社会主义市场经济的发展方向。

三、公司治理制度初步建成

自 1993 年第八届全国人大常委会第五次会议通过《公司法》以来，国有公司在设立、组织机构、活动原则及其对内对外关系方面得到了详细规范，国有公司治理经过不断变革和完善，也取得了明显进步。自 2004 年中央企业开展董事会试点以来，国有企业的治理结构就逐步完善，现代企业制度的框架结构陆续搭建起来，国有企业法人治理机制不断推向新的阶段。国有企业公司治理的完善程度和法制化程度与之前相比有了明显提升。当前，我国国有企业公司治理制度不管是内部治理制度还是外部治理制度得到了显著改善。国有企业内部治理机制的建设主要体现在以下方面：第一，国有企业的决策运行机制比较完善。目前，国有企业基本上建立了董事会会议决策机制和制度，企业发展战略和重大决策都要上董事会会议讨论集体决策。这样通优化决策程序，提高了董事会的决策能力，进而有力地保证了国有企业决策效率和效果。第二，国有企业的监督制衡机制已经搭建。在国有企业中，不仅有股东大会、董事会、监事会等内部监督机制，而且针对和关注他们的媒体、中介机构、研究机构等外部监督也纷纷出现，使国有资产所有者对经营管理者的经营决策行为与结果得到有效的监督和控制。第三，国有企业的激励约束机制得以建立。国有企业已经建立了报酬激励、剩余索取权激励和声誉激励以及政治激励等综合激励体系。同时，在约束措施方面，不仅建立了针对国有企业经营管理者自身言行的约束制度，还建立了规范经营者行权为主的他律制度，对国有企业代理人起到了良好的约束作用。第四，国资委对国有企业的考核评价更加完善。经过不断的试点和摸索，在运用数理统计和运筹学等方法的基础上，形成了分类别来对国有企业内部人员的业绩进行评价的体系。在外部治理机制方面也在逐步推进。譬如，资本市场的发展强化了国有企业控制权的竞争，促进了股东和机构对国有企业的监控和约束。又比如，通过建立规范的经理人制度和形成经理人市场，进而实现国有企业经理人治理的市场约束，干得不好的国有企业经理人就会难以在经理人市场上获得职场竞争力。这一机制已经在实践了，近些年央企开始了面向全球公开选聘职业经理人和众多地方国有企业也开始了面向社会选聘管理人员。此外，还开始建立制度环境保障机制。这主要表现以政府机构职能转换为重点、以创新制度环境为核心、以完善国有企业外部治理环境为配套的公司协调治理制度为国有企业的改革发展创造了良好的外部治理环境。可以说，整体上中国国有企业的公司治理机制初步形成，但各种治理机制仍有待进一步地完善。所以，在十八大以来，习近平总书记特别关心关注国有企业，并对国有企业治理提出了新的要求，即要将党建融入公司治理，构建有中国特色的国有企业治理制度。

四、现代管理制度广泛运用

国有企业经过多次改革和强化内部管理，尤其是混合所有制发展后引入的新的管理机制和方法，在企业管理上取得了进步。一是现代经营管理理念得到树立。比如，国有企业不再是短缺时代的以产品为中心，而是普遍建立了以客户为导向的市场观念，市场调查和客户关系管理等新的方法受到国有企业市场部门的重视，相应的产品质量和售后服务也得到极大地提高。还有就是国有企业自主经营、自负盈亏的意识逐渐增强，国有企业的成本意识、理财观念得到强化，在摆脱计划时代的旧的社会责任观后开始建立新的社会责任观；以人为本的观念得到提倡，国有企业既重视调动员工生产积极性，又采取措施引导员工同企业共同发展。二是企业管理制度不断升级。国有企业行政化的管理在普遍实行厂长、经理负责制的时候已经打下深深的烙印，在经历市场化改革后，一些国有企业管理又走向西化的管理制度。在强调党组织要对国有企业加强领导后，尤其是习近平总书记关于国有企业党建工作会议后，国有企业党组织在管理中发挥战略导向作用，成为国有企业发展方向的掌控者和把握者，在规范企业管理，选择发展道路和履行社会责任方面，也就是在对抗纯市场化、利润化行为不良影响的方面起到了很好的制衡作用，能有效对市场经济中企业盲目行为进行纠正。在监督管理上，国有企业实行外派监事制度，要求国有企业设立纪委审计机构，有力地强化了对国有资产的监管。2013 年《公司法》的修订颁布推动了股份制企业设立、发展，新的财务会计制度使国有企业的财务管理技术越来越国际化，用工制度、人事制度和分配制度的改革促进了劳动力市场化的形成，等等。这些都深深的影响着国有企业的日常管理，使得国有企业朝着更加规范、更加符合市场主体的行为要求的方向去发展。三是国有企业组织管理结构更加成熟。很多国有企业根据内外部环境的变化调整了内部组织结构，提高了企业内部组织对外界环境的适应性。比如，有的国有企业实行了事业部、矩阵制等内部管理结构，有的大型国有企业实行了集团化管理，有的根据外向发展的需要成立了国际部，提高了企业跨国经营的管理能力。四是国有企业某些专业管理制度得到改善和加强。比如，企业战略得到重视，战略管理在国有企业高层开始流行，国有企业高层经营者的战略意识得到提高，各种战略规划比较清楚，一般都制定了远期战略目标和近期发展规划。在第 1 届到第 15 届国家级企业管理现代化创新成果的统计中，国有企业战略方面的创新成果越来越多，也说明国有企业的经营战略实践的内涵越来越丰富。国有企业的市场销售部门发展迅速，经过专门训练的专业人员充实到了销售团队；公共关系在国有企业中也得到重视，对企业的宣传、广告、产品品牌、企业形象等工作给予了保障。风险管理也得到国有企业的重视，一些重大投资都要经过专业的风险评估才能投资立项。五是国外先进的科学管理方法也得到推广。比如，全面质量管理制度在国有企业中普遍建立，企业文化建设也在国有企业中流行起来，企业的形象识别系统和产品的设计系统在国有企业中发挥越来越重要的作用。六是信息化的现代企业管理手段得到充分运用。国有企业的管理信息化迅速发展，生产自动化也得到极大普及；积极运用电子商务，在采购、销售等方面运用先进的电子技术，大大节省了成本，提高了销售效率。积极引进先进的供应链管理模式，优化了生产材料的库存和使用。据统计，前 100 强国有企业业中有 55.1% 的企业核心业务流程信息化达到高级水平，其中的优秀企业信息化正迅速整体迈入高级水平，开始向国际水平靠拢，有些甚至达到世界领先水平①。七是管理本土化探索卓有成效。在国有企业管理中，一些传统的文化、历史积淀下来的管理哲学等被广泛运用到企业中，不仅增强了企业的向心力、凝聚力和竞争力，而且使企业取得了超常发展和良好效益。面对国有企业经济效益和社会效益的双重考核，妥善处理了主业与副业、减人增效与安置就业的关系，较好地兼顾了双重目标。一些国有企业还将市场化法则运用到企业内部管理，提出并践行了"内部价值链"、人人都是战略经营单位的管理模式。最为特色的是将党组织融入了公司治理，使得新"三会一层"在党组织的领导下更加协调配合，和谐运转，为国有企业的安全运营和去风险化构筑起了一道防火墙。

五、监督制度逐步建立

由于国有企业所有者与经营者之间链条太长，所有者权益难以得到保障，

---

① 2006 年中国企业信息化 500 强发展报告摘要［EB/OL］．（2008-02-20）［2018-04-01］．http：//finance. sina. com. cn/hy/20080220/16184526350. shtml.

加强国有企业监管，确保国有资产保值增值，就成为国有企业的一大重点工作。而构建高效的国有资产监管体制是做好国有企业监管的制度设计，也是中国特色社会主义经济体制的重要构成部分。在计划经济体制下，党和政府机构对国有资产的监管起到了很好的监督效果。随着政企分开和国有企业市场行为的普遍化，以前的国有企业监督方式和制度都显得不合时宜，国有资产监管体制的改革也就显得愈加迫切。在中国特色社会主义市场经济建设中，国有企业的改革也不断体现中国特点，国有资产的监管在不断地探索中形成了自身特色。其主要是通过先试点、后推广、顶层再总结、形成制度的方式来形成发展的。首先是各地国资监管模式的形成。国家为了让各地先行先试，大力推动地方国资委积极探索国资监管模式。从 20 世纪 80 年代中后期到 21 世纪初，深圳、上海、吉林、珠海涌现了不同的国资监管模式。但是，它们有一个共同的特点，就是建立了"国资管理机构—国资运营机构—国有企业"的三层运行体制。可见，这些探索实践开拓了国有资产监督、管理和运营的新途径，为中国特色国有资产监管体制的形成积累了宝贵经验。然后是国有资产管理局十年的摸索期，对如何加强国有资产管理和建立中国特色国有资产监管体制进行了积极有益的探索①。之后，取消了国有资产管理局，国有资产的监管又回到各自主管部门。不过，国务院通过实行稽查特派员制度来督促国有企业主管部门的监督工作，防止老子监督儿子式的无效监督。中央层面，对国有企业的管理和监督也是非常重视的，专门成立中共中央企业工作委员会，履行党对国有企业领导和指导功能。2003 年国资委成立后，建立了一套新的管人、管事、管资产相结合的国有资产管理新体制。至今，国家级、省级、市级、县级四级国资监管组织实现全覆盖，形成了较为完善的国资监管法规体系和制度体系。十八大以来，中国特色国有资产管理体制的建设在之前的基础上又往前推进了一大步。具体表现在三个方面。一是国资监管机构职能要实现转变。以前，国资委主要是监管具体的企业和企业内实物形式的国有资产。通过解放思想，在遵守企业国有资产法、公司法等法律法规的框架内，国务院国资委由监管实物形态的企业开始转变为监管国有资本。为此，国资委实施了清规行动和简政放权行动，将过去不适应职能转变的 33 件规范性文件清理掉，取消下放 21 项监管事项，进一步明

---

① 其主要工作是会同有关部门制定国有资产管理的政策、法规及规章制度并组织实施；负责国有资产的清产核资、产权界定、产权登记、处理产权纠纷；参与研究国有企业税后利润和国家股权收益的分配方案，并监缴国有资产产权收益；等等。

确了出资人职责定位和国资监管边界。二是适应职能转变的需要改革国有资本授权经营体制。因为国资委监管职能实现了由监管企业到监管资本的转变，所以要重新界定国资委与国有资本投资运营公司，以及国有资本投资运营公司与所出资国有企业的关系。三是不断强化国有资产监督。完善制度，堵住制度漏洞，尤其是健全了对涉及国有企业"三重一大"事项的制度，比如，国有企业产权制度、项目投资制度、收益使用制度、审计核算制度等。做实出资人监督，全面推进由国资委向下辖的国有企业委派总会计师举措。做实外部监督，通过强化外派监事监督，及时发现问题、揭示问题和报告问题，使得内部控制得到最大程度的降低。

第二节　中国国有企业制度改革存在的问题

国有企业在与我国现代社会主义市场经济的融合发展中，初步构建了与之相适应的制度体系，但是，我国国有企业制度还存在一些亟待解决的问题。比如，在与现代市场经济竞争中的外资、民营企业相比，国有企业制度优势、灵活性、应变性和制度效率上，还存在这样那样的问题。具体来讲，主要表现如下。

一、现代企业制度还不够完善

国有企业制度建设离现代企业制度的要求还有差距，主要表现有七个方面。一是国有企业治理结构存在难以突破的难题。这主要是指一些国有大型企业母公司层面的公司制股份制改革步伐相对较慢，集团母公司的治理还不符合现代公司治理的规范，不良资产的整体上市等难题有待进一步研究解决。二是企业经营机制上还存在亟待解决的问题。比如，一些国有企业尤其是地方国有企业的经营管理制度还未完全对标现代企业制度进行清理，一些国有企业在经营管理上还是表现为较强的行政化色彩，难以适应市场快速灵活变化的要求。此外，市场化的退出通道还未真正形成，不能对国有企业经营形成倒闭的压力，兜底效用依然存在。三是国有资产管理体制上的老问题依然存在。比如，一些地方国有企业政资分开、政企分开还不到位，在一些国有企业中一些应由企业自主决策的事项仍然受到政府直接或者间接的干预，在地方政府与所属国有企业中，这种现象表现得更为多见。出于这样那样的原因，还有体量较大的国有资产分散在多个政府部门管理，这样不仅导致政出多门、监管规则混乱，而且不利于资源配置和提高经营效率。政府作为出资人的职责和政府公共管理的职能还存在一些交叉重叠，但两者发生冲突时往往是以公共利益为重，出资人权益让位于社会权益。四是国有企业股份制改革还不彻底。国有企业的二级以下公司股份制改革比较到位，但是集团层面的公司制股份制改革才刚刚起步，还停留在几家企业的试点阶段，改革进度严重滞后。公司治理主体缺乏活力，国有企业的董事、经理层和外部董事人才严重短缺，职业经理层和职业董事、监事人才市场还不发达，国有企业大多是从政府部门或者原有国有企业内部中选调高级经营管理监督人才。董事会建设也不完善，还存在制度不健全、内部人控制等问题，有些国有企业董事会的权利责任尚未真正落实到位。五是国有企业内部治理不是很到位。部分国有企业内部制衡机制或者缺失或者无效，较为普遍的是国资监管机构、董事会和经营管理层关系没有理顺，导致互相扯皮，拖累了国有企业发展步伐。还有国有企业董事会盲目决策，不仅监事会的监督制止不了，职工董事、职工监事缺乏也使得职工无法制止，结果导致规模过度扩张，造成资产负债率过高、企业效益不好等突出问题。六是国有企业改革的配套制度不健全。在一些垄断行业、公共服务行业还存在过高的准入门槛，非公经济还难以公平进入，在这些行业还缺乏有效竞争的市场环境。因此也就容易导致国人对这些行业产生民愤，因为一方面服务较差，另一方面服务价格还较高，更加让人愤怒的是这些行业的平均收入还大大高于整个社会的平均收入，在限薪前，甚至是天价收入。此外，有些国有企业的职业经理人制度执行得比较差，委派和任命的经营团队还较普遍，而且企业经营者市场化退出还远远不够，很多都是换个岗位，不能真正解雇职业经理人，市场化选人用人和激励约束机制没有全面形成。

二、现代产权制度还不够到位

我国的国有企业改革一开始就是从放权开始的，一开始就涉及产权的改革，但是实行的是半产权改革，而非全产权改革，因为仅仅涉及经营权的改革，所有权的改革还很不到位。国有企业的所有者是全体国民，但这是悬在空中的所有权主体，落不了地，所以表面上国有企业所有权是清晰的，由所有权派生出来的系列权能在实践中还存在深层的矛盾和问题。发现和解决这些问题对不断深化国有企业产权制度的改革具有重要的意义。

（一）产权不明晰。

产权不明晰表现在两个方面，一是产权归属不清。国有企业成立伊始就是实行生产资料归全体劳动者共同所有，即全民所有制。全民所有是个终极所有，但是实践中全民难以同时履行所有权职责，因此需要国家代替全民来行使这个终极所有权。这在中国是人民的国家，是无产阶级组织联合起来旨在为广大人民谋福利的国家，由国家来代替全民是合乎理论和逻辑的。国家代表全体人民来使用和支配国有企业生产资料及剩余产品也叫"取之于民，用之于民"。但是，在实践中，国家作为人民的代表也是非直接的主体，它又需要委托具体的部门和人来行使。可见，国有企业全民所有表面上看起来好像人人所有，但是任何人都无权行使所有权伴随着的对国有企业财产的占有、享受、支配和交换等权利。因此，具体来讲，即使国有企业产权是代替所有，在实际中仍然体现产权所有行使的不明。比如，一些国有企业是由哪个政府来代替所有权主体和支配权主体难以区分清楚，政府内部的部门中由谁代表所有者或分级管理者行使国有企业所有权或管理权也未区分好。二是产权主体虚设。尽管成立国资委后，国有企业基本上都纳入其监管，但是还有一些国有企业仍然是由政府相关部门监管，一些甚至是双重或者多重部门监管，这些部门都能代表国家代行国有资产所有者代表权利，这样在实践中难免出现互相扯皮和推诿的情况，甚至对同一类国有企业不同部门对责任权利的明确也存在不清晰的情况，出现有权利的没责任，有责任的没权利。可见，国有企业产权关系仍然是模糊不清的。理论和实践都证明产权不清必定会导致产权拥挤，产生"搭便车"行为。在坚持公有制为主体和做强做大做优国有企业的重大原则下，只能通过强化党的领导来确保国有企业产权在实际中不被私人占有，从严执纪以捍卫国有企业产权的归属为全体劳动者。

（二）政企不分

国有企业在成立时就是政府推动的结果，在发展改革中也是政府主导的。从历次国有企业改革来看，不管是放权让利还是两权分离和推行股份制、公司制发展混合所有制经济，国有企业在政企分开上尝试做了一些工作，但都不理想。在现实中，国有企业常常被政府干预，政府同国有企业之间是典型的依附与被依附关系，国有企业不仅在组织人事上受国资委控制，而且经营决策也受国资委影响。以至于至今，政府同国有企业仍然存在着剪不断理还乱的关系。

在现代市场经济体制要求下，要正确处理市场与政府的关系，就要理顺政企关系，实行政企分开。国有企业政企不分的现象还突出表现在政商不分。一些商业行为被政府机构用行政之手干涉，国有企业不具备完整的商业自主权。

（三）国有企业中的委托代理问题比较严重

委托代理问题诞生于所有权与经营权的分离。我国国有企业中，所有权不是像私营企业那样直接与经营权分离，而且是经过中间环节多了一层次委托代理关系的分离。也就是说国有企业的所有者是全体人民，全体人民的权利由全国人民代表大会来行使，但是全国人民代表大会不能直接管理国有企业和国有资产，它必须再次委托给国家部门即国资委来行使监管职权。现在又要发展国有投资控股公司，国有企业要摆脱政府的直接监管，就由政府背景的国有投资公司来代表全体人民来行使所有权。可见，国有企业经过了全国人民对全国人大的委托、全国人大对国资委的委托、国资委对国有投资公司的委托、国有投资公司委托给董事会、董事会再委托给经理层。因此，国有企业的经营管理权是经过五个层面的委托才得以实现的。在这一系列的委托代理关系中，作为初始委托人的全体国民离具体国有企业的代理人不仅在地点上是遥远的，在时间上也是漫长的，要顺藤摸瓜找好多次才能找到，而且后四个层面的委托代理关系都有可能发生道德风险和逆向选择问题。更为重要的是，在这种复杂的委托关系中，国有企业产权主体问题，不同主体职能界定问题，产权主体间关系的划分问题等都有待在进一步的产权制度改革中进行明确。

三、法人治理制度还不够规范

迄今为止，国有企业的法人治理制度仍不完善，比如，分权制衡关系不规范、激励约束机制"残缺"等，导致国有企业法人治理效率不高。

（一）国有企业的分权制衡关系不规范

对现代企业来讲，企业内部自身的权力制衡非常关键，否则就会很容易出现内部人控制现象。不过，现实中一些国有企业内部权力机构设置不规范。具体表现在国有企业股东大会、董事会和监事会在组织机构运作中存在较多的不规范。股东大会的不规范主要表现在一些国有企业股东大会成了政府长官意志的"代言人"，因为那些国有企业中还存在较为严重的政企不分和国有股权"一股独大"的问题。董事会不规范主要表现在三个方面。第一是董事会的构成不合理。比如，国有企业中股东代表的构成多是国有股和法人股，极度缺乏小股东代表；董事会中内部董事偏多，外部董事偏少。我国国有企业董事会中具有行政背景的人员较多，在市场中摸爬滚打锻炼的人较少。这主要是因为我国大多数国有企业通常是由政府控股，政府主管部门借助在国有企业中的控股地位，时常在国有企业董事会中安插一些政府公务员或者准公务员。第二是董事行权不规范。由于内部董事多，外部董事少，监督作用小，企业内部统一思想的工作容易做，有时也就容易发生哪怕是对公司不利的决策也很容易通过的现象。加上国有企业董事收益与经营业绩相关性不大，有的甚至一点关系都没有，所以董事行权往往具有随意性，或者随董事长、党委书记的意，或者随总经理的意，甚至还出现董事将自己"投票权"交易出去的行为。第三是董事素质不规范。一些董事由于是政府大股东委派的或者是关系户，并不具备有效履行职权的专业知识，在董事会会议中仅仅是举举手，难以发表对决议事项独到的真知灼见，没有起到科学决策的作用。三是监事会欠规范。国有企业监事会中的监事一般为企业内部董事长、总经理的亲信，即使外部监事也是管理团队熟悉和来往密切的专家、专业人士，监事人选来源的非独立性本身就是监督难以展开的病根。而且，一些国有企业监事会甚至没有常设办事机构，呈现出打临工的场面，难以有效发挥真正的监督职能。这主要是因为一些国有企业监事会通常都缺乏必要的物质保障和法律保障，监事会人员和工作的开展需要董事会和经理层提供经费来源，也就必然受制于董事会和经理。国有企业内部权力制衡不到位的另一个原因是国有企业权利主体的实际权力被扭曲，因为在一些国有企业中董事会、监事会的实际权力较小，而经理人的代理权较大。之所以出现这种状况，主要是因为在当前国有企业产权难以落实真正的责任主体的条件下，政府对国有企业的控制还难以完全放开，这样国有企业经理人有可能绕过董事会而直接与政府国资委搞好关系，这很显然会破坏企业分权制衡的制度安排。

（二）国有企业激励约束机制的"残缺"致使法人治理低效率

激励和约束是解决企业发展动力和防范风险的重要法宝。我国国有企业不仅在激励机制上不完善，在约束机制上也存在漏洞，致使国有企业发展动力不足与国有资产流失严重。

国有企业激励机制上存在的问题主要有三个方面。一是激励要么不到位，要么乱激励。激励不到位表现为很多国有企业对员工的激励侧重一次性奖金，薪酬与经营业绩挂钩不紧、薪酬结构比较单一，缺乏精神激励和长期物质激励。乱激励主要是不分青红皂白一律实行高奖金，对工作优秀和工作一般的人的物质激励区别凸显不了，进而陷入平均主义激励，没有真正发挥激励的作用。二是绩效考核评价体系还比较粗放。国有企业处于不同地区和不同行业，所承担的经济责任和社会责任也不同。因此，对国有企业的绩效考核也应该结合国有企业自身的特点，来形成比较客观、全面地衡量领导人员工作能力和业绩表现的考评制度，但是现实中国有企业考核标准的雷同相似性太高，体现不了国有企业的差异，难以真正考核经营管理者的工作表现。三是政府对企业激励的干预带来的负面影响。在各种国有企业高薪事件曝光后，政府主管部门开始对国有企业高管实施限薪。这对于企业高管来说，干好干坏、干与不干的思想又重新燃起，一些工作表现出色的高管的获得与其对于企业价值贡献是严重不对称的，只能用其崇高的使命感与责任感来予以回馈。久而久之，除非党性原则非常强或者想在仕途上有所突破，不然这些优秀人才会逐渐流失。此外，董事会成员、经理人和监事会成员缺乏相应的剩余索取权，他们的利益追求与企业投资者的利益追求难以趋于一致。我国国有企业制度对经理人员长期激励的不到位，使得企业经营的短期行为普遍，难以有长期发展的动力。

国有企业的约束机制也是"残缺"的。这主要表现为对董事会成员、监事会成员和经理人的约束功能不到位。比如，国有股东"用手投票"机制的不健全，容易造成国有大股东说了算的局面。因为，一般国有企业都是国有股占比较大，这样即使有混合所有权，但是占比较小，董事会上的民主投票难以使小股东的意见得到重视。同时，因为国有产权主体"缺位"，国有产权主体代表对投票权的关切度不是非常高，在利益的驱使下很有可能将投票权当做交易对象用来交易以换取更多的利益。又比如，国有企业产权的退出机制缺失，难以像其他市场主体受到经营不好就要破产的压力的约束作用，而且国有产权流动性差，股票市场和产权交易市场又不完善，国有产权也难以依据企业绩效表现来实施退出，至今为止因为业绩不行退出股市的国有上市公司寥寥无几，这严重阻碍了国有产权配置效率的提高。还有就是监事会的监督功能没有起到应有作用。很多国有企业的监事会仅仅是摆设和门面，因为监事会缺乏监督的实际权力和应有的激励。最后，董事会对经理人约束被软化。主要是因为我国一些国有企业的经理人员是由政府部门或党委组织部门直接任命的，而不是董事会任命的。再加上前面提到的经理层也有超越董事会与政府机构人员搞关系，那么国有企业的董事会就难以依据业绩和表现撤换经理人员。

四、管理制度存在行政化倾向

由于国有企业的产权委托代理的模糊性，权责主体的不清晰，导致国有企业的责任主体落实不到位。同时，行政干预还广泛存在，政府机构对国有企业的具体经营还或明或暗地进行控制，国有企业的管理制度还表现出鲜明的行政化倾向。

（一）国有企业组织人事管理制度的行政化较为普遍

我们国家主要的重要的国有企业"一把手"基本上是中央直接管理。在2013年国资委央企名录中，前54家央企的董事长、党委书记及总经理大多为副部级，由中组部发文委任。2018年，中央对央企经理层才改为提名，然后由董事会委任。在各省市区，大多数国有企业副总以上经营管理层是由所在地党委组织部任命，还有一些是由国资委任命。一些国有企业的经营管理层是直接从机关调过去搞经营的，并没有经过企业管理和经营运作方面的系统教育和培训。在限薪前，因为国有企业的高薪，国有企业变相成为安排中央省市年龄偏大、提拔无望官员的肥缺。在珠三角、长三角等地区，各级国有企业很多都成为安排非正常干部的途径，比如，广东省不少地方政府，在中央巡视组提出裸官现象严重的同时，一些裸官就被安排在不同级别的国有企业做管理层，一些地方政府甚至将那些年龄稍大提拔无望的人从公务员队伍辞任调到其国有企业任职。在中央八项规定和纪委的高压态势下，出于各种原因，国有企业成为公务员的退身之所。可见，一些国有企业经营管理层的选任管理至今还是具有"官员化""行政化"趋势。这种选任方式导致企业经营管理层去留主要由外在的行政力量决定，造成企业经营管理层通常仅对上级主管部门负责，而不对企业和市场负责。这必然使得国有企业经营管理队伍难以满足企业市场化、国际化发展需要，难以满足企业经营团队专业化建设、精准化考评的需要。

（二）国有企业衙门性的工作氛围较为浓厚

国有企业的行政化管理不同程度存在，一些国有企业高层经营管理团队成员既是官又是总，享受着官员的政治待遇和老总的经济待遇，在官场与企业界来往自如。国有企业的行政职能部门官僚气息还比较浓重，企业领导与员工的关系还有点像政府机构行政领导与普通公务员的关系。国有企业内等级观念还是比较严重，对人才的使用和激励也比较陈旧，以资历、职称、职务来衡量员工业绩和报酬的现象较为普遍，对员工实际业绩和贡献作为衡量标准的不多。国有企业总部机关脸难看门难进的现象还存在，子企业、孙企业中非企业正式编制人员前去总部机关办事受到的脸色和歧视也还不少。还有就是国有企业人员能上不能下，很多国有企业管理人员基本上沿袭了公务员的"铁饭碗"体制，缺乏市场化的退出通道。国有企业行政化的作风阻碍了其市场适应性的增强，不利于其在激烈的市场中竞争发展。

（三）国有企业行政化决策较为普遍

大多数国有企业董事会和党委会合二为一，一些企业开董事会长官作风和一言堂行为时有出现。还有一些国有企业的董事长和党委书记在决策中具有绝对权威，经理层只负责执行，企业决策呈现高度的核心化。但是，国有企业党委出于讲政治的客观需要，用行政化思维而不是市场思维来做决策。比如，在很多国有企业确保必要的民主讨论环节和辩论过程后，在一些政策的决策上或者项目投资上的决策上，只要有政府的支持，不管自身企业的实际情况，往往都能获得通过。又比如，在对外投资、重大项目建设、对外担保及发行债券等重大决策上，不管是否符合企业实际，只要有一纸政府抄告单，企业就大干特干，这种行政化决策行为带来的教训也是很深刻的。因此，国有企业的决策程序需要加大规范力度，降低行政化倾向，提高决策科学化水平。

五、职工权益制度落实不到位

在国有企业发展改革过程中，一部分职工得到了实惠，获得了很好的待遇，一部分职工不仅丢了工作，待遇也没有拿到。有些国有企业被改制，但是职工的现实利益受到明显侵害。比如，在放小的过程中，小型国有企业被贱卖后，要么职工被解雇，要么合同重新鉴定、工龄重新计算。在一些国有企业 MBO 改革中，管理层可以持有国有企业多数股份，职工没有资格持股或者明显少于管理层持股，职工的权益被明确禁止了。在一些老旧国有企业，由于造血能力差，一直输血，卖也卖不掉，企业资产变现难，企业改制破产后，职工工资和经济补偿金被拖欠、社保费被停缴等现象也较多，职工债权难以得到清偿，造成上访不断，员工和企业矛盾加剧。职工下岗后，社会的就业配套还不健全，尤其是 40 岁以上的人员再就业困难，因为这些人面临观念和技艺的双重转型，在市场竞争中并不具有竞争力。在一些正常经营的国有企业中，普通职工的权益也不是都能得到保障。比如，有些国有企业的职工代表大会作用没有得到发挥，开会时职工的意见得不到回复或者不予理睬，工会力量薄弱，除了一年一次发些慰问品外，其他的职能并没有履行到位。有些国有企业一没有职工董事，二没有职工监事，职工的利益和职工群体的意见难以在董事会决策中得到反映，国有企业中职工对经营管理层的监督也就少了一个重要抓手。所以，在国有企业的发展和改革中，职工是做出利益牺牲最大的群体。

第三节　中国国有企业进行现代企业制度建设存在问题的成因

一、企业党组织没有充分发挥应有作用

少数企业党组织缺乏发挥作用的空间，有的企业领导人不重视党组织建设，特别是年轻的行政领导人员不积极支持党组织开展活动，在党组织开展活动时给予人、财、物方面的配合不够。有的企业党组织感到参与重大问题决策的难度较大。少数企业党组织的战斗堡垒作用不强，党员的榜样作用未能得到充分体现。主要原因有三个方面。一是少数企业的领导人在认识上出现偏差，认为"生产经营中心"是当务之急，"政治核心"可以慢慢注重。少数企业领导人特别是年轻领导人由于政治学习不够，不重视党组织建设，导致企业党组织缺乏发挥作用的空间。二是由于领导体制存在不完善之处，导致部分企业党组织参与决策的自觉性不高，怕影响党政关系，不敢监督，不愿监督，因而降低了党组织在企业中的地位。三是少数企业党组织服务中心意识不强，没有紧紧围绕生产经营中心开展活动，甚至出现党务与行政"两张皮"的现象。

二、企业治理结构和治理机制不适应

国有企业的治理结构是董事会、监事会、经理层与职工代表大会、工会、党委会"新旧三会"并存的结构。在很多国有企业中"老三会"发挥的作用很大，国有企业政治性很强，等级严格，同行政机构相似，尤其是垄断性国有企业更是如此。在一些竞争国有企业中，在利润至上的追求和考核下，"老三会"基本没有发挥作用，完全按照西方公司制的"新三会"起着主导作用。这样必

然会存在对国有企业的治理要求与国有企业现存的治理结构之间产生难以适应的地方。比如，竞争性的国有企业对企业党建治理的参与程度和作用的发挥往往迫于压力而走形式，难以对企业绩效发挥正面效应；股权结构不合理，国有股一股独大，造成国有企业高管薪酬过高，信息披露过于随意；股东大会的中心地位不突出，未能充分行使职权，国有企业的重大事项受政府职能部门和领导的审批，为腐败制造了条件；董事会、股东大会缺乏内部制衡机制，委托代理问题得不到有效解决；董事会和经理层相对独立性还较差，董事会对经理层的聘任考核奖励职能没有得到有效发挥；监事会作用弱化，独立董事和监事会存在职能冲突，整体监督效果差。

三、企业内部员工激励机制不健全

国有企业一贯以来都是倡导奉献，集体利益至上，对员工的激励以精神激励为主。在经历市场化改革后，尤其是 MBO 改革，管理层又涉嫌私有化国有资产，不准 MBO 后，国有企业又推行高管天价高薪，导致国家要求国有企业全面对高管实施限薪，而普通职工利益始终改善不大。这就是国有企业的激励机制的缺陷所在。具体来讲，国有企业激励机制的缺陷有激励力度不当、激励形式单一、激励弹性不足。国有企业的激励力度不当表现在一些垄断、半垄断行业中的国有企业员工薪酬大大高于其他企业，同时对高管人员或企业核心骨干的激励仍然激励不足。从激励形式来看，主要以当期收入、奖金为主，多有突出贡献的技术管理骨干人才的中长期激励还远未到位。国有企业激励弹性不足主要是指国有企业的薪酬相对稳定，不能随着企业业绩的增加或减少来上升或下调。

四、企业内部监督制衡机制软约束

因为国有企业产权的多层次委托而存在较为严重的逆向选择和道德风险，现代监督是国有企业必须具有的力量，否则出于私利和私心，经营管理者很可能会导致国有资产流失。国有企业内部监督有监事会、纪检监察、投诉举报等机制，但是这些机制都不同程度存在问题，监督形式上有，但是制衡机制呈现软约束。比如，监事会，本来是按照现代治理机构，监事会与董事会一样是企业所有者委托的，对所有者负责，但是国有企业中董事长由企业党委书记兼任，往往是一把手具有绝对话语权，监事会独立性很难保证，更不用说直接监督董事会及其负责人了。又比如，国有企业内部设立的纪检监察机构，同其他内设部门是一个层次，由其中的班子成员分管，这样就很难直接监督其他班子和企业内其他部门，独立性也在熟人团体中失去保证。同样地，作为国有企业的内控机构，审计部门也面临着类似的问题。一些国有企业国际化意识较强，对外发展能力也较强，各地分支机构多，海外子公司、分公司也多，但是母公司的集团管控能力并未实现大幅度地提升，母公司对下属公司的监控存在弱化倾向。由此，导致国有企业的海外子公司和国内的分公司出现由于缺乏监控而导致的投资失误、管理人违规腐败等现象，拖累了总公司的经营效益。此外，一些国有企业体系庞大、机构复杂、层级较多，虽然国有企业已经建立了系统制度体系，但是随着企业面临环境的变化，制度漏洞和制度流于形式、执行不到位的问题还较为普遍。这样，国有企业整个内部监督体系不是被架空了就是自己监督自己，不仅发现不了问题，即使发现了问题也内部消化了，难以起到杀一儆百的惩戒效果，从而使得违规违法行为越来越猖獗。这是国有企业内部监督存在的最大问题。没有监督的硬约束，国有企业的风险防范常常会是一句空话。

第五章

中国特色现代国有企业制度建设的案例分析
——以 M 公司为例

中国国有企业发展到今天，涌现出了很多典型，这些典型在战略管理、流程管理、所有制发展、制度建设等方面在国内乃至在国际上都非常出名。一批先进的国有企业在制度和运营上的创新，为其他国有企业的创新发展提供了借鉴。M公司作为央企成员，自十八大以来其在以党建制度为特色的现代企业制度建设方面进行了探索。不仅除弊了之前存在的很多恶习，重新构建了企业生态环境，而且为企业的再次远航创造了高效的制度条件，有力地推动了企业的发展。

第一节 公司发展历程

一、公司基本介绍

2002年12月29日，M公司在国家《电力体制改革方案》的实施背景下开始成立运作，它隶属中央直接管理，是央企团队中的重要一员。M公司供电区域为我国南部省区，具体包括A省、B省、C省、D省和E省辖区范围内的供电。M公司的主要业务包括电网基础建设、电力购销、投融资、跨国经营四个主要方面。M公司总部设有22个部门，下设2个直属机构，子、分公司23家，有职工30万人，具体组织架构见图5-1。

M公司拥有水、煤、核、抽水蓄能、油、气、风力等多种电源，截至2016年底，火电占比超过50%，水电占比超过38%，其他见图5-2。从2003年到2016年，公司售电量、营业收入、资产总额都呈现较快增长，具体见图5-3。公司连续11年在国务院国资委经营业绩考核中位列A级；连续13年入围全球500强企业，目前列第100位。

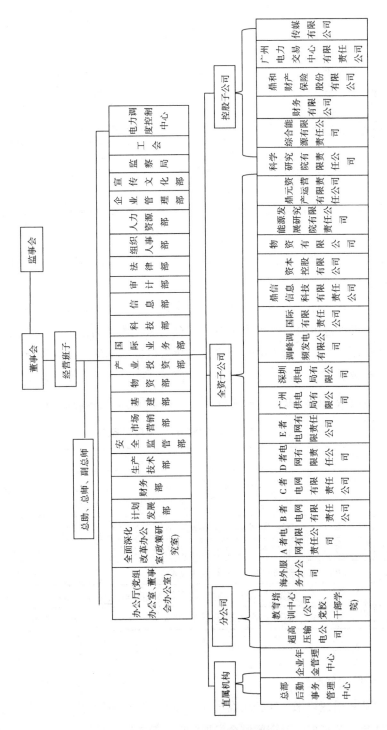

图 5-1 M 公司组织架构图

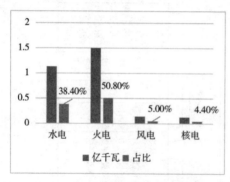
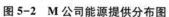

图 5-2　M 公司能源提供分布图

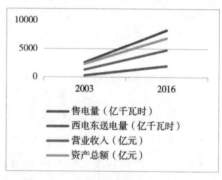

图 5-3　M 公司售电量、营收、资产图

党的十八大以来，M 公司全面贯彻落实党的十八大及系列中央会议精神，尤其是中央经济工作会议、全国国有企业党的建设工作会议等重大专项会议精神，落实"五位一体"总体布局和"四个全面"发展战略的要求，深入贯彻新发展理念，以推进供给侧改革为主线，以全面深化改革为发展动力，以精益管理为实施载体，以加强和改进党的建设为政治保证，围绕"两精两优、国际一流"发展战略和"185611"发展目标（具体含义见表 5-1），着重提高发展质量和效益，努力做强做优做大，持续增强公司的竞争力和抗风险能力。

表 5-1　M 公司"185611"发展目标表

序号	数字代码	含义
1	1	M 公司中心城区客户平均停电时间低于 1 小时，广州、深圳等 10 个主要城市客户平均停电时间低于 1 小时
2	8	客户服务第三方满意度不低于 80 分
3	5	非化石能源电量占比不低于 50%
4	6	净资产收益率不低于 6%
5	1	累计有效专利拥有数不低于 10000 项
6	1	境外资产占比不低于 10%

二、公司发展阶段

自 2002 年组建以来，M 公司经历了三个大的发展阶段。第一阶段是从 2002 年到 2004 年，公司成立初期的整合发展阶段。第二阶段是从 2005 年到 2012 年，公司处于飞速发展时期。第三阶段是从 2013 年到 2016 年公司处于转型发展时期。每一个发展阶段，M 公司都能把握好阶段特征，该发展的时候，加快发展，该转型的时候大力转型，与时俱进地适应了发展环境变化带来的影响。

第一阶段是整合发展。2002 年年底，M 公司挂牌仪式在人民大会堂举行。成立伊始，公司党组明确提出"对中央负责，为五省区服务"的宗旨和建设经营型、服务型、一体化、现代化企业的发展战略目标，这对统一各省区公司的思想起到了定海神针的作用。此后，M 公司开展了紧锣密鼓的制度建设，结合公司的性质、定位和使命，把中央的路线方针政策内化在企业中，并在实践中不断总结、提炼、丰富，发展为公司方略。通过磨合和探索，最后将公司定位为统一开放、结构合理、技术先进、安全可靠的现代化大电网的总体发展目标以及三个阶段的分步目标。2003 年成立电力交易中心，2004 年形成了西电东送八大通道，并形成了通向东南亚的电力大通道。

第二阶段是迅速发展。这一阶段，M 公司在国家经济整体飞速发展的态势下，电力发展速度也是突飞猛进。营业收入从成立时的一千多亿元，很快就达到四千多亿元，翻了两番。期间，M 公司取得了系列重大成就。比如，中越联网工程、云广直流工程、海南跨海联网工程等重大工程投运。自 2005 年开始，M 公司在世界 500 强中排名不断上升，由初次进入排行榜排 237 名上升到 185 名。2005 年，公司在中央企业中率先推出"承担社会责任"行动，2007 年开始每年发布社会责任报告，全面系统地阐述了每年 M 公司履行社会责任的理念、实践和成果。积极践行社会责任成为公司回馈社会的重要抓手，也是塑造公司精神和提升企业文化的重要内容。

第三阶段是转型发展。伴随着 2008 年金融危机的爆发，之前粗放型的发展方式使得公司在管理方面所积累的矛盾、问题越来越多，职工中滋生不满情绪，投诉信访不断，一些腐败行为和高管纷纷被公之于众。同时，公司在新的发展环境下，在新经济、新常态的大背景下，积极布局新业态，发展混合所有制经济，并取得初步成效。营业收入从三千多亿元增加到四千多亿元。对比第二阶段，第三阶段平均每年才增加营收 100 多亿元，而第二阶段平均每年增加营收近 300 亿元，差距巨大，这也是 M 公司转型的必然结果。现在，M 公司虽然已经进入到世界 500 强前 100 名，但是发展中的优势和动力，在公司反腐的强力推进下，还有待进一步激发。

第二节 M 公司实施制度创新的原因分析

一、公司经济效益增长欠佳

M 公司自 2002 年年底成立，至 2013 年末，总资产为 5842.48 亿元，资产规模比刚组建时扩大了数倍，但纯利润水平却依然是组建前 100 亿元的水平，总资产回报率不到 2%。从 2012 年以来，即使是在十八大后反腐高压下，M 公司的发展与同期整体经济的发展相比很不适应，年资产增长率明显低于同期服务地区经济总量增长率，营业收入年度增长率也大大低于所服务地区经济总量增长率。自国家推动电力市场发展以来，M 公司一直被定义为电力改革的试验田，但是从 M 公司的盈利水平和所产生的腐败问题来看，电力行业破除垄断进行市场化改革的成效并不理想。在供给侧结构改革和国有企业去杠杆的背景下，更为令人担忧的是 M 公司的杠杆非常高，作为垄断性的 M 公司还有 3934 亿元的债务，其中短期借款和一年内到期的非流动负债、长期借款、应付债券余额接近 2368 亿元。

表5-2　M公司业绩与GDP增长情况对比表

	售电量（亿千瓦时）	营业收入（亿元）	营业收入增长率(%)	利润（亿元）	资产总额（亿元）	资产增长率(%)	A省（亿元）	B省（亿元）	C省（亿元）	D省（亿元）	E省	五省区GDP总和(亿元)	五省区GDP增长率(%)
2012	7010	4210		337	5556	57067.92	13035	11939	2855	91748.92			
2013	7433	4482	6.5%	382	5872	5.7%	62163.97	14450	10309	3146	8087	98155.97	7%
2014	7859	4738	5.7%	407	6191	5.4%	67792.24	15673	12815	3500	9266	109046.24	11.1%
2015	7822	4707	-0.6%	501	6362	2.8%	72812.55	16803	13717	3702	10502	117536.55	7.8%
2016	8297	4765	1.2%	556	6891	8.3%	79512.05	18245.07	14869.95	4044	11734.43	128405.5	9.2%

数据来源：中国M公司年鉴编辑委员会．M公司年鉴2016[M]．广州：世界图书出版广东有限公司，2016.

二、公司腐败现象集中爆发

十八大之前，M 公司就一直存在较为普遍的腐败现象，而且愈演愈烈，以至于拿着国家垄断资源，经营效益却不怎么好。归纳起来，M 公司系统的腐败已经呈现出"系统性"与"市场化"的特点，具体来讲，集中在三个方面。首先是买卖职位。由于 M 公司是身处垄断行业，薪酬待遇比较好，工作也相对轻松，进去工作可以高枕无忧。而且因为电力是工业发展和人民生活的必需品，需求量大，哪怕是偏僻的地区，电力局都是肥缺，求上门的人很多。这样就形成了一个无论供电单位大小，在当地都是强势部门，可以动用的资源较多，而且越离开总部，监督之手越难以顾及，很多基层供电单位的职位都被很多人盯着。比如，《中国经济周刊》的郭芳在揭露 M 公司腐败的报道中就提到，"M 公司基层的很多项目与职位都有赤裸裸的价格标签，比如一个供电所所长职位标价 100 万，而一个县级供电公司经理职位标价 300 万。"在经济发达地方的基层供电单位更是炙手可热。当然，M 公司对基层的监督是缺位的，也就助长了这种风气的盛行。在智能电表时代以前，M 公司的一些下属公司的营销系统十分混乱，供电所所长或营销系统负责人给企业电费的豁免权相当大。其次是工程项目腐败。对政府部门来说，对工程腐败的防范还是越来越健全了，但是在 M 公司，很多基建工程不仅被大领导插手，小领导比如项目经理或者处长也会插手工程项目，据郭芳的披露，一个 3 亿元的项目，就有处长敢直接开口要 1 个亿。这种工程腐败蔓延在整个 M 公司的大小工程之中，造成了非常恶劣的影响。三是集体腐败。M 公司的腐败不是一个两个，而是系统性的窝案，主要的腐败案见下表 5-3。整体来看，M 公司窝案牵出 18 宗案件，5 名公司高管涉案，此外还有 41 名干部员工受处分。对整个公司来讲是影响巨大的，对社会来讲也是影响很坏的，不仅败坏了公司形象，还更加败坏了中国共产党和国有企业形象。

表 5-3　M 公司系统系列腐败案件中的主要案件一览

序号	爆发日期	涉案人员	腐败事件
1	2014 年 2 月	M 公司下辖省级公司总经理吴某春	有"广东电霸"之称的广东电网公司总经理吴某春在被多年举报后被查处，他在任湛江供电局局长、广州供电局局长、广东电网公司总经理等职位期间，利用职务上的便利，为他人谋取利益，收受他人巨额贿赂。
2	2015 年 1 月	M 公司原副总经理廖某华	用人不当，收受他人巨额贿赂，生活腐化。
3	3 月 24 日	M 公司下辖省级公司原党委书记黄某军	因涉嫌违法犯罪，被检察机关依法立案侦查并采取强制措施。
4	3 月 28 日	M 公司下辖省级公司地级市供电局局长、党委副书记雷某波	涉嫌严重违纪问题被组织调查
5	3 月 30 日	M 公司副总经理祁某才	涉嫌工程项目腐败
6	4 月 2 日	M 公司副总经理、党组成员肖某	涉嫌职务犯罪落马，他不仅在公司内部腐败还利用关系获得内幕消息炒股从来只挣不亏。

资料来源：郭芳.M 公司：又一个腐败重灾区 [J].中国经济周刊，2015，（04）：36-39.

三、公司员工积极性逐步弱化

由于存在明显的腐败和不公平不合理现象，企业内部人际关系非常紧张。关于 M 公司系统的投诉和信访高居不下。据媒体披露的内容来看，在中央巡视组进驻之前，便已有针对其高管的举报材料持续多年并长期发布于网络；在中央巡视组进驻央企后，更是收到了大量的举报材料。比如，M 公司很多基建项目、采购物资等方面都被管理层内定，但是质量却不合理，造成了严重不良影响。职工的积极性伴随着腐败的愈演愈烈而不断弱化，一些正义的职工、一些看不惯的职工或是被打压或者是被打入冷宫。这在带来消极影响的同时，也使得公司内部矛盾恶化，信访大量增加。一边是腐败横行，一边是信访投诉不断，这样的公司是很难具有凝聚力和向心力的，若不是垄断行业，早就面临破产危机。尽管公司业绩和盈利水平与其地位严重不匹配，但是公司管理层薪酬与普通职工薪酬差距悬殊。可以说，普通职工在腐败和薪酬差距的影响下，工作积极性较差。尽管有公司党校在培训、在贯彻党的精神，但是现实的反差使得职工失去了很多正能量。这样，仅有的党建培训使得当前公司党建工作与中央"党要管党、从严治党"的要求相比，仍有较大差距，突出表现在认识不到位、责任意识不强、组织生活不严格、作用发挥不明显等方面。公司基层党组织松散慵懒，没有真正起到组织发动基层工人的带头作用，反而出现很多有损党在工人心中形象的现象，严重丧失了党联系基层群众、引导基层群众的功能。

第三节　M公司进行中国特色现代国有企业制度建设的措施

面对公司业绩不太理想，腐败窝案的发生和腐败现象层出不穷，M公司开展了以党建为抓手的全面深化改革，从企业党建、公司治理、监督规范和民主管理方面进行了系统且具有针对性和可操作性的改革。

一、全面加强企业党建

在全面深化改革千帆竞发的今天，面临的攻坚克难越来越多，硬骨头也越来越难啃，就越是要加强国有企业党建，使国有企业成为党和国家最值得信赖的依靠力量。把抓好党建作为最大的政绩，全面落实从严治党，是M公司践行"人民电业为人民"的企业宗旨的鲜明旗帜和光荣使命。公司探索出了一条独具特色的党建工作之路，为促进公司科学发展提供了坚强的保证。公司党组高度重视党的建设，坚持党要管党、从严治党，牢牢把握正确的政治方向，始终把党组织作为企业改革发展最坚实的组织基础，把国有企业中的党员当作企业最优秀的人力资源。全面从严治党，落实管党治党新要求，坚持不懈加强党的建设，推动党建工作上台阶，使党的优势有效转化为公司的核心竞争力，为公司改革发展提供坚强的政治保障。毫不动摇地坚持党的领导，始终保持正确的办企方向，毫不懈怠地加强领导班子和队伍建设，为公司改革发展提供组织保障，毫不放松地加强廉洁从业建设，营造风清气正的良好氛围，毫不停滞地创新党建工作，提高党的建设科学化水平。各级党组织较好地发挥了政治核心作用，成为凝聚企业员工的坚强堡垒，成为企业改革发展的领头羊，其引领和带动功能得到较好的发挥。十八大以来，M 公司切实贯彻习近平总书记就加强党对国有企业的领导提出的要求，强化党对企业的领导，将广大党员干部在学习教育中涌现出来的精气神转化为推动公司完成中心工作的新动力。公司出台《M 公司党组关于落实全面从严治党责任运用监督执纪"四种形态"的指导意见》《M 公司党组贯彻〈中国共产党问责条例〉实施办法》《M 公司关于构建"不能腐"体制机制的实施意见》等制度规范，促使公司党建工作体系更加健全，使得公司党的领导体制、党建工作机制和作用发挥机制更加完善。通过严肃党内政治生活，严格党内监督，加强和改进企业党的建设工作，切实加强干部员工思想、作风、道德和纪律建设，严格落实管党治党责任、始终将纪律和规矩挺在前面、建设高素质干部人才队伍，为公司发展提供坚强的政治保障。公司以党组 1 号文的形式印发了《关于加强和改进党的建设的实施意见》，把全面从严治党要求细化为加强基层党组织建设、切实履行"两个责任"、加强党员队伍建设等"党建工作 20 条"，将党建工作具体化、目标化。在落实"两个责任"方面，公司编制了领导班子成员全面从严治党"一岗双责"责任清单，建立了公司领导基层党建联系点，协调和解决基层党建难题。全部分公司及子公司、234 家三级单位、352 家县级供电企业签订年度党的建设考核责任书。加大企业党建工作考核权重，在公司所属单位领导班子综合考核评价中将企业党建、廉洁自律指标权重由原来的 12% 提高到 20%。在分子公司绩效考核的重点任务中，增加党建和党风廉政建设的考核内容。公司印发了《基层党支部标准化建设管理办法》《党员责任区管理办法》《党员服务队管理办法》等 6 项制度，规范和加强基层党支部管理，提升基层党建工作科学化水平，充分发挥党支部的战斗堡垒作用和党员的先锋模范作用。

二、狠抓公司治理改革

（一）去独资化，推进国有股本结构多样化

在公司成立之后，M 公司是国有独资企业。国有独资毫无疑问就是全部资产归国有，其产权就是归全体中国人民所有。后来，积极引入战略投资者，发展混合所有制经济，比如，M 公司科研院、M 公司能源公司、M 公司财务公司、M 公司传媒公司、鼎和保险公司、广州电力交易中心 6 家控股子公司就有引入战略投资者。很显然，现在公司是个大集团、多元化的混合所有制公司，里头既有国有独资的主业各大省区电网公司，又有新的金融、媒体、科创等新产业，而且是混合所有制的。M 公司对新产业也是采取控股的方式，所以整体上 M 公司还是国有控股企业，是典型的国有企业，而且是归中央直接管理的大型国有控股企业。很显然，该公司股权结构同其他垄断行业的国有企业一样是个绝对控股、国有股一股独大的国有企业。相对于成立初期的完全国有，现在已经是朝着混合所有制方向发展，特别是在深圳前海蛇口自贸区供电有限公司的成立是在更高层次上发展混合所有制的项目，在新的机制下，供电公司瘦身健体提质增效，发展经验为今后 M 公司进一步发展混合所有制项目提供借鉴。

（二）实行公司党委、董事会和经理层双向进入

M 公司高度重视党建，切实贯彻执行央企党建要求，党委书记兼任董事长，党委书记排在董事长前面，总经理兼任副书记，突出党的领导，其他董事、经理层兼任党委成员，夯实公司党的领导，使得公司各条线各部门都在公司党委的领导下开展生产经营活动。公司实行董事会决策的议题要先过公司党委会，对其严格把关，尤其是政治方向和是否符合党的规章制度以及中央的要求方面进行严格审查，这保证了公司整体决策和发展方向的正确性和科学性，同时也保证了党的领导不仅能够贯彻在决策方面，也能够贯彻在具体经营方面。

（三）着力健全各级子公司、分公司法人治理结构

以前子公司、分公司实行的是行政化的管理，M 公司相当于国家行政部门，各省区电网公司相当于省级行政部门，市级电网公司相当于市级行政部门，一级管一级，行政命令审批是主要的管理手段，单位一把手拥有绝对的权利且对其实施监督很不到位。这样的治理结构必然会使得公司缺乏活力，内部管理混乱，也给那些不正的领导者以腐败机会。可以说，这样的企业治理结构和机制，在市场经济发达的南方，不发生腐败是不可能的。改革子公司、分公司治理结构，大力推进子公司、分公司董事会建设、监事会建设和经理层队伍建设，形成各司其职、分工明确的现代治理架构，并将传统的党委会、职工代表大会、工会融入进来，强化党委会对企业整体的掌舵和领导功能，并推动董事会、监事会和经理层的工作不断完善，形成企业整体发展合力。这样，M 公司的子公司、分公司在建立完善的"三会一层"法人治理结构和推动科学决策上取得了明显进步。

总之，在企业治理的道路上，M 公司已经迈开了步伐，正在努力推动形成适应经济发展新常态的体制机制，不断增强活力、控制力、影响力、国际竞争力和抗风险能力。

三、着力提升管理水平

M公司的现代管理主要体现在三个方面，即一体化业务管理体系的建设，经理层队伍市场化选聘的探索，以及管控模式的实施。首先，为了有章法、成体系地管好业务，M公司出台了《关于公司一体化作业标准体系建设工作的指导意见》，对公司组织架构、业务流程、管理制度、技术标准、指标体系、作业标准和信息系统7个方面的一体化公司业务管理体系分为框架层、规范层、执行层、支撑层4个层面，包括业务框架、组织架构、业务流程、管理制度、技术标准、作业标准、指标体系、信息系统8个方面的内容。这样重新塑造了整个公司的组织管理体系，新的管理体系可以从图5-4看得更为清晰。作业标准体系建设的核心，就是以业务流程为主线，建立起组织架构、管理制度、技术标准和指标体系的相互关联关系，将管理制度、技术标准的具体要求分解落实到流程节点，并将每个流程节点的风险管控提前让员工清晰明了，并绘制成清晰的工作步骤，使一线员工既能守规矩，又能减轻负担。其次是形成以效益和贡献为导向的激励约束机制。推进用人制度、用工制度和薪酬绩效三项制度改革，比如，M公司积极在专业子公司进行董事会选聘经理层人员的探索、试行领导班子任期契约化管理制度、制定职业经理人考核制度等；积极同外部战略投资者合作，推动子公司、分公司上市，在混合所有制企业中切实按照现代企业制度要求来完善公司制度建设。譬如，M公司综合能源有限公司中开展的市场化招聘正职，正式聘任职业经理人为总经理，这是落实中央关于在国有企业推动职业经理人队伍建设要求的积极尝试。M公司能源公司既对总经理岗位职责进行明确，又明确运用任期制和契约化方法来管理，目标考核非常清晰且是硬约束，达到考核要求按照市场化标准兑付薪酬。具体薪酬由基薪（约占20%）、年度绩效（约占40%）和任期激励（约占40%）三部分组成。三是强化总公司对子公司、分公司的管控。出台了《关于优化调整南网能源公司等四家专业子公司管控模式的意见》，将对M公司能源公司、M公司国际公司、鼎和保险公司、M公司传媒公司4家控股公司采用战略型管控模式，转变管控方式，从对国有独资公司那样全面监管的方式转为只"管方向、管结果、管重大事项"。这不仅适应了混合所有制企业的发展，而且侧重于国有资本的保值增值，从管资产逐步向管资本转变，最大程度地提升其市场经济的适应性。通过现代管理的创新，现在M公司旗下的能源公司、国际公司、鼎和保险公司、传媒公司在组织架构、经营管理等方面初具现代企业的模式，与集团公司中其他传统电网业务公司相比，市场响应速度快，决策效率高，在市场上的适应性、竞争力都得到极大提高。

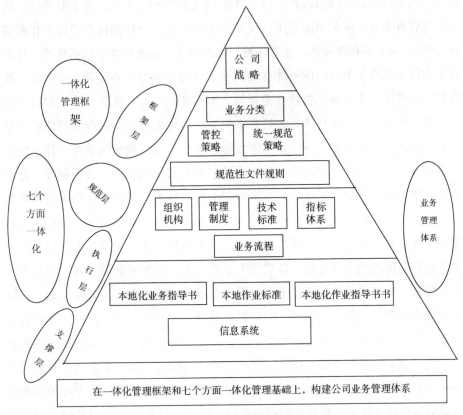

图 5-4　M 公司一体化业务管理系统图

资料来源：M 公司业务管理体系解读［N］．南方电网报，2014-3-19（A5）．

四、推进监督制度建设

首先 M 公司按照现代企业制度的要求，推动分公司、子公司成立监事会，并且对监事会成员实行集中管理，也就是集团公司掌握下面监事会配备情况，为监事会的独立性提供了保障，防范监事会成为摆设，切实发挥监事会的监督检查职能，为集团公司守好国有企业资产。其次是 M 公司深入推进法治建设，强化法律风险管控，不断创新法律管理，为创建国际一流电网企业提供有效法治保障。比如，编制公司《"十三五"法治建设规划》，纳入公司"十三五"发展总体规划一并实施；持续推进重点领域和关键环节依法合规管理，不断提高公司治理的规范性。围绕"知法于心、守法于行"的法治理念，深入开展形式多样的法治宣传活动，激发广大干部员工学法用法。三是强化纪检监察部门功能。M 公司要求子公司、分公司都要有纪检监察部门，并且子公司、分公司的纪检监察部门领导都有集团公司委派，以维护党的章程和其他党内法规在子公司、分公司得到强有力地执行，确保党的路线、方针、政策和决议在子公司、分公司执行，协助子公司、分公司党组推进全面从严治党、加强党风建设和组织协调反腐败工作。对公司系统各级领导班子、领导人员履行职责、行使权力进行监督，保证"三重一大"制度的贯彻落实。为了切实发挥纪检监督作用，发布纪检监察干部监督执纪"负面清单"，列举了纪检监察干部 26 项禁止性行为，规定各级纪检监察干部要严格执行清单要求，自觉接受党内监督、社会监督、群众监督，规范监督执纪工作。

五、增强文化价值认同

M 公司非常重视文化建设，通过聘请专业企业文化专家策划形成了以《M 总纲》为文化引领的企业特色文化和新价值观。具体表现在，M 公司的企业宗旨是人民电业为人民；企业使命是主动承担三大责任，全力做好电力供应；企业理念是诚信、服务、和谐、创新；品牌形象是万家灯火，M 情深；M 精神是勇于变革，乐于奉献；企业愿景是打造安全、可靠、绿色、高效的智能电网，成为引领发展、广受尊敬的卓越企业；发展战略是创建管理精益、服务精细、业绩优秀、品牌优异的国际一流电网企业；安全理念是一切事故都可以预防；经营理念是创造价值，创新发展；服务理念是以客为尊，和谐共赢；法治理念是知法于心，守法于行；团队理念是忠诚干净担当，共建幸福；行为理念是诚信做人，规矩做事。这些系统化的企业文化对形成拥有 30 多万职工的企业行为和员工的精神风貌具有重要的统帅作用，对公司社会形象和品牌价值都起到了很好的促进作用。

六、树立企业公众形象

这主要是通过系列社会责任行动来实现的。M 公司自 2007 年就开始编写社会责任报告。近年来，公司秉持"主动承担社会责任，全力做好电力供应"的使命，按照国务院国资委要求国有企业做好社会责任工作的要求，有计划、有步骤、系统地推动社会责任工作，不断探索具有公司特色的社会责任工作新路径，初步形成具有 M 公司特色的社会责任推进模式，发挥了国有企业的示范带头作用。公司成立社会责任工作领导小组，公司董事长、党组书记任组长，总经理任副组长，各部门主任、分公司和子公司一把手担任成员，日常工作办公室设在战略策划部，总公司各部门、各分公司和子公司都明确专人加入日常工作小组，在基层供电局明确负责部门，配置从事社会责任工作的专职和兼职人员，建立起了一张涵盖从公司总部、省区单位、地市单位三级社会责任工作网络。公司编制《中国 M 公司有限责任公司社会责任工作管理办法》，从社会责任工作原则、组织和职责，社会责任规划和计划管理、社会责任实践管理、社会责任沟通管理，以及检查、评估和考核等方面对社会责任工作提出了明确规范和要求。为了打造特色的社会责任体系，M 公司系统开展责任管理、责任实践、责任传播和责任研究，将 ISO 26000 导入公司运营各个环节，将企业社会责任和企业文化建设一起融入员工的日常生产生活中，进而推动公司管理方式创新和管理水平提升。公司的社会责任领域总结提炼为电力供应、经济绩效、绿色环保和社会和谐四大领域，具体包括核心责任、政治责任、基本责任、时代责任、特殊责任和共同责任六大责任，具体内容见下表 5-4。

表 5-4　M 公司社会责任内容一览表

序号	责任领域	责任名称	责任内容
1	电力供应	核心责任	公司的核心责任是为经济社会可持续发展提供安全、稳定、可靠、优质的电力支撑。
2	社会和谐	政治责任	在重大突发自然灾害面前，维护公共安全和公众利益。
		特殊责任	坚持电力普遍服务，促进城乡协调发展。
3	经济绩效	基本责任	严格执行国家电价政策，注重提升管理水平，确保国有资产保值增值，降本增效，优先考虑社会效益。
		共同责任	与利益相关方携手共进、合作共赢，是公司与社会各界的共同责任。
4	绿色环保	时代责任	建设绿色电网，推动全社会节能减排，促进企业与社会、环境全面协调可持续发展。

　资料来源：陈佳贵等. 中国企业社会责任报告（2012）［M］. 北京：社会科学文献出版社，2012.

第四节 M 公司进行中国特色现代国有企业制度建设的成效

一、公司绩效得到明显改善

在经济绩效方面，到 2016 年，公司全年完成 8297 亿千瓦时，同比增长 6.1%；完成利税总额 556 亿元，增长 11.0%，创历史最好成绩。十八大以来，M 公司在国资委经营业绩考核中连续获得 A 级。2016 年，M 公司在世界 500 强企业排名第 95 位，首次进入前 100 位。在政治绩效方面，公司通过开展"两学一做"学习教育，增强党员干部党的意识和纪律意识，深入践行新发展理念，从思想上、行动上切实服务公司改革发展各项工作。坚持把纪律和规矩挺在前面，保持惩戒腐败的高压态势，积极实践运用监督执纪"四种形态"。巩固深化中央巡视整改成果，开展五个专项治理"回头看"。2016 年，公司系统自办案件 300 件，保持了惩治腐败的高压态势，营造了风清气正的内部发展环境，重新拾起了企业职工铆足干劲谋发展的士气。

二、员工积极性得到极大调动

员工的积极性是企业发展的基石。员工积极性不高是企业制度出了问题。通过营造法治理念、严厉反腐、强化审计，营造了公平公正的氛围，M 公司内部又重新建起了良好正面导向的氛围，员工积极性得到再次激活。首先是员工法治观念增强。法治理念是塑造诚信守法企业形象应遵循的基本原则，也是国际一流企业重要的软实力。M 公司通过法治建设，在宣传教育员工干部学法守法上取得明显成效，以前领导一句话说了算的，现在员工有了法律和规定观念，也就有了拒不执行领导违法命令的底气。尤其是在重点领域和关键环节，比如，公司招聘、项目招标、物资采购等方面，一些明显的违法违规行为得到遏制，员工也感觉到了公平正义。正能量在公司中得到越来越多的聚集，公司也就呈现更多的风清气正的环境。其次是加强党风廉政建设。公司开展"两学一做"学习教育，增强党员干部党的意识和纪律意识，深入践行新发展理念，从思想上、行动上切实服务公司改革发展各项工作。坚持把纪律和规矩挺在前面，保持惩戒腐败的高压态势，积极实践运用监督执纪"四种形态"，为内部营造风清气正的环境提供了良好的政治保障。三是加强内部审计。公司按照国家要求探索建立审计委员会和审计部门向董事会负责的工作机制，不断完善公司内部审计体系，逐步提高公司总部和子公司、分公司两级内部审计集中化管理程度。坚持问题导向，对国有资产、企业资金、企业资源和领导干部经济责任履行情况实行审计全覆盖，扫除审计盲区。利用大数据、在线审计等先进手段，主动适应公司推进依法治企"6+1"企业信息系统的管理需求，完善审计功能。通过审计促进增收节支，2012 年节约 2.34 亿元，2013 年节约 1.40 亿元，2014 年节约 2.13 亿元，2015 年节约 1.19 亿元，2016 年节约 4.19 亿元。在企业中建立起了节约风尚，堵塞了管理层浪费的歪风邪气，促进了企业公平理念的盛行。

三、公司市场经济适应性明显增强

公司落实电力市场化交易，发挥资源配置作用，推进电力交易组织构建、规范交易工作、加大交易力度和规模，努力构建有效竞争的区域电力市场体系。按照多家单位参股的公司制模式，组建了广州电力交易中心和省级电力交易中心，为电力市场的建设和发展创造了良好条件。加大省间及省内电力市场化交易工作力度和规模，广东成为全国首个允许售电公司参与竞争交易的省份。基于管制业务、市场化售电业务，积极拓展分布式能源、微电网、节能服务等附加增值业务，探索建设国际领先的综合能源供应服务商。2016年完成跨省市场化交易电量 135 亿千瓦时，完成省内市场化交易电量 1516 亿千瓦时，2017 年达到 2280 亿千瓦时。推进市场交易机制建设，广州电力交易中心及其市场管理委员会，贵州、广东、广西、昆明电力交易中心先后成立。交易中心的最新信息及时传递给售电公司，售电公司从改革的被动接受者转变为主动参与者。通过市场化交易，电力像其他商品一样也走向市场了，用户购电有了更多选择。一个相对独立的电力交易中心，确保了交易的公正公平公开，让市场"活"起来。

四、公司基层党建得到不断巩固

通过整改，公司党组高度重视党的建设，坚持党的领导，保持正确的办企方向，加强领导班子和队伍建设，加强廉洁从业建设，创新党建工作，为公司改革发展提供组织保障，提高了党的建设科学化水平。子公司、分公司党组织真正发挥政治核心作用和引领带动作用，提升了广大党员干部员工的凝聚力、良好的风气和正面正气的氛围，激发了公司员工比技能、讲奉献、做表率。公司全面推进思想、组织、作风、反腐倡廉和制度建设，实现公司党的领导体制、党建工作机制和作用发挥机制更加完善，党建工作体系更加健全，使党的优势有效转化为公司的核心竞争力，为公司改革发展提供坚强的政治保障。到 2018 年，公司共有 4799 个党组织、101366 名党员，党员占员工 32%。先后有 450 个党组织、727 名党员、372 名党务工作者荣获全国、中组部、中央企业、五省（区）党委和公司先进基层党组织、优秀共产党员和优秀党务工作者称号。公司信访投诉案件下降 50%，管理者与员工关系得到有效缓和，民主管理实现重大进步。在 2016 年以来，公司在党建统领、党组织领导下，面对复杂严峻的内外部形势，公司取得了实施西电东送、提质增效科技创新等良好成效①，全面深化改革也在党的领导下稳步推进。

---

① 非常时期考验着各级党组织、党员对党的承诺。比如，2016 年年初，南方五省区遭遇"霸王级"寒潮来袭，公司系统近两万名党员组成的 1000 多支党员突击队奔赴抗冰最前线，奋战在抗冰保电一线，在刺骨的寒风中斗冰雪、保线路、保民生，点亮了寒冬中的万家灯火。在随后的"妮妲""莫兰蒂""莎莉嘉""海马"等台风现场，党员的身影、飘扬的党旗同样随处可见。党组织的战斗堡垒作用体现在 5000 多个基层党组织。承担着世界首个±800 千伏直流特高压、西电东送受端枢纽运维团队超高压公司广州局，用自己独创的一套方程式——基于业务绩效的党员先进性评价和促进机制，让党建与业务有机联系、相互促进，焕发出惊人的凝聚力和战斗力，保障了西电东送"大动脉"的平稳律动。2016 年"七一"前夕超高压广州局党委被评为"全国先进基层党组织"。党员先进模范作用体现在 11 万党员身上。贵州电网公司安顺紫云供电局松山供电所的党员韦成刚就是其中突出的党员代表。为方便群众出行和学生上学，他帮助同心村修公路，拿出所有积蓄为家乡修桥，带领村民搞"立体农业"，感动八方网友，被中宣部列为 2016 年重点组织报道的"最美基层干部"之一。

第五节 M 公司进行中国特色现代国有企业
制度建设的启示

一、国有企业治理要坚持党建引领

在我国，自诞生国有企业以来，国有企业就姓"公"，体现了鲜明的政治特色。中国特色现代国有企业制度"特"就特在把党的领导融入公司治理各环节，把企业党组织内嵌到公司治理结构之中，使党组织的组织带动功能和监督保障功能等优势特点在企业中得到充分发挥。从 M 公司的案例中可以看出，国有企业要想持续健康发展，必须坚持党的领导，始终做到无论企业怎么扩充领地，党的建设和党的组织都要跟进到那里，使党支部的战斗堡垒作用覆盖到企业的各个角落，为做大做强国有企业提供坚强组织保证和政治正确保障。否则，稍有不慎，就会容易在企业内部市场经济利益渗透下产生歪风邪气，贼害组织和员工，进而导致企业颓败。从 M 公司的经验来看，国有企业治理坚持党建引领，要做好三方面的工作。第一是企业党的组织体系要健全。国有企业层级较多、涉及地域较广，要杜绝国有企业党组织建设的空白点，就要把党支部建到项目上、建到班组上。随着国有企业混合所有制经济的发展，还要明确党组织设置方式、职责定位和管理模式，切实严防混合所有制企业党组织弱化、花瓶化的现象。其次是要加强思想教育。员工的思想状况对国有企业生产效率的影响极大，要通过党组织的组织功能带动企业员工充实正向的、积极向上的思想，将工人阶级和优秀党员的先进思想灌输到企业员工心里，让党支部成为团结员工、教育员工的重要手段。最后是要筑强基础保障。国有企业党委书记和支部书记要选派作风过硬、有威望、懂专业的人担任，只有党组织书记强，才能带好基层党组织发展壮大，形成企业发展的合力。选拔企业党务工作者也要注重业务素质、政治素养等综合素质的评判，给予国有企业党务工作者应有的待遇和重视。有了好的党组织书记和一支精干的党务工作者队伍，国有企业的党建工作才能到位有为。

二、国有企业需要高效制衡的治理结构

从 M 公司的实践来看，高效的治理结构要有相互制衡的力量。之所以会发生那么多腐败窝案，在企业中形成腐败成风的坏风气，关键是缺乏制衡。各管理高层互相一个靠山、一个王国、一堆追随者，任意妄为，这种没有监督和相互制衡的状况，必然会导致腐败。高效的制衡治理结构包括相对集中制衡的股权结构和相互制衡的治理机制。相对集中制衡的股权结构是指国有企业中起码要有几位股东，每位大股东互相牵制，这样才能增强独立董事、监事会和内外部审计等实际监督作用。在混合所有制企业中相对集中制衡的股权结构比较容易形成，引入企业内部的外部私人资本具有极高的监督热情和动力，迫使混合所有制国有企业不得不形成相互制衡的力量。在非公私混合所有制形式中，缺乏外部私人资本的制约，起码也要形成多家国有资本占据大头的股权结构，不同的国有资本所有者代表虽然都是政府，但是不同的政府也有自身的利益差异，也能起到一定的制衡作用。相互制衡的治理机制是指在国有企业股东、董事会、经理层多治理主体中形成监督制衡机制，使出资人、董事会、监事会、管理层等各方归位尽责。

三、国有企业需要建立高效的现代管理制度

管理也是生产力，是软生产力。一家企业除了有技术、机器设备硬的生产力外，还必须要有管理软生产力，才能共同提高整体生产力。M 公司在企业现代化管理方面形成了一套特色鲜明的制度，对国有企业的改革发展具有借鉴意义。因此，国有企业要从下列方面来完善管理制度。比如，战略管理制度方面，国有企业要形成适应自己特点的科学的经营思想和能适应企业内外环境变化、符合产业和经济发展趋势的经营战略。人力资源管理方面，要建立能够适应现代化生产要求的领导制度，建立现代人力资源管理体系，确保企业的经营管理者拥有现代现代管理知识与技能，确保企业职工具有健康的思想素质和健全的职业素养；要有职业经理人制度，加大市场选聘职业经理人力度，并完善与之相适应的职业经理人进入、使用、培育、退出和考核、奖惩等制度，构建现代职业经理人管理体系。薪酬制度方面，要对职业经理人进行科学有效的股权激励，构建传统薪酬制度和现代职业经理人薪酬相互衔接的制度体系，并在薪酬制度的具体细则方面体现积极向上、勤劳、奉献、贡献等导向，营造企业发展

合力。民主管理制度方面，要调动员工的积极性，首先就要有公平公正的环境，企业经营管理层要行得正、言行具有表率性，不能满嘴仁义正气，背后里却贪污腐化；其次要推进职工参与决策和监督制度，比如建立职工董事、职工监事并完善其履职程序和规范，使其能真正发挥作用。监督制度方面，要加强内部监督约束机制，加强内部财务审计和纪检监察，最大限度地防止和纠正内部人控制，杜绝国有企业中的贪污腐败。企业文化制度方面，要建设以企业社会责任和企业社会形象为核心内容的企业文化价值体系，并使之贯穿到企业的规范、制度之中，培育国有企业员工的集体意识和贡献意识。

四、国有企业需要构建完善的监管体系

国有企业由于天生的资产所有权与经营权的分离，全国人民代表大会作为虚置的所有权代表来代表全体人民行使国有企业所有权职责。但是，在相当长时期内，各级人民代表大会对国有企业资产的所有权行使不到位，导致国有企业贱卖、经营不善、腐败等问题。建立一套完善的国有企业资产监管体系不仅必要而且必须，是保证国有企业资产不被浪费贪污贱卖的重要制度安排。一是独立董事有效履行监督职责。很多国有企业虽然设置了独立董事，但是常常是熟人，是关系户，真正能够大展拳脚来履行独立董事监督责任的极少，花瓶摆设成为常态。因此，独立董事要聘请专业人士，但是更要赋予其履职权限，绝对不能仅仅是摆设，不能依附于主要股东、管理层，只有这样才能保证其在履行监督职责方面有较强的独立性。二是强化监事会监督作用。从 M 公司混合所有制公司的实践来看，主要是在监事会中引入外部监事，以保证监事会的独立性和全面性。此外，还应设立专门监事会执行机构以及专职监事长，确保企业监事会组织到位和人员到位。针对财务监督，强化内审和内控，可以聘请专业机构对公司财务报告进行审查，确保监事会监督有成效。

第六章

中国特色现代国有企业制度的效率考察

自制度经济学诞生以来，人们开始重视制度对经济效率的重要影响，好的、适应的制度能对经济效率产生积极的效应，坏的、不相适应的制度会阻碍经济的发展。比如，康芒斯将制度解释为"集体行动控制个人行动"；以罗纳德·科斯（Coase，R.H.）、道格拉斯·诺斯（North，D.C.）和奥利弗·威廉姆森（Williamson，O.E.）为代表的新制度经济学把制度作为经济学的研究对象，把制度视为传统经济理论中的天赋要素、技术和偏好三大要素之外的第四个重要因素，把制度发展的路径依赖、各种制度的互相依存关系作为向市场提供基础政治结构的特征①。可见，制度因素对经济行为活动具有非常重要的作用和地位。

中国特色现代国有企业制度对国有企业也有着重要的效率影响。前面详细分析了中国特色现代国有企业制度的内容，并从微观个体角度对中国特色现代国有企业制度进行了论证。通过论证，可以发现对微观个体国有企业而言，中国特色现代国有企业制度确实能严重影响国有企业绩效。但是，中国特色现代国有企业制度的效率性究竟怎样，单个微观个体企业的有效性还不足以具有代表性或者说还不能从整体上证明其就是有效率的。尽管关于现代企业制度与企业绩效的研究成果有很多，且大都表明两者是呈正相关的，但是几乎没有中国特色现代国有企业制度与企业效率的整体考察，仅有的关于我国国有企业制度绩效的研究也仅仅是从西方现代企业制度的角度来进行分析的。中国特色现代

---

① 科斯（2003），一种能够提供有效的经济刺激的制度是经济增长的决定性因素。诺斯（1990）认为制度由政治规则、经济规则和契约等正式的规则、行事准则、行为规范和惯例等非正式约束，以及它们的实施特征组成的。威廉姆森（1985）认为制度是为了实现交易最小化的政治结构和社会安排。

国有企业制度的特色制度研究还很缺乏，尤其是特色制度对企业效率影响的研究非常不足。正是由于这个原因，本章从中国特色现代国有企业制度的具体内容出发来构建中国国有企业制度体系，并从国有企业整体的角度来分析中国特色现代国有企业制度究竟多大程度上对国有企业的绩效产生影响，其内在影响机理是什么。所以，本章是本书的重点，也是本书的重要创新部分。因为本书主要是考察中国特色现代国有企业制度，考虑到中国特色现代国有企业制度是由党建制度、公司治理制度、现代管理制度和监督制度等内容构成，所以本章先分为四个方面来进行实证研究，再在整体上论证中国特色现代国有企业制度的效率性。具体来讲，就是分别按照国有企业党建制度、国有企业现代治理制度、国有企业现代管理制度和国有企业现代监管制度四个方面来构建模型，探索中国特色现代国有企业制度的效率作用机制，并通过引入时间变量和采用主成分分析法对中国国有企业现代企业制度的整体效率性进行实证分析。

第一节 研究假设

一、关于国有企业党建制度的研究假设

众所周知，现代企业制度理论认为，企业制度越完善越先进，企业绩效就会越高。中国特色现代国有企业制度因为党建制度因素的加入，给西方委托代理问题严重的现代企业制度起到了很好的补充完善作用。有学者从不同侧面对国有企业党组织参与公司治理的作用进行了研究，比如卢昌崇（1994）、钱颖一（1995）和李稻葵（1999）认为，党的组织人事权是制衡国有企业内部人控制的利剑，国有企业党组织的融入能对经理层产生较强的约束作用，进而有助于缓解委托代理问题，降低企业成本，提高企业效益；庄杰（2001）认为，在我国国有企业，现代企业制度建设是个开放系统，不仅不能排斥企业党组织发挥应有作用，而且还应积极发挥企业党组织和企业党员的先进性作用，以起到引领、组织、带动企业职工奋发有为、敬业奉献的作用。陈长治（2004）认为，夯实国有企业党的建设既是建立中国特色现代国有企业制度的内在要求，也是坚持党对国有企业政治领导权的重要体现，更是巩固党的阶级基础和群众基础、推动国有企业进一步改革和发展的需要。钟海燕（2010）也通过经验研究论述了

行政干预能对国有企业内部人机会主义行为予以制衡，抑制国有企业的代理冲突，进而使得国有企业投资效率比内部人控制的国有公司还高。马连福（2012）认为，国有企业党委会"双向进入"程度与公司治理水平之间是存在倒"U"形关系的，国有企业党委成员进入董事会与董事会效率之间存在正相关，国有企业党委成员、董事会成员和经理层成员之间的"交叉任职"对提高公司治理水平的影响是非常明显的。周海江（2014）认为，不管是从制度理论还是社会资本理论抑或是马克思主义政治经济学理论，企业党建对企业发展都有重要的作用。可见，综合已有成果，从整体上来看，基于企业制度能够促进公司绩效提高的判断，可以做如下假设：

假设1：现代企业制度注入党建制度后能提高公司绩效

公司党建制度不管内容、架构、规定有多少，其能落地执行关键还是看公司管理运营层面党组织力量的参与程度和作用发挥程度。所以，要考察党建制度对企业绩效的影响，不好找到可操作性的直接衡量变量，那就要换种思路从国有企业中党组织力量参与程度高低来衡量其党建情况。具体衡量指标的设置，可以在参照王元芳（2013）提出的国有企业党委会参与公司治理指标分别用党委会成员与董事会成员重合人数除以董事会规模、党委会成员与监事会成员重合人数除以监事会规模、党委会成员与管理层重合人数除以管理层规模以及党委会与董事会、监事会、管理层人员重合的总人数除以董事会、监事会、管理层总人数来衡量的基础上做些改良。考虑到国有企业董事会、监事会、经理层成员有些是中共党员，但不一定都是企业党委委员，因其具有党员赋予的内在要求和特色，所以，这样的国有企业经营监管团队中党员与非党员的行为又是有区别的。因此，可以用公司运营团队中党员比重来衡量国有企业党委参与公司治理的水平及其国有企业党建工作整体水平。因为，国有企业经营监管团队中党员越多，越能将党的方针政策贯彻到实际中去，企业党建的功能就会发挥得越好。若该比重越高，国有企业党组织力量参与程度和企业党建制度的建设水平就越高，进而有利于公司治理的改善。因此，可以假设现代企业制度中注入党建制度会与公司绩效呈现正相关。党对国有企业的领导由三部分组成，一是企业董事会中党员的比例，比例越大，国有企业执行贯彻中央的决策部署就越好；二是企业监事会中党员的比例，比例越大，国有企业越能够执行党的章程和规定，强化企业的内在监督；三是经理层中党员的比例，比例越大，国有企业的日常经营就越能在具体环节和措施上执行党的政策方针，企业经营也就越能符合党和国家的导向。所以，假设 1 又可以分为三个子假设，即：

　　1.1 董事会中党员越多，企业经营绩效越好

　　1.2 监事会中党员越多，企业经营绩效越好

　　1.3 经理层中党员越多，企业经营绩效越好

二、关于国有企业公司治理制度的研究假设

　　大多数文献表明，公司治理与企业绩效体现为鲜明的正相关，即公司治理水平越高，企业绩效越好。比如，施东辉和司徒大年（2004）通过使用评价指数的方法对我国上市公司的公司治理水平进行了评价，结果显示公司治理水平与净资产收益率有显著正相关；南开大学公司治理研究课题组（2006）认为，由于公司治理改革，信息披露制度的实施和质量的提高，保护了利益相关者的权益，导致 2004 年我国上市公司公司治理水平出现明显提升，且对公司的绩效产生正向影响。但是，与这些观点相对的是，也有一些学者认为并不是所有影响公司治理的因素都能提高公司效率。例如，吴淑琨和席酉民（2000）通过实证研究，认为公司治理体系中只有监事持股比例与企业绩效之间存在正相关关系，而其他公司治理因素与企业绩效的相关性不明显。还有研究认为，公司治理对企业绩效的影响是有条件存在的，即只有公司内部治理和公司外部治理共同有效的情况下，公司治理水平才对企业绩效产生正面影响。本书认为，在我国市场经济发展已经比较成熟的现在，公司治理作用发挥的市场机制初步建成，并且公司治理的完善在实践中也确实推动了国有企业绩效的改善。因此，提出以下假设：

　　假设 2：国有企业治理制度越完善，则公司绩效越高

　　参考卢刚（2017）的研究，本书认为中国特色现代国有企业治理包括股权治理、董事会治理和经理层治理。很显然，这样与西方公司治理不同的是本书对国有企业治理的界定将监事会治理排除了。本书认为国有企业的监事会治理是中国特色现代国有企业监督制度的重要内容，因此，将国有企业监事会治理单独出来并作为国有企业监督制度的组成部分。

　　股权结构即指公司股东的构成状况，具体来讲可用股东的类型、各类股东持股比重、股权的集中度或分散程度、股东的稳定性指标来衡量。从股权的集中度和分散度来看，可以将公司中的股权结构分为适度分散型股权结构、高度分散型股权结构和高度集中型股权结构。在我国，国有企业股东结构通常都是

高度集中型股权结构，绝大多数国有企业不是垄断企业和绝对国有控股企业，就是政府及其代理人控股企业。我国国有企业中的第一国有股东占股比重具有绝对优势，而其他股东占股比重较小。相对于中小股东来说，大股东对公司经营的影响更大。因为大股东会从自己的股权投资回报的角度对监督经营者和管理者拥有最大的动力，有时候大股东控股股东甚至会直接参与董事会管理。大股东控制的国有企业一方面减少了内部股权所有者之间的交易谈判成本，大股东拥有最大化的公司经营激励动力，这些对企业发展来讲是有利的一面。但是，另一方面来看，大股东的控股地位会强化股权垄断，这对小股东是不利的，因为有时候大股东会损害小股东的利益。为此，就需要强制性披露信息制度等手段，确保大股东行为受到监督，进而保护小股东利益。关于股权治理与企业绩效的关系，学术界的研究没有统一意见，有人研究发现由于国有企业的所有者缺位、内部人控制、政府的非经济价值最大化目标以及激励的不相容导致国有产权效率不高，国有企业绩效与国有股比重之间呈现负相关。但是，张县德（2009）认为，国有股也可能对公司绩效提高有推动作用，尤其是在经济社会转轨期，政府所有权治理下的企业不一定比私人产权治理下的企业低效，私人产权治理下的企业只有在完善的市场制度环境下才有可能优于政府所有权治理下的企业。由于本书研究对象是国有企业中的国有控股上市公司，国有股比重超过其他股权类型，再加上我国社会主义现代市场经济已经构建，这样就使得国有股比重越大对公司绩效的负向效应可能越大。尤其是国有企业第一大国有股东持股越大，越可能不利于企业绩效的改善。而国有企业第二至第五大股东占比越高，国有第一大股东的占比就越低，有利于对国有第一大股东的制衡，所以，可能会有利于企业绩效的改善。因此，做如下假设：

假设 2.1 国有企业股权集中度越高，公司绩效越差

假设 2.1.1 国有企业第一大股东持股比重越高，公司绩效越差

假设 2.1.2 国有企业第二至第五大股东占比越高，公司绩效越好

董事会是企业的指挥中心，负责企业的重大决策。学术界针对董事会治理与企业绩效的研究成果比较丰富。归纳起来，一般都是从五个方面来讨论董事会治理水平的。一是规模，二是董事会持股比重，三是独立董事或者外部董事比重，四是董事会薪酬，五是董事会会议次数。比如，常安替、马哈詹和莎任（Chaganti, R. S., Mahajan, V. and Sharma, S. 1985.）、尼柯尔森（Nicholson, 2003）认为，大规模董事会因能够帮助企业获取重要的资源，尽可能减少某个

人或少数人控制董事会的可能性而有利于提升企业绩效。李维安（2004）的研究结果表明董事会规模与企业绩效呈倒 U 型的二次曲线关系，安觉斯（Andres, P. D., 2005）通过实证研究得出董事会规模和企业绩效之间表现出显著的负相关关系。可见，董事会的规模过大或过小都不利于提高企业的绩效。达哈雅（Dahya, J., 2002）等通过对 22 个国家 799 家公司的统计数据进行研究，认为在企业绩效与独立董事比重的正相关性上，股东权利保护较弱国家比股东权利保护较强国家更为显著。王跃堂等（2006）也研究认为，在我国上市公司独立董事比重与公司业绩之间存在正相关关系。国内学者，一般都采用内部董事比重来衡量国有企业的内部人控制程度，内部董事比重越大，内部人控制的程度越高，内部董事比重越小，内部人控制的程度越低。吴清华、王平心（2007）研究论证了公司独立董事比重越高，则公司盈余质量也就越好。董事会成员拥有的持股比例或薪酬越高，他们的利益与企业绩效就越一致，也就更会尽心尽力地监督企业经营管理层的决策，从而促使企业绩效的提高。莫克尔、施莱费尔和维什尼（Morck, R., Shleifer, A., and Vishny, R. W., 1988）通过实证研究得出，董事持股比例在 0% 到 5% 和超过 25% 时，企业绩效与董事持股比例呈现正相关关系。于东智（2003）认为，董事持股制度有利于公司绩效的提高，强制持股并在任期内锁定的制度有助于董事关注股东价值。Boyd（1994）指出，董事薪酬与企业绩效之间表现出显著的正相关关系，董事的薪酬水平由企业绩效来决定。詹森、墨菲（Jensen, M. C., and Murphy, K. J., 1990）认为，董事会成员薪酬的增加能够对其形成有效激励，从而促进企业绩效的提高。尼科斯瓦斯（Niicholas, R. L., 1999）认为，董事会年度会议次数和公司股价负相关，在增加董事会会议后，企业的运营绩效改善比较明显。谷棋、于东智（2001），李常青、赖建清（2004）认为，企业召开董事会会议越多，越表明董事会积极工作，进而有利于改善企业的经营状况。

综上所述，本研究为了考察我国现代国有企业的公司治理水平，特做如下假设：

假设 2.2 国有企业董事会治理水平与公司绩效正相关

假设 2.2.1 国有企业董事会规模越大，越不有利于企业绩效改善

假设 2.2.2 国有企业董事会持股比例越高，越有利于企业绩效改善

假设 2.2.3 国有企业董事会薪酬越高，越有利于企业绩效改善

假设 2.2.4 国有企业董事会会议次数越多，越有利于企业绩效改善

假设 2.2.5 国有企业独立董事比重越高，越有利于企业绩效改善

经理层作为企业的执行管理者，在企业具体的管理和营运中发挥着重要作用，直接关系着董事会决策落地的效果。因此，良好的经理层治理能推动国有企业更好更快地发展，使董事会的决策得到切实贯彻。国有企业经理层治理好，则企业绩效也会好，两者呈现正相关性。由于国有企业的两权分离，企业所有权和经营权分开导致委托代理问题，产生严重的内部人控制。国有企业的内部人控制问题成为国有企业经营绩效不佳和经营效率表现广为诟病的重要原因。因此，国有企业的现代企业制度建设一定要有良好的经理层治理制度。李维安、牛建波（2004）的研究表明，公司的行政度、薪酬水平、持股比重较其他因素对公司绩效的正面影响更加显著。因为公司的行政度对公司现代管理的影响更大，所以放在后面的国有企业现代管理制度来研究。因此，在考虑到经理层中的总经理与董事长是否兼任对公司经理层治理的巨大的影响，在借鉴李维安教授的研究基础上，本节将国有企业经理层治理主要涉及的内容限定在两职兼任、经理层规模、高管持股比例和经理层薪酬三个方面。

一是两职兼任。在企业中，最高决策者和最高执行者是兼任还是分开设置对企业绩效也会产生影响。至今为止，对此有三种解释，一种是委托代理理论所主张的两职分离，该理论认为董事长与总经理分离有利于保证董事会的独立性，更好地促使总经理按照董事会的决议履职。比如，法码和杰森（Fama, E. F. and Jensen, M. C., 1983）认为，董事长和总经理两职分离的公司能够更好地生存和发展。路赤（Lorsch, J. W., 1989）、马科威尔（MacIver, E., 1989）认为，两职合一不利于保证企业董事会的独立性和客观性，弱化了董事会对经营管理层的监督，不利于公司绩效的改善。梁彤缨（2004）认为，董事长和总经理两职分离的企业其市场绩效明显比两职合一的企业要好。刘曼琴、曾德明（2002）和武双燕（2008）都认为，我国上市公司适宜采取两职分离的领导权结构，只有这样才能更有利于企业绩效的改善。一种是乘务员理论所认为的董事长与总经理两职合一，因为这样能在提高管理者决策效率方面能够发

挥较好的作用。比如，戴维斯、斯褚曼和唐纳森（Davis，J. H.，Schoorman，F. D.，and Donaldson，L.，1997）认为，两职合一的公司有利于统一领导，减少董事会与经营管理层的摩擦和冲突，进而有利于公司经营决策执行效率的提高。田志龙（1997）认为，董事长与总经理分立的公司明显有利于企业监督制衡机制的形成与有效运作。郭建鸾（2008）认为，在我国传统文化影响下，董事长和总经理分设一起搭班子十分和谐、齐心的不多，通常都会产生矛盾、引起内耗，两职合一的领导权结构对企业发展更有利些。鲁国宏和张志波（2010）认为，董事长和总经理两职合一可以提高公司的决策效率。还有一种就是应变论，也就是说企业选择两职合一还是两职分离要视企业所处的内外部环境而定，同一企业因环境的变异可以两职兼任也可以两职分离。吴淑琨（1998）认为，在中国现阶段，国有企业的董事长和总经理是分设还是兼任要视情况而定，因为当下中国正处于经济社会转型期，很多制度环境和市场环境还不成熟，再加上绝大部分国有上市公司是由国有企业改制而来，国有企业面对的内部条件和外部环境都不一样。所以，为了研究中国特色现代国有企业治理制度，就需要研究国有企业的董事长和经理兼任抑或是分设哪种对企业绩效更有利。考虑到目前已经建立起了相对完善的市场经济体制，所以，假设两职分离对国有企业发展有利。

一是经理层规模。董事会做出的决策，需要经理层具体执行。经理层在经营管理企业的过程中，需要分工合作，一定的经理人是企业高效协调运转的前提。企业经营行为复杂万象，涉及的部门和类别多，一般地可以认为，经理层规模越大越能提高企业绩效。罗连发、唐婷、胡德状（2016）认为，中高层管理者的绝对数量对绩效具有显著正效应。所以，本研究也假设经理层规模越大，越有利于改善企业绩效。

二是高管持股比例。企业高管的动力对企业经营业绩具有显著影响。约翰逊（Johnson，E. A.，2000）认为，高管在公司中持有的股权比例越高，公司就越能获得更好的经营业绩。因为，高管持股后也变成公司的所有者之一，公司利益与个人利益紧紧捆绑在一起，自然就会降低其机会主义行为和偷懒行为，进行改善公司绩效。蔡吉甫、陈敏（2005）认为，高管持股比例和公司绩效之间呈现出倒"U"形曲线关系，而且非国有控股企业的激励成本比国有控股企业低，因为非国有控股企业高管的最佳持股比重比国有控股企业高管的最佳持股比重低。吴云端（2015）认为，高管持股通过研发投入的调节对公司绩效产生正向作用，高管持股越多越能促进公司绩效改善。可见，已有研究证明高管持股比重越大越能促进国有企业绩效改善。

三是经理层薪酬。按照市场理论，若经理层的薪酬越高，福利越好，其工作就会干得越好。因为，经理层的经营业绩和能力的直接体现就是其运作的企业是否在遵守法律道德规范的前提下，在市场中竞争取胜。麦格、琼斯赤尤和奥瓦尔利宾（Meguire, John, S. Chiu, and Alvar, O. Elbing, 1962），墨菲（Murphy, K. J., 1985），卡娜瑞拉、格斯帕彦（Canarella, G. and Gasparyan, A., 2008）认为利润额与企业管理层所得货币报酬间存在着明显的正相关性。李燕萍、孙红（2008）在对 A 股上市公司的实证研究中认为，高管薪酬与公司长短期绩效之间呈现出显著的正相关关系。当然，因为国有企业具有垄断性，也可能出现与此相悖的结论。比如，陈皓（2008）认为房地产行业的高层管理人员薪酬与企业的绩效之间的关系并不显著。在计划经济时期和市场化初期，个体私欲还没有被完全释放，现在个体追逐利益已经得到最大释放，高管对自身利益的追逐与其努力是成正比的，所以本书仍然假定国有企业的薪酬激励状况能与其经营绩效呈正相关。所以，假设如下：

假设 2.3 国有企业经理层治理与公司绩效正相关

假设 2.3.1 国有企业两职分离有利于改善公司绩效

假设 2.3.2 国有企业经理层规模越大，越有利于企业绩效改善

假设 2.3.3 国有企业经理层持股比重与公司绩效正相关

假设 2.3.4 国有企业经理层薪酬与公司绩效正相关

三、关于国有企业现代管理制度的研究假设

从构建中国特色国有企业管理制度来讲，各类管理工具都是体现管理的自然属性，例如，财务管理中的 ERP、生产中的全面质量管理、原材料的零库存以及平衡积分卡、360 度考核等各类考核管理制度等。中国特色现代国有企业管理制度是在计划经济时期的工厂行政管理到改革开放后经过多次改革形成的各类管理工具加上以党建为核心的文化价值观的管理而演变来的。这主要得益于中国国有企业一直以来都贯彻员工导向理念，积极鼓励引导员工参与管理，充分发挥员工能动性，发挥党组织和党员对普通员工的发动和带动功能。可以说，职工参与管理是中国国有企业的内在要求。不管是计划经济时期的《鞍钢宪法》还是现代国有企业改革的各类意见和指导思想，职工在党的领导下参与生产、

参与管理成为始终不变的灵魂。而且，一直以来国有企业都坚持党管人才的原则，对锻造又红又专的人才队伍积累了丰富的经验。在面向市场经济对个体利益追求的人性回归的大背景，国有企业党组织也充分认识到过去计划经济下集体利益为先的原则要有所调整，开始注重激励国有企业中的个人行为，以便能最大程度发挥个人生产经营的积极性。所以，中国特色现代国有企业管理制度除了各类管理工具外，最为重要的是民主管理、人力资源管理和激励制度。民主管理体现的是国有企业职工的主人翁地位。人力资源管理是将过去传统的人事管理转向人力资源来管理，摆脱企业职工的行政属性，赋予其企业属性，这就是要实行企业经营管理层的市场化选聘，减少有政府背景的人转到企业中来的现象，进而提高经理层的职业化素养。激励制度主要是使现代国有企业党组织带动发动功能和有效的激励结合起来，最大程度地激发员工的积极性，使企业员工由西方资本主义国家劳资对立关系变为劳资共享关系，使党组织的精神激发和恰当的物质激发齐头并进，因为员工不仅是企业人力要素提供者，也是资本要素的享有者，可以与资本有着同等的待遇。这与西方的纯粹金钱激励和计划时期的纯粹精神激励不同。因此，一方面要充分发挥党组织政治核心作用和全心全意依靠工人阶级有机结合的优良传统，加强企业思想政治工作，培育优秀企业文化，维护职工合法权益，促进企业和谐稳定，提高企业核心竞争力。另一方面还要积极营造尊重员工的氛围和价值观。这可以通过建立股权激励制度，使员工成为股东，引导国有企业职工最大化发挥自身潜能为企业做贡献来实现，从而将经理层与职工之间的委托代理问题降到最少。因此，本研究中的现代管理制度暂不考虑具体的管理工具，也不考虑企业各个板块职能的具体制度，比如考勤制度、财务制度、生产管理制度、质量管理制度等，而是只考虑与我国特色现代企业制度紧密相关的且能彰显中国特色现代国有企业管理的民主管理制度、市场化选聘制度和股权激励制度。

选择国有企业的民主管理制度、市场化选聘制度和股权激励制度作为中国特色现代国有企业的管理制度范畴来研究，不是因为其他管理制度不重要，也不是因为其他管理制度就同西方的一模一样，是完全照搬过来的，更不是因为中国化本土化后没有形成中国的特点，而是从国有企业发展历史、当前国有企业改革面临的急需改革但又不敢完全推进的视角来分析，最有可能形成中国特色的管理方式、模式和制度出发来考虑的。首先，我国国有企业有着非常好的民主传统。西方是在硬性、死板的科学管理走投无路后，才开始探索企业中人的管理，注重人的因素，而我国在企业民主管理方面探索较早，在新中国成立初期就有劳资协商会议，协商成为企业民主的重要形式，之后形成了我国特有的企业管理制度——《鞍钢宪法》，这成为我国民主管理早于西方、成熟于西方的典范。所以说我国国有企业具有民主管理的先天基因。现在强力推进的国有企业党建，不仅没有弱化企业民主，而且为国有企业民主保驾护航，推动国有企业民主向更高层次发展。现代国有企业民主管理与国有企业党建积极结合，使国有企业党组织的发动带动效应得到放大，同时企业民主管理也呈现积极正面向前发展的态势，而不必担心国有企业民主管理会搞成民主泛化，会使得企业越来越不好管理，因为企业党组织发挥政治核心作用和对民主管理方向、导向的把关审定功能，会使得国有企业民主管理依法依规、创新前行，进而形成中国特有的国有企业民主管理模式。从已有研究来看，吴建平（2010）认为，企业民主管理能对企业绩效产生重要影响，并运用实证方法分析了企业实行民主管理的必要性。衡量企业民主管理的重要指标有职工董事、职工监事，比如，刘银国（2010）就以职工董事、职工监事为主要指标对员工民主参与公司治理进行研究，并得出能有效提高企业绩效的结论。从政策来看，1993 年颁布的公司法要求，"两个以上的国有企业或者两个以上的其他国有投资主体投资设立的有限责任公司，其董事会成员中应当有公司职工代表；其他有限责任公司董事会成员中可以有公司职工代表；监事会应当包括股东代表和适当比例的公司职工代表。"这是以法律形式对国有企业民主管理的要求。但是那么多年过去了，以职工董事、职工监事为主要内容的企业民主管理并没有得到改善，劳资纠纷、劳资矛盾仍然较为普遍。十八大后，我国出台全面深化国有企业改革意见，指出要加强国有企业民主管理建设。在全国国有企业党建工作会议上，习近平总书记提出的要坚持和完善职工董事制度、职工监事制度，鼓励职工代表有序参与公司治理的重要论述，为大力、强力推进国有企业民主管理提供了强心剂。职工董事、职工监事作为职工代表大会（或职工大会，简称职代会）民主选举一定数量的职工代表，分别进入董事会、监事会，代表职工源头参与公司决策和监督的基层民主管理形式。这说明，党中央对基层企业民主管理是非常重视的，而且把基层企业作为基层民主建设的重要载体。所以，不论是理论界还是现实的需要，职工董事、职工监事都是国有企业民主建设最为重要的衡量指标。

假设 3 国有企业现代管理制度越完善，企业绩效越好

假设 3.1 国有企业民主管理越完善，企业绩效越好

假设 3.1.1 国有企业职工董事比重越大，民主管理越完善，企业绩效越好

假设 3.1.2 国有企业职工监事比重越大，民主管理越完善，企业绩效越好

国有企业的管理始终是要聚焦于人，作为管理主体，企业的经营管理者的积极性怎么样会直接影响到国有企业的管理效果。这里就涉及怎样想办法来激发推动经营管理者做出积极的、合理的、科学的管理，必然就会要联系经营管理者的激励问题。计划经济时代，由于集体主义思想盛行，国有企业激励大多是思想精神上的。而在改革开放四十年后，市场经济的理念和观念深入人心，即使是国有企业的经营管理者也要有必要的物质激励。于是，针对企业经营层激励的各种办法层出不穷，不过综合来看，股权激励是比较长久将经营管理者努力程度与其物质回报紧密挂钩的好的方式之一。因为，股权激励作为一种长期的激励方式，能够调动管理者的积极性与创造性，并通过将管理者利益与股东利益趋同，使管理者们更努力地为企业创造更多财富。此外，还有学者从实证研究的角度得出了类似的结论，比如周建波和孙菊生（2003）经过统计分析发现，实行股权激励的上市公司一般都是业绩比较好的公司；成长性好的公司，其股权激励力度与公司业绩呈显著正相关关系。陈勇、廖冠民、王霆（2005）对我国上市公司实行股权激励前后 3 年的净资产收益率数据进行分析，发现上市公司实施股权激励后其业绩总体上略有提升。我国国有企业改革曾经也大力推行管理层股权激励，实施 MBO，但是被紧急叫停，因为在这个过程中出现了一些违规情况，导致国有资产的流失。至今，国有企业的股权激励仍然小心稳步地在探索中。为此，本节使用管理层持股比重作为股权激励衡量的尺度，并做如下假设：

假设 3.2 对管理层的股权激励做得越好的国有企业，企业绩效也越好

管理团队作为国有企业具体经营的主体，在执行董事决策和企业日常管理中发挥着举足轻重的作用。一家企业，没有强有力的管理队伍，企业就会难以顺利运转。所以，管理团队成员的素质和能力对企业来讲是极为重要的。传统的国有企业，企业管理团队成员是干部身份，按行政方式来任命和管理，是个准行政人员。在市场经济条件下，国有企业管理团队成员要有很强的市场竞争意识，要根据市场规律来开展经营行为。所以，国有企业管理团队成员的市场化程度怎样，直接影响国有企业的经营业绩。若国有企业的管理团队成员大部分都是政府事业单位人员转任过来的，那么很有可能会将行政作风和官僚氛围带进企业，不能适应快速灵敏变化的市场。孙小兰（2003）认为，国有企业改

革应当建立职业经理人制度，促使官员化的管理人员走向职业化、市场化。张敬伟（2016）认为，人是最活跃的生产力要素，高端人才更是企业可持续发展的不竭动力。国务院更是高度重视国有企业高素质管理队伍建设，专门出台了《关于开展市场化选聘和管理国有企业经营管理者试点工作的意见》，可见国有企业管理层市场化选聘是国有企业人事制度改革的重要抓手。因此，下面假设：

假设 3.3 国有企业经理层市场化选聘比例越高，企业绩效越好

四、关于国有企业现代监督制度的研究假设

国有企业监督关系到企业经营效率、国有资产安全、经营者行为和利益相关者权益。由于委托代理问题的存在以及在市场经济中人性自私本性的最大化发挥，国有企业的经营管理必须要重视监管。这不仅是理论上论证得出的需要，也是解决实践中暴露出大量国有企业经营管理者贪污腐败问题的需要。近年来，我国发生的国有资产流失和国有企业腐败均与国有企业监督不到位有关。国有企业监督成为当前国有企业改革发展的重中之重，也是国有企业党建的重点内容，更是守住国有资产的重要法宝。但是，国有企业的监督并不一定会直接对国有企业产生显著的正影响，它往往通过作用于中间变量来促进企业绩效的改善，也就是说它不能从增量上来创造企业绩效，它只能在存量上保证企业绩效不被浪费挥霍盗窃。监事会作为国有企业内部监督的主体，是《公司法》明确要求国有企业必须设置的机构。国有企业监事会代表国家行使出资人的监督权力，对国有企业财务和经营管理执行情况进行全面监督，直接对企业董事会负责。这样，在国有企业内部就形成了董事会通过监事会来对经理层进行监督制衡的机制，能有效防范因为企业所有权与经营权分离造成的内部人控制等问题。从已有关于企业监事会与企业绩效的研究来看，监事会对企业绩效产生正影响的观点居多。比如，李维安（2005）研究认为，在我国经济社会转轨时期，公司治理不断深入和复杂的背景下，监事会治理绩效对财务安全产生正向影响。徐利飞（2013）认为，企业监事持有公司股票能增强他们监督的动力，从而促进公司财务状况的改善。杜渊泉（2017）对企业监事会监督的重点内容进行了分析，指出企业监事会监督的重点表现在三个方面，一是企业"三重一大"重大事项和关键环节的监督，二是对经理层依法依规履职的监督，三是对企业内控体系及有效性的监督。在 2016 年 10 月 10 日至 11 日召开的全国国有企业党建工作大会上，习近平总书记强调指出，"要着力完善国有企业监管制度，加强党

对国有企业的领导，加强对国有企业领导班子的监督，搞好对国有企业的巡视，加大审计监督力度。国有资产资源来之不易，是全国人民的共同财富。要完善国有资产资源监管制度，强化对权力集中、资金密集、资源富集的部门和岗位的监管"。可见，不论是已有研究结论，还是当前的政策要求，加强国有企业监事会建设都非常重要。卿石松（2008）认为，监事会持股比例与公司绩效显著正相关，监事会会议次数与公司绩效显著负相关，监事会规模与公司绩效存在U形关系。此外，正如习近平总书记所说的，中国国有企业因为党建的引入，其监管制度与西方国家国有企业的监管制度有着本质的不同。西方国家国有企业监管侧重于权力制衡，而中国国有企业监管制度是立体式监管，不仅国有企业有内部权力制衡制度安排，即国有企业监事会的设立，而且有各级纪委对国有企业实施监管，这主要体现为纪委巡视和监察。这种监督除了机动性、阶段性的监察外，在平时主要是通过国有企业监事会中党员的自觉带动作用和自查来贯彻。国有企业的纪检监力量同国有企业的监事会监督一样也是党建的重要工作内容之一。所以，国有企业监督制度，不仅涵盖国有企业监事会有关指标（比如监事会规模、监事会会议次数、监事会持股比重），还应该包含国有企业内部纪检监察力量指标。很显然，与监事会功能一样，国有企业内部纪检监察力量越强大，国有企业违规违法和腐败问题就会越少，进而就越有利于企业绩效的改善。因此，可以做如下假设：

假设4 国有企业监督制度越完善，越有利于国有企业实现企业绩效

假设4.1 国有企业监事会规模越大，越有利于国有企业实现企业绩效

假设4.2 国有企业监事会持股比重越大，越有利于国有企业实现企业绩效

假设4.3 国有企业纪检监督力量越强，越有利于国有企业实现企业绩效

假设4.4 国有企业监事会会议次数越多，说明国有企业绩效越差

第二节 研究设计

一、样本选取与数据来源

本书是研究中国特色现代国有企业制度，其关键的特色在于党对国有企业的领导。考虑到十八大后，党对国有企业的领导大大加强了，所以样本选择主

要是 2013 年至 2016 年沪深上市公司中国有企业（十九大后整体宏观经济环境不断恶化，所以这次研究就没有用其之后的数据，本书认为研究十八大前后相关年份的数据已经能更为真实地反应出党建对国企绩效的影响），具体以实际控制人为准；在整体稳健性检验时，主要是通过比较十八大前后中国特色现代国有企业制度对企业绩效的影响差异来分析，所以样本选择时还选取了 2010 年至 2012 年沪深上市公司中的国有企业。具体来讲就是实际控制人为中央、省、市、县政府及其部门，以及中央企业及其子公司、省国有企业及其子公司、市国有企业及其子公司、县国有企业及其子公司。数据主要来源国泰安数据库。按照以下原则进行筛选：一是考虑到金融公司治理的特殊性，按照国际惯例，剔除金融类公司；二是剔除了 T 类公司，因为这些公司或者财务异常，或者已连续亏损两年以上，流动性约束十分严重；三是为了数据的完整性，删除存有数据缺失的部分数据。最后共得到 3839 个国有企业年度观测值作为研究样本。行业分类方法来源于证监会的行业分类指引，国有企业所处行业为工业的记为 1，国有企业所处行业为非工业的记为 0。统计分析软件采用 Stata/SE 10.2。

二、变量定义与度量

（一）因变量

本书要考察国有企业现代企业制度的效率，就必须要选择衡量效率的变量。一般地讲，国有企业业绩是衡量国有企业制度效率的关键变量。企业业绩的衡量经历了复杂的演变，从单一指标到复杂指标，以及不同技术手段的运用。比如，N. 文卡特拉曼（Venkatraman, N., 1986）和瑞曼纽吉姆（Ramanujam, Vasudevan., 1987），用企业获利率、营业额成长率、投资报酬率或资产报酬率等主要财务性指标来作为衡量企业绩效的方法，萨博赫瓦和 Y.E. 陈（Sabherwal, R., and Chan, Y.E., 2001）从财务绩效和经营绩效两方面着手衡量，Q. 曹和 S. 都拉沙西（Cao, Q., and Dowlatshahi, S., 2005）把企业绩效分为财务绩效、市场增长、产品创新和企业信誉四个维度，还有一些学者把企业绩效分为短期绩效和长期绩效来测量，比如，谢洪明、刘常勇、陈春辉（2006），曾萍（2009）等。由于托宾 Q 值可以反映因公司治理而增加的价值，所以国外研究中用托宾 Q 值来衡量企业绩效的比较多。近年来，国外热衷于从公司价值创造的角度衡量公司业绩，开始使用 EVA 指标来衡量公司业绩。但是，由于同股不同价和资产重置价值计算的困难，托宾 Q 值在我国并不适应。

此外，由于资本成本取得的困难，基于成本与效益原则的考虑，目前在我国使用 EVA 也不现实。从数据的可获得性出发，再考虑到国有企业借债的方便性，若靠负债来获得额外的收益，不能真实反映国有企业作为市场主体的经营能力，因此参照刘银国（2008），吴娟、俞静（2017）等的研究，本书采用净资产收入率（roe）作为因变量。净资产收益率等于净利润除以平均净资产。考虑国有企业特有的保值增值要求，采用资产保值增值率（ar）作为稳健性检验中国有企业业绩的衡量指标。资产保值增值率等于所有者权益合计本期期末值/所有者权益合计上年同期期末值。

（二）自变量

综合前面假设和已有研究成果，国有企业党建制度可以通过董事会中党员比重、监事会中党员比重和经理层中党员比重来度量。所以，国有企业党建制度自变量有三个，即董事会中党员比重（$dshdy$）、监事会中党员比重（$jshdy$）和经理层中党员比重（$jlcdy$）。具体来讲，就是用董事会成员中党员人数/董事会成员总人数，监事会成员中党员人数/监事会成员总人数，经理层成员党员人数/经理层成员总人数。

股权结构用第一大股东持股比重和第二至第五大股东持股比重来衡量，董事会治理水平用董事会规模、董事会会议次数、董事会成员持股比重、董事会成员前三薪酬来衡量。经理层治理用总经理与董事长兼职于一身记为 1，否则记为 0，独立董事比重也就是外部董事比重，等于独立董事数量/董事会总人数，经理层规模用经理层成员总人数表示，经理层薪酬用经理层前三薪酬标识，经理层持股比重用经理层持股总数/国有企业总股数来衡量。

民主管理可以从职工董事、职工监事的比重来衡量，市场化选聘可以用经理层中从市场上选聘的职业经理人的比重来衡量（也可用有政治背景的经理人占比来表示），股权激励可以用职工股权比重和管理层股权比重来衡量。

国有企业监事会作用发挥程度可以用监事会规模、监事会会议次数、监事会持股比重、企业设有纪委书记和纪委审计机构的情况来衡量。此外，作为衡量监督效果的内控有效，内控缺陷，违规等数据，也可作为自变量来衡量国有企业现代监管的有效性。

（三）控制变量

从理论上讲，企业规模和经营难度是正相关的。石建中（2014）认为，虽然规模不是影响企业绩效的唯一因素，规模对不同类型企业绩效存在着不同影响。所以，企业规模是影响企业绩效的一大因素，应该作为控制变量予以考虑。徐彪等（2011）通过研究区域资源禀赋、产业要素、软环境和原产地品牌等因素对我国制造企业绩效的影响，得出了不同区域企业绩效之间差异非常显著。闫瑞增等（2014）认为，我国的区域产业环境和企业绩效仍然存在十分明显的地区差异性，并且前者一定意义上是影响后者的重要因素。所以，国有企业所在地区不同，所在行业不同，企业绩效也会不同，国有企业所在地区、所在行业也应该成为控制变量予以考虑。汤海溶（2006）研究得出上市公司存活年度的增加，上市公司的业绩不断下降，资产利润率从上市初期的6%下降到上市8年后的2%，下降幅度达到70%左右。马丽媛（2010）认为在第三产业中，在企业家社会资本和其他控制变量不变的情况下，上市年限越长，企业的绩效越低。因此，上市年龄也是影响企业绩效的重要控制变量。综合起来，本研究采用公司规模、所在行业、所在地区、上市年龄等指标来充当控制变量。公司规模用企业总资产的对数来衡量。所在行业以上市公司行业分类为准，将里面的工业记为1，其他记为0。所在地区采用东部和中西部的划分法，按照1986年全国人大六届四次会议通过的"七五"计划正式公布的办法，将我国划分为东部、中部、西部三个地区，其中东部地区包括北京、天津、河北、辽宁、上海、江苏、浙江、福建、山东、广东和海南11个省（市），处于东部地区的国有企业，记为1，其他视为中西部，记为0。上市年龄用上市日期到数据采集年份的时间段来计算。

（四）虚拟变量

为了区分十八大前后时间段，引入时间虚拟变量，若数据所在年份大于2012年记为1，若数据所在年份小于2012年记为0。

以上各变量综合起来，可以用下表6-1来更清晰的表示。

表 6-1 中国特色现代国有企业制度模型变量定义一览表

变量性质	变量名称	变量代码	说明
因变量	净资产收益率	roe	公司税后利润除以净资产的比率,该指标反映股东权益的收益水平,用以衡量公司运用自有资本的效率。
	资本保值增值率	ar	本期期末所有者权益合计值/本期期初所有者权益合计值
自变量	董事会中党员比重	dshdy	董事会成员中党员人数/董事会成员总人数
	监事会中党员比重	jshdy	监事会成员中党员人数/监事会成员总人数
	经理层中党员比重	jlcdy	经理层成员中党员人数/经理层成员总人数
	第一大股东持股比重	dydgd	第一大股东持股总数/公司总股数
	第二至第五大股东持股比重	dezdwgd	第二至第五大股东持股总数/公司总股数
	董事会规模	dshgm	董事会成员总人数
	独立董事占比	dlds	独立董事人数/总的董事人数
	董事会持股比重	dshcg	董事会成员持股总数/公司总股数
	董事会前三薪酬	dshqsxc	董事会中薪酬排在前三位的董事薪酬之和(单位万元)
	董事会会议次数	dshhy	一年中董事会开会次数
	董事长总经理兼任	jr	公司中董事长兼任总经理的记为1,否则为0。
	经理层规模	jlcgm	企业中经理层人数
	经理层前三薪酬	jlcqsxc	经理层中薪酬排在前三位的董事薪酬之和(单位万元)
	经理层持股比重	jlccg	经理层成员持股总数/公司总股数
	职工监事比重	zgjs	监事会中职工监事数/总监事会成员人数
	职工董事比重	zgds	董事会成员中职工董事数/总董事会成员数
	管理层持股比重	glccg	管理层持股总数/公司股本总数
	经理人市场化选聘	jlr	为1-政治关联比重,政治关联比重为经理层中有政府事业单位工作经历的人数/经理层总人数。
	监事会规模	jshgm	监事会成员总数
	监事会持股比重	jshcg	监事会成员持股总数/公司总股本数
	监事会会议次数	jshhy	一年内监事会开会次数
	纪检监督力量	jjjdll	有纪委书记记为1,有纪检审计部门记为2,同时具有记为3,都没有记为0。
	内控有效	nkyx	公司内部控制有效记为1,无效记为0。未披露的记为0。
	内控缺陷	nkqx	公司内部控制有缺陷记为1,无缺陷记为0,未披露的记为1。
	违规	wg	上市公司有违规行为记为1,无违规记为0,未披露的记为1。

变量性质	变量名称	变量代码	说明
虚拟变量	时间段	*dummy*	若数据所在年份大于 2012 则 *dummy* 为 1，否则为 0。
控制变量	公司规模	*gsgm*	用公司总资产取自然对数
	公司行业	*gshy*	为工业记为 1，否则记为 0。
	公司所在地区	*gsdq*	处在东部记为 1，否则记为 0。
	上市年龄	*ssnl*	统计年份减去上市年份

三、模型设定

（一）国有企业党建制度模型设定

结合前面的假设，本节以国有企业绩效为被解释变量，国有企业党组织参与程度的三个衡量标准，即国有企业董事会中党员比重、监事会中党员比重、经理层中党员比重作为解释变量，并引入公司规模，公司所在地区、所在行业、上市年龄等相关控制变量，构建以下基本计量模型。

$$jx = a_1 + a_2A_1 + a_3gsgm + a_4gshy + a_5gsdq + a_6ssnl \tag{1}$$
$$jx = a_1 + a_2A_2 + a_3gsgm + a_4gshy + a_5gsdq + a_6sssnl \tag{2}$$
$$jx = a_1 + a_2A_3 + a_3gsgm + a_4gshy + a_5gsdq + a_6ssnl \tag{3}$$

$$jx = a_1 + \alpha_2A1 + \alpha_3A_2 + \alpha_4A_3 + a_3gsgm + a_4gshy + a_5gsdq + a_6ssnl \tag{I}$$

在上面模型中，其中 *jx* 为企业绩效，用净资产收益率（*roe*）表示，是模型中的被解释变量；模型（1）中 A_1 董事会中党员比重，模型（2）中 A_2 监事会中党员比重，模型（3）中 A_3 为经理层中党员比重，均为模型的解释变量；模型（I）为国有企业党建制度因素与企业绩效的整体回归模型。*gsgm* 为国有企业规模，*gshy* 为国有企业所在行业，*gsdq* 为国有企业所在地区，*ssnl* 为国有企业上市年龄，都是模型的控制变量。

（二）国有企业现代公司治理制度模型设定

从前面假设分析可知，为了尽可能全面地检验国有企业现代公司治理因素对企业绩效的影响，本节采取逐步回归法对各治理因素对企业绩效的影响进行模型构建。具体模型如下：

$$jx = b_1 + b_2 B_1 + b_3 gsgm + b_4 gshy + b_5 sgsdg + b_6 sssnl \tag{4}$$

$$jx = b_1 + b_2 B_2 + b_3 gsgm + b_4 gshy + b_5 sgsdg + b_6 sssnl \tag{5}$$

$$jx = b_1 + b_2 B_3 + b_3 gsgm + b_4 gshy + b_5 sgsdg + b_6 sssnl \tag{6}$$

$$jx = b_1 + b_2 B_4 + b_3 gsgm + b_4 gshy + b_5 sgsdg + b_6 sssnl \tag{7}$$

$$jx = b_1 + b_2 B_5 + b_3 gsgm + b_4 gshy + b_5 sgsdg + b_6 sssnl \tag{8}$$

$$jx = b_1 + b_2 B_6 + b_3 gsgm + b_4 gshy + b_5 sgsdg + b_6 sssnl \tag{9}$$

$$jx = b_1 + b_2 B_7 + b_3 gsgm + b_4 gshy + b_5 sgsdg + b_6 sssnl \tag{10}$$

$$jx = b_1 + b_2 B_8 + b_3 gsgm + b_4 gshy + b_5 sgsdg + b_6 sssnl \tag{11}$$

$$jx = b_1 + b_2 B_9 + b_3 gsgm + b_4 gshy + b_5 sgsdg + b_6 sssnl \tag{12}$$

$$jx = b_1 + b_2 B_{10} + b_3 gsgm + b_4 gshy + b_5 sgsdg + b_6 sssnl \tag{13}$$

$$jx = b_1 + b_2 B_{11} + b_3 gsgm + b_4 gshy + b_5 sgsdg + b_6 sssnl \tag{14}$$

$$jx = b_1 + \beta_1 B_1 + \beta_2 B_2 + \beta_3 B_3 + \beta_4 B_4 + \beta_5 B_5 + \beta_6 B_6 + \beta_7 B_7 + b_3 gsgm + b_4 gshy + b_5 gsdq + b_6 ssnl \tag{II}$$

$$jx = b_1 \beta_8 B_8 + \beta_9 B_9 + \beta_{10} B_{10} + \beta_{11} B_{11} + b_3 gsgm + b_4 gshy + b_5 gsdq + b_6 ssnl \tag{III}$$

$$jx = b_1 + \beta_1 B_1 + \beta_2 B_2 + \beta_3 B_3 + \beta_4 B_4 + \beta_5 B_5 + \beta_6 B_6 + \beta_7 B_7 + \beta_8 B_8 + \beta_9 B_9 + \beta_{10} B_{10} + \beta_{11} B_{11} + b_3 gsgm + b_4 gshy + b_5 gsdq + b_6 ssnl \tag{IV}$$

上面模型（4）~（14）中 B_1、B_2、B_3、B_4、B_5、B_6、B_7、B_8、B_9、B_{10}、B_{11} 分别为 $dydgd$、$dezdwgd$、$dshgm$、$dlds$、$dshcg$、$dshqsxc$、$dshhy$、jr、$jlcgm$、$jlcqsxc$、$jlccg$，均为模型的解释变量。模型（IV）为国有企业公司治理与企业绩效的整体回归模型。模型（II）为国有企业董事会治理与企业绩效的回归模型，模型（III）为国有企业经理层治理与企业绩效的回归模型。其中 jx 为企业绩效，用净资产收益率（roe）表示，是模型中的被解释变量。$gsgm$ 为国有企业规模，$gshy$ 为国有企业所在行业，$gsdq$ 为国有企业所在地区，$ssnl$ 为国有企业上市年龄，都是模型的控制变量。

（三）国有企业现代管理制度模型设定

企业管理与企业绩效的关系国内外很多人都有研究过，比如彭罗斯（Penrose，1959）分析认为，企业成长的重要因素是现有管理资源所能达到的企

业扩张极限，吸纳新管理能力的数量和速度限制着企业的发展。瑞查得森
（Richardson，1964）认为缺乏管理资源是企业扩张的主要约束力量。雷娜、杨
文杰（2013）认为提高公司的管理水平能更好地发挥内部控制对企业绩效的促
进作用。因此，结合前面的假设，并突出我国国有企业管理的特色，特构建以
下模型来研究中国特色现代国有企业管理制度与企业绩效的关系。

$$jx = c_1 + c_2 C_1 + c_3 gsgm + c_4 gshy + c_5 gsdq + c_6 ssnl \tag{15}$$

$$jx = c_1 + c_2 C_2 + c_3 gsgm + c_4 gshy + c_5 gsdq + c_6 ssnl \tag{16}$$

$$jx = c_1 + c_2 C_3 + c_3 gsgm + c_4 gshy + c_5 gsdq + c_6 ssnl \tag{17}$$

$$jx = c_1 + c_2 C_4 + c_3 gsgm + c_4 gshy + c_5 gsdq + c_6 ssnl \tag{18}$$

$$jx = c_1 + \gamma_1 C_1 + \gamma_2 C_2 + \gamma_3 C_3 + \gamma_4 C_4 + c_3 gsgm + c_4 gshy + c_5 gsdq + c_6 ssnl \tag{V}$$

上面模型（15）~（18）中 C_1、C_2、C_3、C_4 分别为 zgjs、zgds、glccg、jlr，均为
模型的解释变量。模型（V）为国有企业现代管理与企业绩效的整体回归模型。
jx 为企业绩效，用净资产收益率（roe）表示，是模型中的被解释变量。gsgm 为
国有企业规模，gshy 为国有企业所在行业，gsdq 为国有企业所在地区，ssnl 为国
有企业上市年龄，都是模型的控制变量。

（四）国有企业现代监督制度模型设定

企业绩效除了直接从生产经营的收入源头上来衡量外，从成本节省角度来
看，降低成本减少腐败浪费也是重要的增加绩效的方法。而系统的监督制度能
有效降低成本，防范腐败减少浪费，因此，影响企业绩效的重要因素之一还包
括监督制度。国有企业的监督制度与西方企业的监督制度本质的不同在于除了
监事会的监督外，还有纪检监察审计力量等党组织的监督。基于此，综合前面
的假设，本节采用下面的计量模型来做计量分析：

$$jx = d_1 + d_2 D_1 + d_3 gsgm + d_4 gshy + d_5 gsdq + d_6 ssnl \tag{19}$$

$$jx = d_1 + d_2 D_2 + d_3 gsgm + d_4 gshy + d_5 gsdq + d_6 ssnl \tag{20}$$

$$jx = d_1 + d_2 D_3 + d_3 gsgm + d_4 gshy + d_5 gsdq + d_6 ssnl \tag{21}$$

$$jx = d_1 + d_2 D_4 + d_3 gsgm + d_4 gshy + d_5 gsdq + d_6 ssnl \tag{22}$$

$$jx = d_1 + d_2 D_5 + d_3 gsgm + d_4 gshy + d_5 gsdq + d_6 ssnl \tag{23}$$

$$jx = d_1 + d_2 D_6 + d_3 gsgm + d_4 gshy + d_5 gsdq + d_6 ssnl \tag{24}$$

$$jx = d_1 + d_2 D_7 + d_3 gsgm + d_4 gshy + d_5 gsdq + d_6 ssnl \tag{25}$$

$$jx = d_1 + \delta_1 D_1 + \delta_2 D_2 + \delta_3 D_3 + \delta_4 D_4 + \delta_5 D_5 + \delta_6 D_6 + \delta_7 D_7 +$$
$$d_3 gsgm + d_4 gshy + d_5 gsdq + d_6 ssnl \tag{VI}$$

以上模型（20）~（26）中的 D_1、D_2、D_3、D_4、D_5、D_6、D_7，分别是 $jshgm$、$jshcg$、$jshhy$、$jjjdll$、$nkyx$、$nkqx$、wg，均为模式的解释变量。模型（VI）为国有企业现代监督制度与企业绩效的整体回归模型。jx 为企业绩效，用净资产收益率（roe）表示，是模型中的被解释变量。$gsgm$ 为国有企业规模，$gshy$ 为国有企业所在行业，$gsdq$ 为国有企业所在地区，$ssnl$ 为国有企业上市年龄，都是模型的控制变量。

四、研究方法

由前面叙述可知，本书使用的是混合截面数据，做统计分析时不适宜使用普通最小二乘法（OLS）计量模型，因为不同样本之间截面差异比较大，使用普通最小二乘法（OLS）计量模型很有可能会导致异方差问题。相较于普通最小二乘法（OLS）计量模型，加权最小二乘法（WLS）计量模型能有效地克服可能的异方差问题。因此，本书的回归分析都采取加权最小二乘法（WLS）计量模型。

第三节　实证研究

一、国有企业党建制度与企业绩效的实证分析

（一）国有企业党建制度模型的描述性分析

从表6-2中可以看出，董事会中党员比重、监事会中党员比重、、经理层中党员比重的平均值分别为0.353、0.406、0.324，经营管理层中平均只有30%左右的成员是党员，监督层也才40%左右，执行党的监督职能的力量还有很多是非党员。这说明整体上国有企业党组织参与程度偏低。标准差分别为0.224、0.289、0.298，都呈现比较小的值，说明整体上分布比较均态。董事会中党员

的比重平均水平为 0.353，最大值为 1，最小值为 0，平均没有过半，标准差为 0.224，较小，说明董事会中党员比重绝大部分都是在 0.353 左右。监事会党员比重的平均水平是 0.406，最大值为 1，最小值为 0，平均水平也没有过半，标准差为 0.289，比较小，说明监事会中党员比重的绝大部分水平在 0.41 左右，也是比较低的。经理层中党员比重的平均水平是 0.324，最大值为 1，最小值为 0，平均来说也没有过半，标准差为 0.298，也较小，说明经理层中党员比重绝大部分都是在 0.324 左右，也是较低的。由此可见，上市公司中国有企业党组织参与程度并不是十分高，都没有超过 50%。此外，公司规模差异较大，公司所在行业和地区差异不大，工业与非工业，东部地区与非东部地区比较均态。公司上市年龄差异较大，有刚上市的，也有上市 20 多年的，且样本中的上市年龄差异非常大。

表 6-2 国有企业党建制度与净资产收益率的描述性统计结果表

变量	样本数	最小值	最大值	均值	标准差
roe	3862	-29.144	25.169	0.045	0.847
dsh	3862	0	1	0.353	0.224
jsh	3862	0	1	0.406	0.289
jlc	3862	0	1	0.324	0.298
gsgm	3862	18.370	29.760	22.829	1.522
gshy	3862	0	1	0.643	0.479
gsdq	3862	0	1	0.502	0.500
ssnl	3862	0	26	14.080	5.826

（二）国有企业党建制度与净资产收益率的相关分析

从下面表 6-3 可以看出，国有企业绩效 *roe* 与解释变量的相关关系：国有企业董事会成员中党员比重 *dsh* 和 *roe* 呈负相关，但不显著，说明现阶段国有企业董事会中党员董事还没有真正发挥出对企业发展的战略导向作用；国有企业监事会成员中党员比重 jsh，经理层成员中党员比重 *jlc* 则分别与 *roe* 正相关，但其显著性还需要进一步检验。不过，*dsh*、*jsh*、*jlc* 各变量间两两都正相关且都呈现显著。这主要是由于同一成员在统计时多次统计造成的。然而，*dsh* 与 *jsh*，*jsh* 与 *jlc*，*dsh* 与 *jlc* 两两间的相关系数较小，可见，*dsh*、*jsh*、*jlc* 与 *roe* 在下文回归模型中存在严重多重共线性问题的可能较小。在控制变量中，国有企业规模、国有企业所在地区、国有企业上市年龄与绩效呈负相关，但不显著。公司所在行业与公司绩效也呈负相关，但是显著。国有企业规模与 dsh、jsh、jlc 都呈负相关。

表6-3　国有企业党建制度与净资产收益率的相关系数表

变量	roe	dsh	jsh	jlc	gsgm	gshy	gsdq	ssnl
roe	1							
dsh	−0.003	1						
jsh	0.004	0.486***	1					
jlc	0.010	0.715***	0.491***	1				
gsgm	−0.022	−0.020	−0.028*	−0.029*	1			
gshy	−0.043***	0.005	0.070***	−0.027*	−0.090***	1		
gsdq	−0.0009	−0.128***	−0.143***	−0.106***	0.097***	−0.230***	1	
ssnl	−0.022	0.012	0.076***	0.024	−0.006	0.064***	0.034**	1

注：＊＊＊、＊＊、＊分别表示1%、5%、10%水平上显著。

（三）国有企业党建制度与净资产收益率的回归分析

通过对国有企业党建制度变量运用加权最小二乘法（WLS）计量模型，得出以下表6-4，从中可以看出，模型1显示董事会成员中党员比重与企业绩效的系数为负，假设1.1没有得到验证，这可能是由董事长兼任党委书记的制度设计还存在理论与实践上的差距导致的。而且董事会中党员比重越多，越能使得董事会的决策遵守党纪国法和国家政策，这一点是毋庸置疑的。但是，国有企业贯彻党纪国法与承担社会责任是一致的，这就需要国有企业在社会绩效与经济绩效之间取得平衡。由于党性的权威约束和政策的刚性，国有企业在面临社会责任和经济绩效之间的取舍时，往往会牺牲企业绩效而去履行社会责任。模型2显示监事会中党员比重 jsh 与企业绩效 roe 正相关，且显著为正，假设1.2得到验证，说明国有企业监事会中党员越多，对企业的监督作用越到位，进而能最大程度地防范企业决策错误或者经理层的逆向选择和道德风险，从而会促进企业绩效 roe 的提升。这与前面的假设是吻合的。模型3显示经理层中党员比重 jlc 与企业绩效 roe 正相关，且显著性非常高，假设1.3得到验证，也说明国有企业经理层中党员越多，对企业的执行效率能起到很好的促进作用，同时经理层中的党员也有利于防范和制约非党员经理有损企业经营效率的行为。对于前面三个模型的控制变量，都是显著的。比如，公司规模 gsgm 的系数都是显著为正，说明公司规模越大，则企业绩效越好。公司上市年龄 ssnl 的系数都为负，与公司绩效 roe

呈负相关，且显著，说明国有企业上市时间越长，企业绩效越差。

此外，从国有企业党建制度与净资产收益率的整体回归模型（I）来看，回归结果与前面三个分步回归模型是一致的。在模型（I）中，董事会党员比重与净资产收益率的系数显著为负，监事会党员比重与净资产收益率的系数显著为正，经理层党员比重与净资产收益率的系数也显著为正。从可决系数来看，整体回归模型比分步回归模型的拟合优度更好。所以，在控制了公司规模、行业、地区和上市时间后，可以发现国有企业经理层、监事会的党组织参与程度越高对净资产收益率具有正向影响，董事会的党组织参与程度越高对净资产收益率具有负向影响。

表6-4 国有企业党建制度与净资产收益率回归分析结果表

变量	roe			
	模型1	模型2	模型3	模型（I）
dsh	−0.015*** (−4.56)			−0.065*** (−18.74)
jsh		0.007*** (3.10)		0.016*** (7.03)
jlc			0.008*** (4.40)	0.037*** (16.97)
gsgm	0.014*** (24.89)	0.014*** (28.16)	0.014*** (31.85)	0.014*** (33.72)
gshy	−0.060*** (37.63)	0.064*** (−43.94)	−0.061*** (−40.23)	−0.062*** (−44.18)
gsdq	−0.013*** (7.83)	0.014*** (−10.36)	−0.012*** (−8.24)	−0.011*** (−7.66)
ssnl	−0.002*** (−15.86)	−0.002*** (−19.23)	−0.002*** (−20.71)	−0.002*** (−29.58)
常数项	−0.181*** (−23.88)	−0.193*** (−29.3)	−0.192*** (−20.28)	−0.191*** (−19.85)
ADj R²	0.38	0.45	0.42	0.64
F值	481.72	637.27	557.72	990.64

注：***、**、*分别表示1%、5%、10%水平上显著，括号中为t值。

（四）国有企业党建制度与企业绩效的稳健性分析

基于研究的稳健性，考虑到国有企业的重要责任是国有资本的保值增值，所以，本书还以国有资本保值增值率作为被解释变量，来对该模型进行稳健性分析，其回归分析结果如表6-5。

表6-5　国有企业党建制度与保值增值率的回归结果表

变量	ar			
	模型1	模型2	模型3	模型（I）
dsh	0.110*** (16.55)			0.032*** (2.97)
jsh		−0.031*** (−5.72)		−0.107*** (−15.98)
jlc			0.136*** (23.21)	0.140*** (15.27)
$gsgm$	0.022*** (26.38)	0.021*** (17.45)	0.017*** (14.76)	0.017*** (13.74)
$gshy$	0.018*** (−7.64)	0.014*** (−4.19)	0.024*** (7.26)	0.020*** (6.14)
$gsdq$	0.055*** (−20.57)	0.041*** (−12.11)	0.060*** (18.04)	0.047*** (14.43)
$ssnl$	−0.006*** (−27.24)	−0.005*** (−15.27)	−0.006*** (−22.63)	−0.005*** (−15.51)
常数项	0.620*** (30.08)	0.670*** (23.28)	0.719*** (28.43)	0.738*** (25.82)
ADj R^2	0.58	0.18	0.33	0.20
F值	1071.51	166.77	378.10	143.14

注：***、**、*分别表示1%、5%、10%水平上显著，括号中为t值。

从上表6-5可知，模型1中，董事会中党员比重 dsh 系数为正，且在1%水平上显著为正，假设1.1得到验证，说明董事会中党员比重越高，对国有资产的保值增值率越会有推动作用，这也说明国有企业的最大目的是追求国有资本的保值增值。这与前面模型相比，更能直接说明国有企业的目标是保值增值而不是追求净资产收益的最大化。在国有企业党建制度与国有资本保值增值率的整体回归模型中，国有企业董事会党员比重与国有资本保值增值率的系数也是为正，更进一步证实了国有企业董事会中党组织参与程度越高，则董事会决策更关心的是国有企业的保值增值，而不是国有企业的净资产收益率。模型2中，监事会中党员比重与国有资本保值增值率系数为负，国有企业党建制度与国有资本保值增值率整体回归模型中，监事会党员比重与国有资本保值增值率系数也是为负，假设1.2得不到验证，说明监事会中党员越多，国有企业的保值增值能力越弱。之所以会出现这样的结果，可能是因为监事会中党员越多越会按照党中央和国家的政策来监管国有企业，国有企业就越可能不会负债扩张经营，进而错失良好的发展机会，保值增值率也就会不高。在现代市场经济中，国有企业又需要盈利，有对利润的追求，对净资产收益率的追求又使得监事会中党员不能过分限制压制企业扩张发展，所以就出现 jsh 与 roe 成正比，与 ar 的系数却为负的现象。经理层中党员比重 jlc 与 ar 的系数为正，且在1%水平上显著，假设1.3得到验证，说明经理层中党员越多，越能执行董事会的决策，切实维护和保障国有企业对资本保值增值率的考核要求。这一结论与现实经验、理论预期非常吻合。另外，国有企业规模、国有所在行业、国有企业所在地区系数都显著为正，说明国有企业规模越大，工业国有企业和处在东部区域的国有企业，其资产保值增值率要优于规模小的国有企业、非工业国有企业和中西部的国有企业。上市年龄系数显著为负，说明国有企业上市越久，资产保值增值率越低。这就说明国有企业在上市前后不长的时间段内会大力提高其资本保值增值能力，以便顺利上市，或者上市后在一段时期内维护好的业绩，进而有助于其套现。

总之，国有企业董事会中党员比重与企业短期绩效（roe）负相关，但是与企业长期绩效（ar）正相关，国有企业监事会中党员比重与企业短期绩效（roe）正相关，但是与企业长期绩效（ar）负相关，国有企业经理层中党员比重与企业短期绩效（roe）和长期绩效（ar）都是正相关。国有企业党组织力量发挥程度越高对企业的绩效影响越大。

二、国有企业现代公司治理制度与企业绩效的实证分析

（一）国有企业现代公司治理的描述性统计分析

从表6-6中可以看出，第一大股东持股比重平均水平为39.06%，说明股权集中程度还是存在的，不过整体上不是很大。但是，不同企业的差异较大，最大值为89.093，最小才3.622，而且标准差达到15.560，可见，有些国有企业第一大股东占比超过百分之五十，有些国有企业第一大股东占比才百分之几，随着国有企业混合所有制改革，国有企业股权集中存在明显差异。第二至第五

大股东持股比重均值为 50.71，超过百分之五十，达到了控股的水平，但是最大值有 98.29，最小值才 9.21，标准差达到 16.119，也是较大的，这也就说明国有企业前几大股东控股水平存在明显差异。国有上市公司董事会规模平均水平为 9.309 人，高于全部上市公司董事会平均人数的 8.59 人。国有上市公司独立董事比例平均水平是 0.372，而中国证监会的上述指导意见是董事会中独立董事比例不低于三分之一，可见刚好超过规定要求。尽管最大值为 0.800，最小值为 0.231，但是标准差为 0.057，非常小，这说明大部分国有上市公司独立董事比例在证监会规定的 0.33 左右。国有上市公司董事会持股比例的平均水平为 0.003，最大值为 0.474，最小值为 0，标准差为 0.021，非常小，说明大部分国有企业上市公司董事会持股比例在平均水平附近，可见国有上市公司董事会持股比例是非常小的。董事会前三薪酬平均水平为 169 万元，最高的 257 万元，最少的 0 元，标准差非常大，说明大部分国有企业董事会前三薪酬差异巨大，多的很多，少的很少。董事会会议次数平均是 9 次/年，最多的 56 次/年，最少的 0 次/年，标准差也较大，说明大部分国有上市公司董事会会议次数分布差异较大。董事长、总经理两职兼任的平均水平为 0.099，最高的是 1，最小的是 0，标准差较小，说明大部分国有上市公司的董事会与总经理是不兼任的。经理层规模的平均水平是 6.967，最大值为 22，最小值为 1，标准差较大，说明国有上市公司经理层人数差异较大。经理层前三薪酬的平均水平是 220 万元，最高的是 240 万元，最低的是 0 元，标准差很大，说明国有上市公司经理层前三薪酬差异较大。经理层持股的平均水平是 0.002，最高的是 0.038，最低的是 0，标准差较小，说明绝大部分国有上市公司经理层持股都非常低，比董事会的平均水平还低 0.12%。此外，公司规模差异较大，公司所在行业和地区差异不大，工业与非工业，东部地区与非东部地区比较均态。公司上市年龄差异较大，有刚上市的，也有上市 20 多年的，且样本中的上市年龄差异非常大。总之，以上可以充分说明国有企业现代公司治理差异较大，且整体上国有企业现代公司治理水平偏低。

表 6-6 国有企业现代公司治理与净资产收益率的描述性统计结果表

变量	样本数	最小值	最大值	均值	标准差
roe	3862	−29.144	25.169	0.045	0.847
dydgd	3862	3.622	89.093	39.060	15.560
dezdwgd	3862	9.210	98.290	50.71	16.119
dshgm	3862	0	18	9.309	1.979

变量	样本数	最小值	最大值	均值	标准差
dlds	3862	0.231	0.800	0.372	0.057
dshcg	3862	0	0.474	0.003	0.021
dshqsxc	3862	0	2.57E+07	1690115	1791347
dshhy	3862	0	56	9.600	4.318
jr	3862	0	1	0.099	0.299
jlcgm	3862	1	22	6.967	2.426
jlcqsxc	3862	0	2.44E+07	2207052	2105051
jlccg	3862	0	0.328	0.002	0.013
gsgm	3862	18.370	29.760	22.829	1.522
gshy	3862	0	1	0.643	0.479
gsdq	3862	0	1	0.502	0.500
ssnl	3862	0	26	14.080	5.826

（二）国有企业现代公司治理制度与净资产收益率的相关性分析

下面表6-7表明，股权结构与净资产收益率呈现正相关，也即国有企业股权结构与企业绩效存在相关性，但不显著。董事会治理中的董事会规模、董事会持股比重、董事会前三薪酬、董事会会议次数都与企业绩效呈现正相关，但其显著性还需要进一步检验。独立董事比重与企业绩效呈正相关，且在5%水平上显著。经理层治理中的两职兼任系数为正，与企业绩效呈正相关，而且在10%水平上显著，这符合乘务员理论的假设，因为当前中国还处在经济转型期，社会主义市场经济还不十分完善。经理层治理中的经理层规模、经理层薪酬、经理层持股比例都与企业绩效呈正相关，但其显著性还需要进一步检验。国有企业规模与企业绩效呈正相关，且在10%水平上显著，国有企业所在行业与企业绩效呈负相关，且在1%水平上显著，说明工业领域的国有企业的绩效没有非工业领域国有企业的绩效好。国有企业所在地区和上市年龄都与企业绩效呈负相关，说明东部国有企业绩效没有非东部地区国有企业绩效好，上市年龄越长的国有企业绩效没有上市年龄越短的国有企业绩效好。也就是说国有企业模型各变量之间，除了股权结构中第一大股东持股比例与第二至第五大股东持股比例之间有较强的共线外，其他相关系数都较小，且相关系数都小于0.4，说明下文回归模型中存在严重多重共线性问题的可能性较小。所以，下文在做回归分析时，只保留第一大股东持股比例，去掉第二至第五大股东持股比例。

表6-7　国有企业现代公司治理制度与净资产收益率的相关系数表

变量	roe	dydjgd	dezdugd	dshgm	dlds	dshcg	dshqsxc	dshh	yjr	jlcgm	jlcqsxc	jlccg	gsgm	gshy	gsdq	ssnl
roe	1															
dydjgd	0.005	1														
dezdugd	0.015	0.807***	1													
dshgm	0.001	-0.026*	0.080***	1												
dlds	0.0357**	0.0362*	0.0299*	-0.625***	1											
dshcg	0.009	-0.110***	-0.039***	-0.013	-0.004	1										
dshqsxc	0.002	-0.04**	-0.027*	0.023	-0.040***	-0.021	1									
dshh	0.016	-0.070***	-0.016	0.019	0.014	0.012	0.029*	1								
yjr	0.030*	-0.0001	-0.001	-0.015*	0.060***	0.010	0.055**	-0.017	1							
jlcgm	0.022	-0.031*	-0.019	0.032*	0.026	0.005	0.218***	0.020	0.043***	1						
jlcqsxc	0.005	-0.026	-0.010	0.022	0.017	-0.025	0.833***	0.030*	-0.040**	0.215***	1					
jlccg	0.011	-0.010***	-0.054***	-0.027*	-0.010	0.683***	-0.019	-0.005	0.009	-0.006	-0.026	1				
gsgm	0.034*	0.251***	0.374***	0.288***	0.044***	-0.057***	0.039***	0.222***	-0.010	0.044***	0.066***	-0.083***	1			
gshy	-0.043***	0.004	-0.019	-0.02	0.005	-0.02	-0.025	-0.145***	-0.006	-0.018	-0.033*	-0.01	-0.13***	1		
gsdq	-0.001	0.085***	0.106***	0.013	0.047***	0.034**	0.047**	0.124***	-0.006	-0.003	0.055**	0.073***	0.141***	-0.230***	1	
ssnl	-0.022	-0.174***	-0.269***	-0.106***	0.006	-0.214***	0.049**	0.066***	-0.013	0.025	0.063***	-0.240***	-0.044***	0.064***	0.034**	1

注：＊＊＊、＊＊、＊分别表示1%、5%、10%水平上显著，括号中为t值。

（三）国有企业现代公司治理制度与净资产收益率的回归分析

从下面表6-8中，可以发现roe与dydgd的系数为负，即第一大股东持股比重与净资产收益率的系数为负，股权结构高度集中对国有企业绩效会产生负影响。而且，这种负影响是在1%水平上显著的，假设2.1.1得到验证。可见，作为衡量国有企业股权治理水平的第一大股东持股比重越高，企业的股权治理就会越差，因为缺乏股权制衡，容易导致大股东一股独大，任意干涉国有企业的科学决策和经营行为，进而不利于绩效改善。

从董事会治理角度来看，上表中的董事会规模系数为负，且在1%水平上显著，说明董事会规模越大，越不利于企业科学制定发展决策和改善企业绩效，合理的董事会规模是提高决策效率的重要手段，假设2.2.1得到证明。此外，董事会持股比例、董事会会议次数、独立董事占比都与企业绩效的系数均为正，且都在1%水平上显著，假设2.2.2、假设2.2.4、假设2.2.5都得到验证，充分说明独立董事占比越多，越有利于企业绩效改善，因为有力防范企业内部人控制和串谋，进而防范国有企业利润被侵蚀。董事会前三薪酬系数为正，虽然假设2.2.3得到验证，但是该系数非常小，显著性有待进一步检验。从激励角度来看，董事会持股比董事会高薪酬更能推动国有企业绩效的改善。在董事会与企业绩效的整体回归模型（Ⅱ）中，所得的结果与董事会治理的分步回归结果是一样的，即董事会规模与企业绩效的系数为负，在1%水平上显著；董事会持股比重、董事会会议次数和独立董事比重与企业绩效的系数为正，且均在1%水平上显著；董事会薪酬状况与企业绩效的系数为正，在10%水平上显著。所以，假设2.2.1、假设2.2.2、假设2.2.3、假设2.2.4、假设2.2.5都能得到验证。国有企业董事会治理水平越高，越有助于企业绩效的改善。

从经理层治理来看，模型（Ⅱ）显示国有企业两职兼任与企业绩效的系数为正，且在1%水平上显著，可知董事长与总经理兼任的国有企业会对企业绩效产生正影响，两职分离不利于企业绩效的改善，假设2.3.1得不到验证；经理层规模对国有企业绩效的系数为正且在1%水平上显著，假设2.3.2得到验证，说明国有企业中经理层要保持恰当的人手来具体负责落实董事会的决策，共同提高经营效率；经理层薪酬、经理层持股比重与企业净资产收益率的系数均为正，且均在1%水平上显著，说明经理层薪酬越高、经理层持股比重越大，越有利于企业绩效的改善，假设2.3.3、假设2.3.4得到验证。但是，经理层薪酬与企业绩效的系数非常小，这说明经理层薪酬对激发经理提高企业绩效的作用不是很大，反而，经理层持股比重与企业绩效的系数很大，达到0.65，所以，加大经理层持股比重能极大地推进国有企业绩效的改善。这在国有企业经理层治理水平与企业绩效的整体回归模型中也得到很好地证明。模型（III）表明，在经理层治理模型中，经理层持股比重的系数仍然达到0.644，其对企业绩效的正影响非常大；经理层薪酬的系数为负，但是数值与前面模型9相比都是非常小的，且不显著，不具有统计学意义，对企业绩效的影响也就非常小。两职兼任和经理层规模的系数都与模型11、模型12呈现几乎一样的水平。可见，国有企业两职兼任，经理层规模适当大些、经理层持股比重适当高些，有助于国有企业经理层治理水平的提高，经理层薪酬对治理水平影响不大。整体上来看，国有企业经理层治理水平越高，其企业绩效也就越好。

最后，从国有企业现代公司治理整体模型（模型IV）来看，各变量与企业净资产收益率的系数与分步回归的系数是同向的。比如，体现股权治理的第一大股东持股比重与企业绩效的系数为负，但是显著性有待进一步验证。体现董事会治理的独立董事比重、董事会会议次数与企业绩效的系数为正，且在1%水平上显著，尤其是独立董事比重对企业绩效的影响较大；董事会规模、董事会薪酬与企业绩效的系数均为负，且在1%水平上显著。董事会持股比重与企业绩效的系数显著为负与前面的模型4和模型（II）显著为正恰好相反，这说明董事会持股比重对企业绩效的影响在不考虑股权治理和经理层治理的条件下是正影响，在考虑股权治理和经理层治理的条件下是负影响。但是，董事会持股与企业净资产收益率的负系数并不显著。体现经理层治理的两职兼任、经理层规模、经理层持股与企业绩效的系数方向与模型11、模型12. 模型14和模型（III）是一致的。经理层薪酬与企业绩效的系数为负，同前面相反，但是不显著。可见，在国有企业现代公司治理制度中，股权集中度越高，企业绩效越差；董事会治理中独立董事比重、董事会会议次数与企业绩效是正相关的，董事会规模越大，越不利于企业绩效改善，董事会持股比重越大，越有助于企业绩效改善，董事会薪酬对企业绩效有一些负向影响，但是系数非常小，可以忽略不计；经理层治理中两职兼任比重越高、经理层规模越大、经理层持股比重越高，越有助于企业绩效改善，经理层薪酬对企业绩效有些影响，但是也不明显。

表 6-8　国有企业现代公司治理制度与净资产收益率的回归结果表

roe

变量	模型 4	模型 6	模型 7	模型 8	模型 9	模型 10	模型(II)	模型 11	模型 12	模型 13	模型 14	模型(III)	模型(IV)
dydgd	-0.0002*** (-3.82)												-0.00001 (-0.30)
dshgm		-0.004*** (-10.34)					-0.002*** (-5.27)						-.003*** (-8.02)
dlds			0.354*** (21.79)				0.342*** (22.59)						0.327*** (20.04)
dshcg				0.260*** (6.65)			0.267*** (5.35)						-0.030 (-0.38)
dshqsxc					0.106e-10 (1.52)		1.25e-9 (2.91)						-1.61e-09*** (-3.34)
dshhy						0.001*** (4.6)	0.003* (1.93)						0.001*** (3.69)
jr								0.069*** (25.98)				0.068*** (28.26)	0.062*** (22.45)
jlcgm									0.005*** (14.88)			0.006*** (17.75)	0.006*** (21.84)
jlcqsxc										1.33e-09*** (3.27)		-3.10e-10 (-0.89)	-4.37e-10 (-1.08)
jlccg											0.650*** (8.98)	0.620*** (6.71)	0.736*** (8.26)
gsgm	0.014***												

续表

roe

变量	模型 4	模型 6	模型 7	模型 8	模型 9	模型 10	模型（II）	模型 11	模型 12	模型 13	模型 14	模型（III）	模型（IV）
(27.43)	0.015*** (29.38)	0.014*** (32.07)	0.0135*** (26.23)	0.014*** (28.32)	0.142*** (33.26)	0.013*** (27.41)	0.014*** (34.72)	0.013*** (24.95)	0.014*** (28.25)	0.014*** (27.93)	0.014*** (31.38)	0.016*** (35.75)	
gshy	0.060** (−39.17)	−0.062*** (−43.7)	−0.060*** (39.63)	−0.060*** (−39.09)	−0.065*** (48.36)	−0.064*** (−47.81)	−0.052*** (−29.61)	−0.064*** (−52.18)	−0.059*** (−38.28)	−0.065*** (−52.35)	−0.062*** (−44.27)	−0.058*** (−34.46)	−0.059*** (−42.09)
gsdq	−0.010*** (−7.27)	−0.012*** (−8.29)	−0.017*** (−11.71)	−0.012*** (−7.57)	−0.014*** (9.76)	−0.140*** (−10.02)	−0.011*** (−6.47)	−0.018*** (−13.94)	−0.012*** (−9.65)	−0.016*** (−12.64)	−0.015*** (−10.33)	−0.012*** (−7.42)	−0.018*** (−13.18)
ssnl	−0.002*** (−17.39)	−0.002*** (−19.08)	−0.002*** (−15.07)	−0.002*** (−17.17)	−0.002*** (17.38)	−0.002*** (−22.84)	−0.002*** (−18.07)	−0.002*** (−20.96)	−0.002*** (−20.35)	−0.002*** (−22.91)	−0.002*** (−15.65)	−0.002*** (−14.15)	−0.002*** (−13.06)
常规项	−0.195*** (−19.19)	−0.190*** (−17.43)	−0.330*** (−27.7)	−0.190*** (−16.21)	−0.190*** (16.88)	−0.200*** (−20.91)	−0.286*** (−21.51)	−0.208*** (−23.01)	−0.200*** (−16.83)	−0.188*** (−17.42)	−0.200*** (−17.98)	−0.252*** (−22.40)	−0.400*** (−39.28)
ADj R^2	0.040	0.490	0.410	0.430	0.5255	0.578	0.330	0.506	0.365	0.511	0.446	0.430	0.587
F 值	514.79	739.48	534.94	589.19	856.11	1028.15	213.16	791.66	444.04	807.45	622.62	363.86	393.49

注：***表示 1%水平上显著，**表示 5%水平上显著，*表示 10%水平上显著，括号中为 t 值。

从控制变量来看，企业规模对股权治理、董事会治理和经理层治理的影响均为正，所以国有企业规模越大，越有利于国有企业现代公司治理水平的提高。国有企业所在行业对股权治理的影响为正，对董事会治理和经理层治理的影响为负，工业领域的国有企业治理水平要明显低于非工业领域的国有企业。国有企业所在地区对股权治理、董事会治理和经理层治理的影响均为负，即东部地区的国有企业股权治理、董事会治理和经理层治理要比中西部地区国有企业更好些。国有企业上市年龄对股权治理、董事会治理和经理层治理的影响均为负，即国有企业上市年龄越长，国有企业的股权治理、董事会治理和经理层治理越差。整体上，国有企业规模越大、处在非工业领域的国有企业、处在东部地区的国有企业、上市年龄较小的国有企业的现代公司治理水平要高些，对企业绩效和保值增值的影响也要大些。

综上所述，在不考虑董事会治理和经理层治理的情况下，国有企业股权结构越集中，越不利于国有企业绩效，在考虑董事会治理和经理层治理时，股权结构对国有企业绩效的影响不明朗。在不考虑经理层治理和股权结构的情况下，国有企业董事会治理水平越高，越有助于企业绩效的改善。在考虑经理层治理和股权治理的情况下，国有企业董事会独立董事比重、和董事会会议次数都有利于企业绩效的改善。经理层治理水平在不考虑董事会治理和股权治理的情况下与考虑董事会会治理和股权治理的情况下都是一致的，即国有企业经理层治理水平越高，越有助于企业绩效的改善。在控制企业规模、企业所在行业、企业所在地区和上市年龄的情况下，国有企业现代公司治理水平越高，企业的绩效越明显，假设 2 可以得到整体上的验证。

（四）国有企业现代公司治理制度与企业绩效的稳健性分析

从以下表 6-9 可知，从分步回归分析结果来看，国有企业股权治理中的第一大股东持股比重与国有资本保值增值率 ar 的系数为负，也就是第一大股东持股比重越大，反而不利于国有企业国有资本保值增值。在国有企业现代公司治理整体回归模型中，即考虑董事会治理和经理层治理的情况下，国有企业第一大股东持股比重与国有资本保值增值率的系数仍然为负，假设 2.1.1 再次得到验证。

表6-9　国有企业现代公司治理制度与保值增值率的回归结果表

变量	模型4	模型6	模型7	模型8	模型9	模型10	模型(II) roe	模型11	模型12	模型13	模型14	模型(III)	模型(IV)
dydgd	-0.003*** (-22.69)												-0.003*** (21.40)
dshgm		-0.006*** (-11.31)					0.001 (0.99)						-0.009*** (-9.80)
dlds			-0.254*** (-10.63)				-0.188*** (-6.86)						-0.056* (-1.89)
dshcg				0.145 (0.98)			0.380*** (3.07)						1.041*** (3.66)
dshqsxc					6.30e-09*** (5.61)		8.31e-09*** (9.41)						7.02e-08*** (28.69)
dshhy						0.002*** (5.02)	0.004*** (10.45)						0.001 (1.53)
jr								0.016*** (4.1)				0.0001 (0.02)	0.009 (1.58)
jlcgm									0.012*** (29.13)			0.001* (1.74)	0.010*** (11.76)
jlcqsxc										-1.70e-08*** (-15.55)		8.31e-09*** (9.95)	-6.74e-08*** (-28.19)
jlccg											-2.12*** (-7.51)	0.930*** (5.94)	-3.386*** (-7.29)

续表

roe

变量	模型 4	模型 6	模型 7	模型 8	模型 9	模型 10	模型(II)	模型 11	模型 12	模型 13	模型 14	模型(III)	模型(IV)
gsgm	0.026*** (23.01)	0.024*** (27.10)	0.021*** (18.73)	0.022*** (20.16)	0.022*** (23.08)	0.018*** (15.5)	-0.0007 (-0.7)	0.022*** (24.12)	0.019*** (19.95)	0.022*** (19.12)	0.018*** (17.43)	0.001 (1.33)	0.029*** (24.05)
gshy	0.021*** (7.39)	0.016*** (5.64)	-0.140*** (4.83)	0.013*** (4.65)	0.013*** (4.47)	0.010*** (3.6)	-0.001 (-0.4)	-0.013*** (5.06)	0.011*** (4.53)	0.007*** (2.04)	0.015*** (5.18)	-0.007** (-2.13)	0.018*** (4.99)
gsdq	0.050*** (16.12)	-0.043*** (15.62)	-0.047*** (14.93)	0.044*** (15.22)	0.042*** (14.09)	0.450*** (16.68)	0.005 (1.49)	0.0458*** (17.19)	0.045*** (18.77)	0.046*** (13.08)	0.058*** (20.08)	0.002 (0.62)	0.056*** (14.41)
ssnl	-0.006*** (-20.96)	-0.005*** (-18.64)	-0.005*** (-16.77)	-0.005*** (-18.25)	-0.006*** (-20.97)	-0.005*** (-17.09)	-0.0004 (-1.48)	-0.005*** (-21.15)	-0.005*** (-22.56)	-0.005*** (-15.35)	-0.007*** (-23.49)	0.0001 (0.48)	-0.007*** (-19.06)
常规项	0.676*** (27.97)	-0.660*** (28.57)	-0.759*** (26.99)	0.665*** (25.49)	0.660*** (28.31)	0.710*** (26.65)	1.135 (46.34)	0.628*** (28.8)	0.647*** (28.94)	0.676*** (24.69)	0.770*** (31.25)	1.048*** (42.62)	0.659*** (23.61)
ADj R^2	0.2291	0.2719	0.2206	0.2469	0.278	0.1842	0.0750	0.2658	0.3313	0.2091	0.2701	0.0441	0.2794
F 值	230.54	289.31	219.58	254.12	298.26	175.4	35.8	280.58	383.53	203.91	286.75	23.29	107.94

注：***、**、*分别表示 1%、5%、10%水平上显著，括号中为 t 值。

国有企业董事会治理在不考虑股权治理和经理层治理的情况下，董事会治理衡量指标的分步回归中（即下表6-9中模型6. 模型7. 模型8. 模型9. 模型10），董事会规模与ar的系数为负，董事会规模越大，越不利于国有资本保值增值，假设2.2.1得到验证。独立董事比重与ar系数为负，且在1%水平上显著，说明独立董事比重越多，越不利于国有资本保值增值率的提高，与假设2.2.5恰好相反。ar与董事会持股比例、董事会薪酬、董事会会议次数的系数都是正的，均在1%水平上显著，假设2.2.2、假设2.2.3、假设2.2.4均得到验证。说明董事会薪酬越高、持股比例越多、开会越多越能使董事会成员关心企业，在做决策的时候也会更加使得董事们科学论证选择，因为利益的捆绑越紧密就越能提高董事会成员对国有企业的关切度，进而更能促进国有资本保值增值。这与西方企业董事会激励的经验理论是一致的。不过，可以发现，ar与董事会前三薪酬的系数相较于ar与董事会持股比例的系数而言，显得非常小，董事会薪酬对董事的激励没有董事会持股的激励有效果。可见，董事会治理水平对国有企业保值增值的影响是确定的，提高董事会治理水平能提高国有企业保值增值率。在董事会治理与国有资本保值增值率的整体回归模型（即下表6-9中的模型Ⅱ）中，董事会规模与ar的系数为正，但是不显著。ar与董事会持股比例、董事会薪酬、董事会会议次数的系数都是正的，且在1%水平上显著，假设2.2.2、假设2.2.3、假设2.2.4再次得到验证。ar与独立董事比重的系数为负，也在1%水平上显著，假设2.2.5得不到验证。在综合考虑股权治理、董事会治理和经理层治理的情况下，下表6-9中的模型（Ⅳ）显示董事会规模与ar的系数为负，进一步证实了董事会规模越大，越不利于企业绩效的改善。董事会持股比重、董事会薪酬、董事会会议次数与ar的系数均为正，且在1%水平上显著，进一步证实了假设2.2.2、假设2.2.3、假设2.2.4，独立董事比重与ar的系数为正，在10%水平上显著，又证明了独立董事比重对国有企业保值增值的有利影响。可见，独立董事比重要在股权治理和经理层治理共同作用下，才能发挥其在董事会治理中对企业绩效的正向影响。整体上来看，董事会治理水平越高，国有企业保值增值越能得到保障。

经理层治理在不考虑股权治理和董事会治理的情况下，分别对经理层治理因素与ar进行回归，可以得出经理层治理与企业保值增值率的回归结果。从下表6-9中的模型11、模型12、模型13、模型14可以看出，两职兼任与国有资本保值增值率的系数为正，且在1%水平上显著，也就是说国有企业董事长与总经理兼任越有利于国有资本保值增值，假设 2.3.1 得到验证。经理层规模与国有资本保值增值率的系数为正，且在 1% 水平上显著，这与前面的分析一致，假设 2.3.2 得到验证。经理层规模越大、经理层人数越多执行董事会的决策会越到位，越能推动国有企业资本保值增值。经理层薪酬、经理层持股比重与 ar 的系数为负，且在 1% 水平上显著，这与前面的分析是恰好相反的，不过经理层薪酬相比经理层持股对 ar 的负影响更小，也就是说经理层持股越多，越不利于国有企业保值增值。可能是因为经理层为了所持股票能够套现，宁愿牺牲规模而去追求短期的财务效益，所以就会造成 ar 与 jlccg 的系数为负，而 roe 与 jlccg 的系数为正。从经理层治理水平影响因素与国有企业保值增值率的回归模型（即表 6-9 的模型 III）可知，在不考虑股权治理和董事会治理的情况下，经理层两职兼任、经理层规模与 ar 的系数都为正，与前面的分析是一致的，但是两职兼任的正系数不显著，经理层规模的正系数在 10% 水平上显著（基本上能够验证前面的分析）。经理层薪酬、经理层持股比重与 ar 的系数也均为正，且在 1% 水平上显著，可见在经理层治理水平上，经理层薪酬、经理层持股比重更能影响国有企业保值增值，相比经理层薪酬而言，经理层持股比重对国有企业保值增值的影响更大，因为经理层薪酬与 ar 的系数比经理层持股比重与国有企业保值增值的系数小得多，这与上一节的分析也是一致的。可见，仅仅考虑经理层治理水平时，经理层薪酬、经理层持股比重与国有企业保值增值率是正影响。若纳入整个现代公司治理模型来考察，两职兼任、经理层规模与 ar 的系数都是正的，经理层薪酬、经理层持股比重与 ar 的系数都是负的，与前面的分步回归分析是一致的。所以，从国有企业保值增值来看，国有企业现代公司治理中，经理层治理水平对 ar 的影响受到董事会治理和股权治理的影响，经理层薪酬和经理层持股比重不利于国有企业保值增值，因为在国有股一股独大和董事会绝对权威下，经理层的行为短期化较为明显，注重的是短期的经济绩效，而不太关注整个国有企业的保值增值。因此，上一节的经理层薪酬、经理层持股比重与企业绩效的正影响的结论在本节得不到稳定性检验，即假设 2.3.3 和假设 2.3.4 不能得到验证。这可以通过用经理层的短期行为来进一步加以解释。因为经理层考核的主要是业绩，也就是企业年度挣了多少利润，这会刺激经理层想方设法提高企业利润，甚至不惜牺牲长期发展，只要短期账目上好看了，经理层的薪酬就高了。同时，企业业绩改善了股票也就涨了，经理持股就可以高抛了。而这些都不一定利于国有资产的保值增值，因为国有企业保值增值是长期指标，短期的利润有时会掩盖长期的风险，进而很可能会使得国有企业长期经营业绩较差。

最后，从控制变量来看，国有企业规模与 ar 是正的系数，即国有企业规模越大，越有助于保值增值，这与上一节的分析是一致的。所在行业、所在地区与 ar 都是正的系数，工业行业中的国有企业比非工业行业中的国有企业越有助于保值增值，东部地区的国有企业比非东部地区的国有企业更有助于保值增值，这与上一节恰好相反。这说明，工业行业中的国有企业注重保值增值，非工业行业中的国有企业注重盈利能力；东部地区国有企业注重保值增值，中西部地区国有企业注重盈利能力，之所以出现地区上与常识理解的差异，主要与国有企业供给侧结构改革有关，中西部国有企业供给侧结构改革后盈利能力大大增强，而东部地区国有企业在整个宏观经济趋弱的环境下盈利能力普遍进步不大，偏重于保值增值。从上市公司年龄控制变量来看，上市年龄越大，企业保值增值系数和业绩系数都是负的，即国有企业上市时间越长盈利能力和保值增值能力越差，这也证明了上面的分析是正确的。

所以，整体上来判断，可以认为国有企业公司治理水平越高，企业绩效会越好，业绩假设 2 可以得到验证。

三、国有企业现代管理制度与企业绩效的实证分析

（一）国有企业现代管理制度的描述性统计分析

从表 6-10 中可以看出，职工监事比例的平均水平是 0.375，最大值是 1，最小值是 0，说明不同的上市国有企业职工监事比重差异较大，标准差为 0.113，较小，说明绝大部分上市国有企业职工监事比重都是 0.375 左右，可见，职工监事比重在国有上市公司中还是偏低的。职工董事比重的平均水平是 0.009，最大值是 0.333，最小值为 0，说明上市国有企业中职工董事的比重是非常低的，标准差为 0.032，也是非常小的，说明绝大部分的上市国有企业中职工董事比重是不到 1% 的水平，可见，职工董事在国有企业中是非常少的。管理层持股比重的平均水平是 0.005，最大值是 0.576，最小值为 0，说明整体上管理层持股水平也是非常低的，平均水平不到 0.5%，同时也存在较大差异。标准差为 0.024，也是非常小的，说明上市国有公司中管理层持股比重绝大部分都是在 0.005 的水平。可见，上市国有公司中管理层持股是非常少的。经理人市场化选聘的平均水平是 0.323，最大值是 1，说明全部都是市场化选聘的，最小值是 0，说明全部都是政府委派的，标准差为 0.296，也是非常小的，说明绝大部分上市国有

公司经理人市场化选聘的比重都在 0.323 左右，也是非常低的。可见，国有企业经理人选聘还是以政府委派为主，或者有政府背景。此外，公司规模差异较大，公司所在行业和地区差异不大，工业与非工业，东部地区与非东部地区比较均态。公司上市年龄差异较大，有刚上市的，也有上市 20 多年的，且样本中的上市年龄差异非常大。

表 6-10 国有企业现代管理制度与净资产收益率的描述性统计结果表

变量	样本数	最小值	最大值	均值	标准差
roe	3862	−29.144	25.169	0.045	0.847
zgjs	3862	0	1	0.375	0.113
zgds	3862	0	0.333	0.009	0.032
glccg	3862	0	0.576	0.005	0.024
jlr	3862	0	1	0.323	0.296
gsgm	3862	18.370	29.760	22.829	1.522
gshy	3862	0	1	0.643	0.479
gsdq	3862	0	1	0.502	0.500
ssnl	3862	0	26	14.081	5.826

（二）国有企业现代管理制度与净资产收益率的相关分析

从下面表 6-11 可以看出，职工监事比重、管理层持股比重、经理人市场化选聘比重与净资产收益率呈现正相关，但显著性还需要进一步验证。职工董事比重与企业绩效呈现负相关。经理层市场化选聘与职工董事比重和职工监事比重呈正相关，且在 1% 水平上显著，与管理层持股呈负相关，且在 1% 水平上显著。职工董事与职工监事是正相关的，职工监事与管理层持股也是正相关的，职工董事与管理层持股比重是负相关的（说明职工董事会抑制管理层持股），其显著性都需要进一步验证。国有企业规模越大与职工监事比重、职工董事比重和经理层市场化选聘比重均为正相关，与管理层持股比重负相关。国有企业所处行业与职工监事正相关，且在 5% 水平上显著，与经理层市场化选聘比重负相关，且在 1% 水平上显著，与管理层持股比重负相关，且在 1% 水平上显著。国有企业所在地区与职工监事比重负相关，且在 1% 水平上显著，与职工董事正相关，但不显著，与管理层持股比重正相关，且在 1% 水平上显著，与经理层市场化选聘比重负相关，且在 1% 水平上显著。国有企业上市年龄与职工监事比重负相关，但不显著，与职工董事正相关，也不显著，与管理层持股比重正相关，且在 1% 水平上显著，与经理层市场化选聘比重负相关，且在 1% 水平上显著。模型各变量之间，相关系数都较小，且相关系数都小于 0.4，说明下文回归模型中存在严重多重共线性问题的可能性较小。

表 6-11　国有企业现代管理制度与净资产收益率的相关系数表

变量	roe	zgjs	zgds	glccg	jlr	gsgm	gshy	gsdq	ssnl
roe	1								
zgjs	0.011	1							
zgds	−0.0002	0.018	1						
glccg	0.012	0.010	−0.031	1					
jlr	0.012	0.043 ***	0.050 ***	−0.070 ***	1				
gsgm	0.034 **	0.0009	0.079 ***	−0.084 ***	0.107 ***	1			
gshy	−0.043 ***	0.037 **	−0.010	−0.010	−0.032 **	−0.134 ***	1		
gsdq	−0.0009	−0.054 ***	0.004	0.047 ***	−0.101 ***	0.141 ***	−0.230 ***	1	
ssnl	−0.022	−0.029	0.030	−0.270 ***	0.019	−0.044 ***	0.064 ***	0.034 **	1

注：＊＊＊、＊＊、＊分别表示 1%、5%、10% 水平上显著。

（三）国有企业现代管理制度与净资产收益率的回归分析

从以下表 6-12 可以看出，国有企业现代管理制度的分步回归模型（即模型 15、模型 16、模型 17、模型 18）中国有企业职工监事比重、管理层持股比重，市场化选聘经理人员比重与净资产收益率的系数都为正，且都在 1% 水平上显著，假设 3.1.2、假设 3.2、假设 3.3 都得到验证，说明国有企业中民主管理做得好，职工参与管理，能引发其积极性，提高管理效率和员工的生产效率，这与已有研究成果是一致的。职工董事比重与企业绩效系数为负，假设 3.1.1 无法得到证明，说明职工董事越多并不能带来国有企业绩效的改善，这可能与职工自身素质有关，职工董事不具备企业经营战略决策方面的素质要求，也可能与前面相关系数非常小有关，即国有企业中职工董事的比重极其微小，在统计数据中难以体现其作用。所以，在国有企业发展水平还不是很高的情况下，在提高职工董事比重的同时，还要提升职工董事的素质，使职工董事真正发挥应有的作用，而不是作为摆设成为花瓶。在国有企业现代管理制度与净资产收益率的整体模型中，得出的结论与前面分步回归得出的结论是一致的，即国有企业职工监事比重、管理层持股比重，市场化选聘管理人员比重与净资产收益率的系数都为正，且都在 1% 水平上显著，职工董事比重与净资产收益率的系数为负，并在 10% 水平上显著。

从控制变量来看，国有企业规模对现代管理制度作用下企业绩效的影响均为正，即国有企业规模越大，在职工监事、职工董事、经理人市场化选聘、管理层持股等因素的作用下，越有利于企业绩效的改善。国有企业所在行业在模型16、模型17、模型18中与企业绩效的系数均为负，说明同非工业国有企业相比，工业国有企业在职工监事比重、管理层持股比重与经理人市场化选聘比重的影响下，对企业绩效的影响是负的，即非工业国有企业中职工监事比重、管理层持股比重与经理人市场化选聘比重对企业绩效的影响更具有正向作用。国有企业所在行业与职工董事比重模型中企业绩效的系数为正，说明工业国有企业中职工董事作用的发挥要显著好于非工业国有企业职工董事作用的发挥。国有企业所在地区变量在模型15中与企业绩效的系数为正，说明东部地区国有企业在有职工监事的情况下，能发挥其监督作用，进而有助于国有企业绩效。国有企业所在地区变量在模型16、模型17、模型18中与企业绩效的系数均为负，说明中西部地区国有企业中职工董事、管理层持股和经理人市场选聘因素对企业绩效的影响更具有正向作用，从某种程度上说，中西部地区国有企业更需要发挥职工董事参与决策作用、管理层激励作用和经营管理人员的市场化选聘的作用，来改善企业绩效，东部地区国有企业在这些方面做得相对比较完善。在上市年龄变量与企业绩效的系数上，结果在不同的模型中均呈现负系数，即国有企业上市年龄越长，越不利于企业绩效的改善。这与已有研究结果具有一致性。

整体上来看，国有企业现代管理制度与净资产收益率的实证结果表明国有企业现代管理制度越完善，对国有企业绩效的影响也越有正向作用。

表6-12　国有企业现代管理制度与净资产收益率的回归结果表

变量	roe				
	模型 15	模型 16	模型 17	模型 18	模型 V
zgjs	0.057*** (9.39)				0.068*** (12.41)
zgds		-0.045** (-2.35)			-0.036* (-1.87)
glccg			0.320*** (18.42)		0.317*** (6.73)
jlr				0.015*** (6.16)	0.012*** (5.94)

变量	roe				
	模型 15	模型 16	模型 17	模型 18	模型 V
gsgm	(0.002) *** 3.57	(0.014) *** 28.16	0.013 *** (26.35)	0.014 *** (28.23)	0.014 *** (31.52)
gshy	−0.005 *** (−3.43)	0.014 *** (31.77)	−0.064 *** (−46.59)	−0.058 *** (−35.07)	−0.062 *** (−45.54)
gsdq	0.002 * (1.93)	−0.064 *** (−48.72)	−0.016 *** (−10.67)	−0.009 *** (−5.11)	−0.010 *** (−6.85)
ssnl	−0.002 ** (−2.17)	−0.016 *** (−11.74)	−0.002 *** (−15.39)	−0.0022 *** (−18.57)	−0.002 *** (−16.7)
常数项	−0.006 (−0.57)	−0.002 *** (−20.98)	−0.182 *** (−16.47)	−0.1942 *** (−17.64)	−0.230 *** (−22.38)
ADj R^2	0.0414	0.6482	0.4494	0.4203	0.4968
F 值	34.38	1423.52	631.23	560.98	477.42

注：＊＊＊、＊＊、＊分别表示1%、5%、10%水平上显著，括号中为 t 值。

（四）国有企业现代管理制度与企业绩效的稳健性检验

为了进一步证明完善国有企业现代管理制度有助于提高其效率，下表 6-13 是以国有资本保值增值率作为被解释变量的回归分析结果。从中可知，在模型 16 中，职工董事与 ar 系数为负，且在 1% 水平上显著，与上一节是一致的，即职工董事比重对企业净资产收益率和国有资本保值增值率的影响都是反向的，假设 3.1 得不到验证，且具有稳健性；在模型 18 中，经理人市场化选聘与 ar 系数为正，且在 1% 水平上显著，也与上一节模型是一致的，这说明市场化选聘经理层对国有企业净资产收益率和国有资本的保值增值率能起到促进作用，假设 3.4 可以得到稳健性检验。在模型 15 中，职工监事与 ar 的系数为负，且在 1% 水平上显著，说明国有企业职工监事的监督没有实现国有资本的保值增值，这与上节的国有企业职工监事对国有企业净资产收益率具有正向作用是相反的。可能的原因是职工监事对影响企业短期绩效的净资产收益率更为关心，对影响企业长期绩效的保值增值却忽视了。在模型 17 中，管理层持股比重与 ar 的系数为负，且在 1% 水平上显著，这说明管理层的股权激励并不利于国有资本保值增值，这与上一节的管理层持股比重与净资产收益率之间存在正的系数也是相反的。之所以会这样，是因为从短期来看，管理层持股会促使管理层加大短期盈利，以提升股价，同时 MBO 改革的实践证明，管理持股比重越大越容易出现内部人控制现象，从而导致国有资本流失，使得国有资本保值增值目标难以实现。类似的结论可以在国有企业现代管理制度与国有企业保值增值的整体模型（模型 V）中得出。可见，整体上职工监事和管理层持股对企业净资产收益率的影响是正向的，对国有资本保值增值的影响是负向的，与个体注重短期效益和人民对国有资本注重长期发展壮大有关。所以，并不能因为职工监事和管理层持股与 ar 系数为负，而否认或者是削弱两者与 roe 系数为正的实证结果。整体上，本书认为国有企业绩效与现代管理制度之间是存在正向关系的，也就是现代管理越民主、激励越到位、市场化人力资源配置越到位，企业绩效会越好。

表 6-13　国有企业现代管理制度与保值增值率的回归结果表

变量	保值增值率（ar）				
	模型 15	模型 16	模型 17	模型 18	模型 V
zgjs	−0.377 *** (−22)				−0.352 *** (−21.39)
zgds		−0.258 *** (−6.21)			−0.303 *** (−5.68)
glccg			−1.070 *** (−7.26)		−0.700 *** (−4.66)
jlr				0.125 *** (25.94)	0.097 *** (13.67)
gsgm	0.02 *** (19.01)	0.022 *** (20.8)	0.017 *** (16.75)	0.018 *** (16.25)	0.017 *** (13.23)
gshy	0.015 *** (4.61)	0.013 *** (4.43)	0.019 *** (7.93)	−0.022 *** (7.57)	0.016 *** (4.37)
gsdq	0.039 *** (12.13)	0.045 *** (15.02)	0.052 *** (20.97)	0.056 *** (18.68)	0.050 *** (13.06)
ssnl	−0.006 ** (−19.19)	−0.005 *** (−18.33)	−0.007 *** (−22.78)	−0.005 *** (−17.14)	−0.006 *** (−19.18)
常数项	−0.403 *** (−12.48)	0.649 *** (25.42)	0.796 *** (32.46)	0.696 *** (27.65)	0.870 *** (27.84)
ADj R²	0.2408	0.2363	0.2353	0.3000	0.2295
F 值	245.89	239.96	238.57	335.01	144.72

注：＊＊＊、＊＊、＊分别表示1%、5%、10%水平上显著，括号中为 t 值。

四、国有企业现代监督制度与企业绩效的实证分析

（一）国有企业现代监督制度的描述性统计分析

从下表6-14，监事会规模平均水平是4.020，最大值为13，最小值为1，标准差1.371，还是比较大，可见，国有上市公司监事会规模分布差异较大，有多的，有少的。监事会持股比例的平均水平是0.001，最高值是0.474，最低值是0，标准差为0.013，可见，差异较小，大多数上市国有企业监事会持股比例在均值水平，这个比例是非常低的，说明有可能导致监事会履行监督的动力不强。而且，这个比例比0.2%的经理层持股比例和0.32%的董事会持股比例都要低，相较于经理层和董事会，监事会更没有积极性去做好监督工作，统计性意义更不强。监事会会议次数平均水平是1.135次，最多是19次，最少是0次，均值为2.456，差异较大，这说明国有上市公司监事会会议次数分布偏离均态，且大部分较少开监事会会议，甚至有不开监事会会议的。这也体现监事会没有工作积极性，监督效果很差。纪检监督力量的平均水平是1.350，最高是3，最低是0，标准差为1.193，可见，上市国有企业中有设纪委书记和纪检监察审计机构不多，都没有设的国有企业也存在，整体上纪检监督力量比较弱。说明国有企业现代监管水平还是存在较大差异，不过整体来看，国有企业的内控有效性比较高，违规也不多，当然内控缺陷也还存在一半好一半差的水平。此外，公司规模差异较大，公司所在行业和地区差异不大，工业与非工业，东部地区与非东部地区比较均态。公司上市年龄差异较大，有刚上市的，也有上市20多年的，且样本中的上市年龄差异非常大。国有企业现代监督变量总体分布比较均态，其他各连续变量分布状况也是如此。

表6-14 国有企业现代监督制度与净资产收益率的描述性统计结果表

变量	样本数	最小值	最大值	均值	标准差
roe	3862	−29.144	25.169	0.045	0.847
jshgm	3862	1	13	4.020	1.371
jshcg	3862	0	0.474	0.001	0.013
jshhy	3862	0	19	1.135	2.456
jjjdll	3862	0	3	1.350	1.193
nkyx	3862	0	1	0.948	0.221

变量	样本数	最小值	最大值	均值	标准差
nkqx	3862	0	1	0.448	0.497
wg	3862	0	1	0.140	0.347
gsgm	3862	18.370	29.760	22.829	1.522
gshy	3862	0	1	0.643	0.479
gsdq	3862	0	1	0.5018	0.500
ssnl	3862	0	26	14.080	5.826

（二）国有企业现代监督制度与净资产收益率的相关分析

从以下表 6-15 可以得出，国有企业的现代监管度量变量中，监事会规模、监事会持股比例、纪检监督力量都与被解释变量呈现正相关，但显著性还需要进一步验证。这也在一定程度上得到印证，因为内控有效与被解释变量 *roe* 也是正相关，且在 1% 水平上显著。说明监事会力量越强大，国有企业中纪检监督力量越强大，内部风险控制越好，企业的绩效会越好，因为防范了国有企业内部的委托代理问题和腐败问题。同时，*roe* 与内控缺陷呈现负相关，且在 5% 水平上显著，也就是内控缺陷越多，企业绩效越差。这也从另一个侧面印证了前面结论。监事会会议次数与监事会规模、监事会持股比重呈正相关。纪检监督力量与监事会规模、监事会会议次数呈正相关，与监事会持股比重负相关。内控有效与监事会规模、监事会持股比重呈负相关，与监事会会议次数、纪检监督力量呈正相关。内控缺陷与监事会规模、监事会持股正相关，与监事会会议次数、纪检监督力量、内控有效负相关。企业违规与监事会规模、监事会持股比重、监事会会议次数、内控缺陷都呈正相关，与纪检监督力量和内控有效负相关。控制变量中，企业规模与监事会规模、监事会会议次数、纪检监督力量呈正相关。企业所在行业与监事会规模、监事会持股比重、监事会会议次数、纪检监督力均为负相关，也就是说处在非工业领域的国有企业，监督制度比工业领域国有企业的监督制度更加完善。国有企业所在地区与监事会持股比重、监事会会议次数、纪检监督力均为正相关，与监事会规模为负相关。国有企业上市年龄与监事会规模、监事会持股比重、监事会会议次数均为负相关，与纪检监督力为正相关。模型各变量之间，相关系数都较小，且相关系数都小于 0.4，说明下文回归模型中存在严重多重共线性问题的可能性较小。

表6-15　国有企业现代监督制度与净资产收益率的相关系数表

	roe	jshgm	jshcg	jshhy	jjjdll	nkyx	nkqx	wg	gsgm	gshy	gsdq	ssnl
roe	1											
jshgm	0.016	1										
jshcg	0.008	-0.051***	1									
jshhy	-0.006	0.074***	0.005	1								
jjjdll	0.007	0.163***	-0.048***	0.011	1							
nkyx	-0.035**	0.036**	0.003	-0.029*	-0.003	1						
nkqx	0.012	-0.001	-0.013	0.046***	0.061***	-0.259***	1					
wg	-0.0007	-0.011	-0.015	-0.016	0.004	-0.040***	0.070***	1				
gsgm	0.034**	0.264***	-0.049***	0.232***	0.083***	0.008	-0.100***	0.046***	1			
gshy	-0.043***	-0.002	-0.0001	-0.062***	-0.031*	0.027*	0.0008	-0.010	-0.134***	1		
gsdq	-0.0009	-0.025	0.043***	0.075***	0.032**	0.005	0.005	0.048***	0.141***	-0.230***	1	
ssnl	-0.022	-0.088***	-0.134***	-0.058***	0.063***	-0.007	-0.079***	-0.030*	-0.044***	0.064***	0.034**	1

注：***、**、*分别表示1%、5%、10%水平上显著。

（三）国有企业现代监督制度与净资产收益率的回归分析

从下面表 6-16 中可以看出，国有企业现代监管制度的分步模型（模型 19~模型 25）中的变量，比如监事会规模、监事会持股比例、纪检监察力量与国有企业绩效 roe 的系数均为正的，且在 1% 水平上显著，假设 4.1、假设 4.2、假设 4.3 都得到验证。这也说明国有企业监事会人数越多和监事会成员持股比重越高，越能推动他们关心企业绩效，对损害企业绩效的行为时刻保持高度的警惕和拥有强的发现能力。作为事后损害绩效水平行为的处罚，纪检监察力量越强大，越能促进企业所有员工包括管理者清正廉洁工作，越能对企业内的腐败行为保持严厉的惩戒能力，进而防止发生腐败行为。这无疑会促进企业绩效的改善，因为减少了浪费和成本开支。监事会会议次数与 roe 的系数为负，且在 1% 水平上显著，假设 4.4 得到验证，说明企业净资产收益率越低，监事会开会就越多，即监事会会议次数越多，企业绩效越差。这与有些学者的研究结论是一致的，比如，卿石松（2008）的研究结论是一致的，其认为监事会会议次数与公司绩效呈显著的负相关[1]；刘名旭（2007）通过对民营上市公司的实证分析也认为监事会会议次数与公司业绩有显著的负相关关系[2]。

表 6-16　国有企业现代监督制度与净资产收益率的回归结果表

变量	roe							
	模型 19	模型 20	模型 21	模型 22	模型 23	模型 24	模型 25	模型 VI
jshgm	0.003 *** (5.27)							0.005 *** (9.17)
jshcg		0.610 *** (9.32)						0.484 *** (4.13)
jjjdll				0.018 *** (3.59)				0.002 *** (2.68)
jshhy			-0.004 *** (-12.67)					-0.004 *** (-10.75)
nkyx					-0.108 *** (-25.79)			-0.083 *** (-13.07)

---

① 卿石松. 监事会特征与公司绩效关系实证分析 [J]. 首都经济贸易大学学报, 2008, 10 (3)：53-57.
② 刘名旭. 监事会、公司治理与公司绩效——基于民营上市公司的研究 [J]. 华东经济管理, 2017, 21 (10)：95-98.

变量	roe							
	模型 19	模型 20	模型 21	模型 22	模型 23	模型 24	模型 25	模型 VI
nkqx						0.015 *** (12.44)		0.001 (0.55)
wg							0.0003 (0.12)	−0.003 (1.06)
gsgm	0.013 *** (24.65)	0.015 *** (33.58)	0.015 *** (31.17)	0.014 *** (29.82)	0.014 *** (30.40)	0.013 *** (27.66)	0.014 *** (28.12)	0.013 (22.14)
gshy	−0.060 *** (−42.9)	−0.060 *** (42.11)	−0.059 *** (−36.67)	−0.065 *** (−50.88)	−0.063 *** (−41.85)	−0.058 *** (−37.91)	−0.063 *** (−47.46)	−0.065 (−43.15)
gsdq	−0.011 *** (−7.81)	−0.013 *** (−8.51)	0.011 *** (−7.16)	−0.017 *** (−12.83)	−0.013 *** (−9.48)	−0.009 *** (−5.96)	−0.015 *** (−11.12)	−0.015 (−9.60)
ssnl	−0.002 ** (−16.7)	−0.002 *** (−17.9)	−0.002 *** (−18.57)	−0.002 *** (−26.01)	−0.002 *** (−17.63)	−0.002 *** (−21.73)	−0.002 *** (−18.9)	−0.002 (−15.78)
常数项	−0.1.890 *** (−15.86)	−0.219 *** (−23.39)	−0.220 *** (−19.92)	−0.193 *** (−17.7)	−0.090 *** (−8.12)	−0.186 *** (−16.71)	−0.191 *** (−16.80)	−0.123 (−8.28)
ADj R^2	0.456	0.639	0.385	0.550	0.454	0.511	0.493	0.422
F 值	648.21	1366.89	483.54	942.89	640.92	804.49	750.21	257.36

注: * * *、* *、* 分别表示1%、5%、10%水平上显著,括号中为 t 值。

内控有效变量与 roe 的系数也是负的,且在1%水平显著。这说明国有企业内部控制做得越好,企业绩效也就越差。内控缺陷与 roe 的系数为正,也在1%的水平上显著,这也从另一个视角证明,国有企业内部控制缺陷越多,企业绩效反而越好,同前面的内控有效是一个问题的两个方面而已。企业违规变量与企业绩效的系数为弱正,但是不显著,也就是说企业违规越多不一定会导致企业绩效越多,从上市公司治理的角度来看,企业违规与企业绩效没有内在的必然关系。

在国有企业现代监管变量与企业业绩(净资产收益率)的整体模型(即模型 VI)中,国有企业监事会规模、监事会持股比例、纪检监察力量与国有企业绩效 roe 的系数均是正的,且在1%水平上显著,假设4.1、假设4.2、假设4.3再次得到验证。监事会会议次数与 roe 的系数为负,且在1%水平上显著,假设4.4也得到验证。内控有效与企业绩效的系数为负,且在1%水平上显著,这同前面的分析一致,即国有企业内控有效性越高,企业绩效越差。内控缺陷与企业绩效的系数为正,即内控缺陷越多,企业绩效越好,同前面的分步回归分析也是一致的。违规与企业绩效的系数为弱负,但是显著性有待进一步检验,同前面分析为正相反。这也说明违规对企业净资产收益率的影响不明朗。

对于表中控制变量，变量系数都是显著的。比如，国有企业规模控制变量不管是在国有企业现代监督制度的分步模型中还是在其整体模型中，其系数都为正，且在1%水平上显著，表明在现代监督制度影响下，企业规模越大，企业绩效越好；国有企业所在行业控制变量系数、上市年龄控制变量系数均为负，说明在国有企业现代监督制度的影响下，工业领域中的国有企业绩效没有其他领域好，上市时间越长，则国有企业的绩效越差。国有企业所在地区控制变量在国有企业监事会规模、监事会持股、纪检监督力量、内控有效、内控缺陷、违规的影响下与企业绩效的系数为负，即中西部地区国有企业绩效没有东部地区好。但是模型21表明，东部地区国有企业监事会会议次数与企业绩效是呈正向影响的。

总之，从整体上来看，国有企业现代监管制度越完善合理，对国有企业的绩效越能产生正面的影响，假设4得到验证。但是，不同地区和不同行业国有企业的绩效是存在差异的，不同上市年龄的企业绩效也是不同的。

（四）国有企业现代监督制度与企业绩效的稳健性检验

为了研究的稳健性，以国有资本保值增值率（ar）作为被解释变量，来进一步验证国有企业现代监督制度的完善是否有利于国有企业提高效率。从以下表6-17中可以得知，国有企业现代监督制度的分步回归结果非常好，譬如，监事会持股比重和纪检监督力量与国有资本保值增值率的系数是为正的，且在1%水平显著，这说明监事会持股比例越大、纪检监督力量越强（比如设有纪委书记或者设有纪检监察和审计部门）的国有企业，越能保证国有资本保值增值，假设4.2、假设4.3再次得到验证。国有企业监事会规模与保值增值率的系数为负，且在1%的水平上显著，说明国有企业监事会人数越多，越不利于国有企业保值增值，假设4.1得不到验证。这与前面国有企业监事会规模与净资产收益率的系数为正恰好相反，可能的原因是监事会规模过大会导致管理成本的增加和管理效益的下降。这也得到王砚书、武　侠、于佳欣（2009）和刘名旭（2007）等研究的证实。国有企业监事会会议次数与保值增值率的系数为正，且在1%水平上显著，即监事会会议开得越多，越有利于国有企业保值增值，因为监事会会议越多又能防范国有企业的资产流失，也有利于国有企业的决策纠正。这与前面分析的国有企业监事会会议次数越多企业净资产收益率越差一起构成国有企业监事会会议的双重指标含义，既能说明现状的业绩情况，又能预防国资流失，对将来国有企业保值增值具有长远影响。

国有企业内控有效性与国有企业保值增值率的系数为正，且在1%的水平上显著，说明国有企业内部控制越到位，越能促进国有企业保值增值。这与前面的分析也是恰好相反，可能的原因是国有企业内控越完善，企业越能保值，但是企业的灵活性和对市场的反应性就会差些，很多战略机会很可能就把握不住，进而会造成短期绩效不太理想。内控缺陷与国有企业保值增值率的系数为负，且在1%的水平上显著，说明国有企业内控缺陷越多，保值增值率越低。国有企业违规与保值增值率的系数为负，且在1%的水平上显著，说明国有企业违规越多，保值增值率越低。国有企业内控缺陷和违规两个变量与国有企业内控有效变量是一个问题的两个对立方面，所以，就会出现国有企业内控有效会促进保值增值，内控存在缺陷和违规会阻碍保值增值。

从国有企业现代监督制度与国有资本保值增值率的整体回归模型（即模型VI）可以看出，国有企业现代监督制度各变量与国有资本保值增值率的系数与前面的分步回归所得系数具有高度一致性，即监事会持股比重、监事会会议次数、纪检监督力量与国有企业保值增值率的系数为正，且在1%水平上显著，说明从国有企业监督制度整体模型来看，监事会持股比重越多、纪检监督力量越多，越能促进国有企业保值增值，假设4.2、假设4.3得到验证。国有企业监事会规模与保值增值的系数为负，且在1%的水平上显著，国有企业监事会规模越大，反而越不能促进保值增值，假设4.1得不到验证。国有企业监事会会议次数也与保值增值率的系数为正，且在1%水平上显著，说明监事会会议越多越有利于保值增值，同分步回归前面的结论一致，但是与上一节国有企业监事会会议次数与净资产收益率的关系恰好相反，其原因同前面分析的一样。内控有效与保值增值率的系数为正，内控缺陷与保值增值率的系数为负，违规与保值增值率的系数为负，且均在1%的水平上显著，说明国有企业内控做得越好，越能促进国有企业保值增值，内控缺陷越多、违规越多越不利于国有企业保值增值。这些与前面的结论也具有一致性。

从控制变量的回归结果来看，不论是国有企业现代监督制度与国有资本保值增值率间的分步回归分析还是整体回归分析，国有企业规模在国有企业现代监督制度的影响下对企业保值增值具有正向显著影响，即国有企业规模越大，国有企业保值增值率越高；处在工业领域的国有企业在现代监督制度的影响下对企业保值增值也具有正向显著影响，即工业领域的国有企业相比非工业领域的国有企业更能促进保值增值；处在东部地区的国有企业在现代监督制度的影响下对企业的保值增值也具有正向显著影响，即东部地区的国有企业相比中西部地区的国有企业更能促进保值增值；上市年龄越长的国有企业在现代监督制度的影响下对企业保值增值具有负向显著影响，即上市年龄越长的国有企业，越不能促进企业保值增值。

综上所述，国有企业现代监督制度的各假设对短期绩效衡量指标（净资产收益率）来说是均能成立的，对国有企业保值增值率这一长期衡量指标来说，其核心指标（监事会持股、纪检监督力量）也还是能表现出较强的正向影响。所以，整体上来看，可以认为国有企业现代监督制度越完善，则越有利于国有企业绩效的保持和改善。

表6-17 国有企业现代监督制度与保值增值的回归结果表

变量	ar							
	模型 19	模型 20	模型 21	模型 22	模型 23	模型 24	模型 25	模型 VI
jshgm	−0.033 *** (−28.61)							−0.034 *** (−26.50)
jshcg		0.836 *** (3.01)						1.116 *** (3.86)
jjjdll				0.027 ** (2.25)				0.011 *** (7.57)
jshhy			0.002 ** (2.01)					0.003 *** (3.39)
nkyx					0.090 *** (10.07)			0.096 *** (18.86)
nkqx						−0.034 *** (−12.64)		−0.026 *** (−8.22)
wg							−0.137 *** (−29.77)	−0.123 *** (−22.84)
gsgm	0.030 *** (30.43)	0.021 *** (24.7)	0.024 *** (26.14)	0.021 *** (20.02)	0.020 *** (17.03)	0.022 *** (18.91)	0.018 *** (15.82)	0.027 *** (22.36)
gshy	0.016 *** (5.72)	0.018 *** (7.35)	0.017 *** (6.31)	0.013 *** (4.41)	0.014 *** (4.36)	0.013 *** (5.07)	0.017 *** (5.01)	0.021 *** (6.15)
gsdq	0.036 *** (12.05)	0.045 *** (−17)	0.042 *** (14.62)	0.048 *** (16.06)	0.044 *** (13.54)	0.043 *** (16.67)	0.044 *** (13.08)	0.044 *** (14.49)
ssnl	−0.005 ** (−18.02)	−0.004 *** (−15.53)	−0.006 *** (−21.63)	−0.006 *** (−21.98)	−0.005 *** (−17.41)	−0.004 *** (−14.85)	−0.005 *** (−15.67)	−0.007 *** (−31.49)
常数项	0.612 *** (30.33)	0.653 *** (32.43)	0.628 *** (27.17)	0.684 *** (27.31)	0.621 *** (21.92)	0.661 *** (24.83)	0.758 *** (29.11)	0.608 *** (22.47)
$ADj\ R^2$	0.267	0.224	0.437	0.327	0.197	0.200	0.268	0.541
F 值	281.56	223.21	599.23	375.44	190.72	194.54	283.14	414.75

注：＊＊＊、＊＊、＊分别表示1%、5%、10%水平上显著，括号中为t值。

五、假设验证情况分析

通过前面的回归实证分析，本章前面各假设验证具体情况见表6-18。从中可以看出，在以roe作为企业绩效的衡量标准下，中国特色现代企业制度中的公司治理制度、现代监督制度的各项假设都成立，即说明两者都具有效率；中国特色现代企业制度中的党建制度有两个假设成立，还有一个与ar作为企业绩效衡量标准时也成立，可以说中国特色现代企业制度中的党建制度的各项假设也是成立的；中国特色现代企业制度中的现代管理制度中有三个假设是成立的，还有一个因为国有企业落实职工董事不到位，实证效果体现不出来，若国有企业职工董事普及度较高、覆盖面较广，其实证结果有可能会证实该假设。所以，整体上来看，中国特色现代企业制度的实证假设得到验证的比例还是非常高的，整体上可以体现出其效率性。但是，若用ar这一长期指标来衡量企业绩效，中国特色现代国有企业制度的各项假设成立的情况就比较复杂，比如党建制度中有假设1.2得不到验证，公司治理制度中有假设2.3.3、假设2.3.4得不到验证，现代管理制度有假设3.1.1、假设3.1.2、假设3.2得不到验证，现代监督制度有假设4.1得不到完全验证。但是，这些得不到验证的假设除了假设3.1.1之外，其余都是可以用roe作为绩效衡量指标来得出结论的，之所以会出现得不到ar稳健性检验，其主要的原因是这些指标对短期绩效指标roe较为敏感，对长期绩效指标ar不敏感，具体的原因见表6-15。假设3.1.1不管是用roe作为绩效衡量指标，还是用ar作为绩效衡量指标都得不到验证，主要是因为国有企业中职工董事太少，在模型中失去统计学意义。总之，影响国有企业的各相关因素，要么对短期经济绩效（roe）有显著正相关，要么与长期经济绩效有显著正相关，以roe作为企业绩效衡量标准有76%的假设得到验证，以ar作为企业绩效衡量标准有56%假设得到验证，只有1个变量指标不论是以roe作为企业绩效衡量标准，还是以ar作为企业绩效衡量标准，其对应的假设都得不到验证。所以，虽然前面所有假设稳健性检验虽然并不是完全得到验证，但是其内在的原因表明，那些少数不能被验证的假设并不能否定中国特色现代企业制度的经济效率性。

表6-18　各假设验证情况一览表

假设序号	假设内容	假设是否验证 roe	假设是否验证 ar	不能验证原因或者相关说明
1	企业制度注入党建制度后，能提高公司绩效			
1.1	董事会中党员越多，企业经营绩效越好	否	是	国有企业董事会党员比重越大，整体上执行国家政策方针越到位，面临的社会效益和经济效益的冲突就越大，甚至在党性的担当下，很多决策是非经济效益的。
1.2	监事会中党员越多，企业经营绩效越好	是	否	国有企业监事会中党员比重越大，整体上监督越到位，越能抑制负债扩张经营，进而导致企业错失发展良机，但是监督到位执行经理层执行有利于董事会决策的效率。
1.3	经理层中党员越多，企业经营绩效越好	是	是	
2	国有企业治理制度越完善，则公司绩效越高	是	是	
2.1	国有企业股权集中度越高，公司绩效越差	是	是	
2.1.1	国有企业第一大股东持股比重越高，公司绩效越差	是	是	
2.1.2	国有企业第二至第五大股东占比越高，对第一大股东越能有效制衡			因为同假设2.1.1存在共线性，该假设取消。
2.2	国有企业董事会治理水平与公司绩效正相关	是	是	
2.2.1	国有企业董事会规模越大，越不利于企业绩效改善	是	是	
2.2.2	国有企业董事董事会持股比例越高，越有利于企业绩效改善	是	是	
2.2.3	国有企业董事董事会薪酬越高，越有利于获得企业绩效	是	是	

续表

假设序号	假设内容	假设是否验证 roe	假设是否验证 ar	不能验证原因或者相关说明
2.2.4	国有企业董事会会议次数越多，越能获得企业绩效	是	是	
2.2.5	国有企业独立董事比重越高，企业绩效越好	是	是	
2.3	国有企业经理层治理与公司绩效正相关	是	是	
2.3.1	国有企业两职分离有利于改善公司绩效	是	否	
2.3.2	国有企业经理层规模越大，越有利于提高企业绩效	是	是	
2.3.3	国有企业经理层持股比重与公司绩效正相关	是	否	经理层更关心的是短期绩效，因为短期分红、经理层持股得股能获得股价的影响较大，经理层持股比重越大越关心企业净资产收益率，而不太关心保值增值率。
2.3.4	国有企业经理层薪酬与公司绩效正相关	是	否	因为薪酬里面有一大部分也是奖金，与企业短期绩效高度挂钩，所以会关注净资产收益率，而不太关心保值增值率。
3	国有企业现代管理制度越完善，企业绩效越好	是	是	
3.1	国有企业民主管理制度越完善，越有助于提高企业绩效	是	是	
3.1.1	国有企业职工董事比重越大，企业绩效越好	否	否	国有企业职工董事制度没有发挥作用
3.1.2	国有企业职工监事比重越大，企业绩效越好	是	否	职工监事对短期绩效更为关注，无能力或者因为短期监督不了企业长期的经营行为。
3.2	股权激励做得越好的国有企业，企业绩效也越好	是	否	管理层股权激励太大太容易造成短期行为，不利于长期绩效。

续表

假设序号	假设内容	假设是否验证 roe	假设是否验证 ar	不能验证原因或者相关说明
3.3	国有企业经理层市场化选聘比例越高，企业绩效越好	是	是	
4	国有企业监督制度越完善，越有利于国有企业实现企业绩效	是	是	
4.1	国有企业监事会规模越大，越有利于国有企业实现企业绩效	是	否	可能是随着国有企业监事会规模的扩大，反而会带来管理浪费和成本增加，进而不利于保值增值。
4.2	国有企业监事会持股比重越大，越有利于国有企业实现企业绩效	是	是	
4.3	国有企业纪检监督力量越强，越有利于国有企业实现企业绩效	是	是	
4.4	国有企业监事会会议次数越多，表明企业绩效越差	是	是	

五、中国特色现代国有企业制度整体效率检验——基于时间段调节变量的分析

中国特色现代国有企业制度整体效率的研究要基于前面对中国特色现代国有企业制度的分析来构建起理论模型。通过前面的研究分析，可以发现，中国特色现代国有企业制度最有特色的地方在于国有企业的党建制度，其具体表现在国有企业党组织力量参与企业治理和推进企业监督上的重要作用。因此，相比较西方现代企业制度而言，国有企业的党建制度的独特性表现得更为明显。所以，为了从纵向角度来证明中国特色现代国有企业制度的效率性，下面通过研究中国国有企业党建工作加强前后国有企业的表现差异，来验证国有企业党建对国有企业绩效的影响，并在结合前面假设和模型的基础上，构建了一个基于时间段为调节变量，以国有企业董事会中党员比重、监事会中党员比重、经理层中党员比重、纪检监察力量为自变量，企业绩效为因变量的多元线性回归模型，具体如下：

$$jx = e_o + e_1 E_1 + e_2 E_1 * dummy + e_3 gsgm + e_4 gshy + e_5 gsdq + e_6 sssnl \tag{26}$$

$$jx = e_o + e_2 E_1 + e_2 E_2 * dummy + e_3 gsgm + e_4 gshy + e_5 gsdq + e_6 sssnl \tag{27}$$

$$jx = e_o + e_3 E_1 + e_2 E_3 * dummy + e_3 gsgm + e_4 gshy + e_5 gsdq + e_6 sssnl \tag{28}$$

$$jx = e_o + e_4 E_1 + e_2 E_4 * dummy + e_3 gsgm + e_4 gshy + e_5 gsdq + e_6 sssnl \tag{29}$$

上面模型（26）～（29）中的 E_1、E_2、E_3、E_4，分别是 dsh、jsh、jlc、jjjcll，$E_1 * dummy$、$E_2 * dummy$、$E_3 * dummy$、$E_4 * dummy$ 为调节变量，均为模式的解释变量。jx 是用来衡量国有企业绩效的，用净资产收益率（roe）来衡量，是模型中的被解释变量。gsgm 为国有企业规模，ghy 为国有企业所在行业，gsdq 为国有企业所在地区，ssnl 为国有企业上市年龄，都是模型的控制变量。dummy 为虚拟变量，当样本国有企业数据年份>2012 是为 1，否则为 0。$E_1 * dummy$、$E_2 * dummy$、$E_3 * dummy$、$E_4 * dummy$ 分别表示 2013～2016 年国有企业董事会党员比重、监事会党员比重、经理层党员比重、纪检监察力量与企业绩效的影响程度与 2010～2012 年国有企业董事党员比重、监事会党员比重、经理层党员比重、纪检监察力量与企业绩效的影响程度的大小比较。

从以下表 6-19 回归结果可以得出，在引入时间段调节变量后，交乘项的系数都为正，且都在 1%水平上显著。这说明，与 2010~2012 年时间段比较，2013

~2016 年时间段内国有企业董事会党员比重、监事会党员比重、经理层党员比重、纪检监察力量对国有企业净资产收益率的影响是正向的。也就是说，十八大之后，国有企业通过加强党建设，党组织力量参与到国有企业董事会、监事会、经理层中，并且严格落实国有企业党建有人、有机构的精神，切实贯彻国有企业党组织融入公司治理环节的要求，国有企业绩效与之前时间段相比产生了积极向好的变化。另外，还可以发现，从整体上来看，国有企业董事会党员比重、监事会党员比重、经理层党员比重、纪检监察力量与国有企业净资产收益率的系数均为负，但是前面的实证分析证明 2013~2016 年这段时间国有企业监事会党员比重、经理层党员比重、纪检监察力量与国有企业净资产收益率的系数均为正，这从正面说明 2013~2016 年期间国有企业党建起了正向影响作用。国有企业董事党员比重虽然为负，但 t 值绝对值只有 4.56，比 2010~2016 年的 26.34 要小很多，这也从反面证明国有企业董事会党建工作的强化提高了决策水平，改善了企业绩效。可见，假设 1 得到验证。

表 6-19　加入 dummy 变量后中国特色现代国有企业制度回归结果表

变量	roe			
	模型 26	模型 27	模型 28	模型 29
dsh	-0.106*** (-26.34)			
dummydsh	0.094*** (19.93)			
jsh		-0.046*** (-18.51)		
dummyjsh		0.038*** (10.82)		
jlc			-0.010*** (-4.61)	
dummyjlc			0.007*** (2.31)	
jjjc				-0.001*** (-2.49)

变量	roe			
	模型 26	模型 27	模型 28	模型 29
dummyjjjc				0.0001*** (0.15)
dummy	−0.061*** (−29.39)	−0.036*** (−19.53)	−0.022*** (−16.37)	−0.003*** (−2.28)
gsgm	0.016*** (42.54)	0.021*** (17.45)	0.016*** (58.4)	0.014*** (49.2)
gshy	−0.044*** (−41.02)	0.014*** (−4.19)	−0.022*** (−24.20)	−0.044*** (−46.4)
gsdq	−0.003*** (−2.61)	0.041*** (−12.11)	0.017*** (18.97)	0.002*** (1.62)
ssnl	−0.002*** (−23.36)	−0.005*** (−15.27)	−0.002*** (−25.91)	−0.003*** (−42.98)
常数项	−0.193*** (−22.64)	0.670*** (23.28)	−0.259*** (−41.45)	−0.201*** (−30.96)
ADj R²	0.431	0.18	0.640	0.497
F 值	735.48	166.77	1722.95	958.25

注：＊＊＊、＊＊、＊分别表示 1%、5%、10% 水平上显著，括号中为 t 值。

　　总之，通过引入调节变量，更进一步说明了十八大以来，党中央国务院对国有企业党建高度重视的正确性，在党的领导下正在进行的全面深化改革助推了国有企业的改革发展。这一实证结果，也可以得到官方的数据证明。据 2017年 9 月 28 日上午 10 时，国务院国资委主任肖亚庆在国务院新闻办公室举行新闻发布会介绍十八大以来国有企业改革有关情况来看，截至 2016 年底，中央企业资产总额达到 50.5 万亿元，和前一个五年相比增加了 80%；从效益来看，这五年效益是 6.4 万亿元，增加了 30.6%，也是增加幅度比较高的，上交各种税费10.3 万亿元，增加了 63.5%。同时，他还指出实践当中凡是搞得好的企业，竞争力强、效益好、保值增值做得好，党的组织建设有力；凡是职工群众满意，干群关系和谐，职工队伍的活力非常强，这个企业就是党建工作有力；如果萎靡不振、效益下滑、战斗力极差、竞争力不强的企业，廉政问题频发，党建工作虚化、弱化、淡化甚至变化的现象非常多。这也从实践角度和规范研究的角度说明了国有企业党建制度的重要性和巨大作用。

六、中国特色现代国有企业制度整体效率检验——基于因子分析法视角的分析

前面的关于中国特色现代国有企业制度效率的研究主要是从内容维度和以时间轴为标准的纵横比较维度来考察的。以内容维度来考察中国特色现代国有企业制度效率采取的是按照中国现代国有企业党建制度、公司治理制度、现代管理制度和现代监督制度分别用系列指标来进行细分考察的，缺乏整体性的研究。通过引入时间中间变量来考察中国特色现代国有企业制度效率只是从纵向上验证了同一批国有企业实施中国特色现代国有企业制度与之前没有实施中国特色现代国有企业制度建设存在效率差异。至于这种差异是否由于引入中国特色现代企业制度而造成的无法验证。所以，本节将采用因子分析法，通过将影响中国特色现代企业制度的有关变量进行主成分分析，进而提取公因素，并以此为基础形成中国特色现代国有企业制度因子得分数据。然后，同前面的实证研究一样采取加权最小二乘法对国有企业绩效与制度因子总得分变量构建回归模型，直接整体考察中国特色现代国有企业制度与国有企业绩效间的内在关系。

（一）指标体系检验

使用 stata 软件，首先进行 KMO 因子分析检验，旨在判断是否适合采用因子分析法。其标准为 KMO 大于 0.5，则适合进行因子分析。通过检验得出的 KMO 值为 0.6128，大于临界值，说明数据适合采用因子模型进行统计分析。如下表 6-20。

表 6-20　KMO 值

变量	kmo	变量	kmo	变量	kmo
dshdy	0.95	dshqsxc	0.5774	glccg	0.5179
jshdy	0.9091	dshhy	0.4087	jlr	0.6502
jlcdy	0.6521	jr	0.6147	jshgm	0.6032
dydgd	0.5241	jlcgm	0.6091	jshcg	0.1317
dezdwgd	0.5049	jlcqsxc	0.5598	jshhy	0.5279
dshgm	0.5619	jlccg	0.8002	jjjdll	0.5648
dlds	0.5997	zgjs	0.5249	nkyx	0.5629
dshcg	0.5254	zgds	0.7179	nkqx	0.7804
wg	0.5637	Overall	0.6004		

（二）特征值、累计方差贡献率和旋转成分矩阵

表 6-21　未旋转的特征值和累计方差贡献率

因子	特征值	相邻特征值之差	方差贡献率	累计方差贡献率
Factor1	3.46516	0.90714	0.1386	0.1386
Factor2	2.55802	0.78565	0.1023	0.2409
Factor3	1.77236	0.06898	0.0709	0.3118
Factor4	1.70338	0.20473	0.0681	0.38
Factor5	1.49865	0.11758	0.0599	0.4399
Factor6	1.38107	0.21759	0.0552	0.4951
Factor7	1.16348	0.05822	0.0465	0.5417
Factor8	1.10526	0.05568	0.0442	0.5859
Factor9	1.04958	0.05952	0.042	0.6279

表 6-22　旋转后的特征值和累计方差贡献率

因子	特征值	相邻特征值之差	方差贡献率	累计方差贡献率
Factor1	2.98254	0.25448	0.1193	0.1193
Factor2	2.72807	0.88289	0.1091	0.2284
Factor3	1.84517	0.01841	0.0738	0.3022
Factor4	1.82676	0.35283	0.0731	0.3753
Factor5	1.47393	0.049	0.059	0.4343
Factor6	1.42493	0.21129	0.057	0.4913
Factor7	1.21364	0.11034	0.0485	0.5398
Factor8	1.1033	0.00472	0.0441	0.5839
Factor9	1.09859	.	0.0439	0.6279

表6-23 旋转成分矩阵

变量	F1	F2	F3	F4	F5	F6	F7	F8	F9
dshdy	0.8391	-0.0285	0.0663	0.1013	-0.0199	0.0005	0.0088	-0.0085	-0.0232
jshdy	0.6609	-0.0892	0.0805	0.0656	-0.0094	-0.0137	-0.0231	-0.1172	-0.0708
jlcdy	0.9445	-0.0355	0.0257	0.0684	0.0119	0.0503	-0.0147	0.0344	0.0225
dydgd	0.0778	-0.084	0.9366	0.039	-0.0073	-0.0534	-0.0058	0.0259	-0.0472
dezdwgd	0.0325	0.0031	0.941	0.0058	0.013	0.0749	0.0273	-0.003	0.0156
dshgm	0.0432	-0.0664	0.0125	0.0414	0.0776	0.7589	0.0884	-0.1449	0.0444
dlds	0.0336	-0.0876	0.1183	-0.0482	-0.0334	-0.1156	0.0113	0.6604	0.2289
dshcg	-0.0305	0.9338	-0.0189	-0.0194	-0.0075	-0.0051	0.0131	0.0018	-0.0055
dshqsxc	0.0012	0.0016	-0.0009	-0.0022	0.7038	-0.035	0.0072	-0.0504	-0.0625
dshhy	-0.0011	0.0086	-0.0479	0.0344	0.0524	0.0052	0.1737	0.1336	0.7704
jr	-0.019	-0.0286	0.1959	-0.0013	-0.0662	0.1082	-0.165	-0.4821	0.021
jlcgm	0.0208	0.0188	0.0107	-0.015	0.5992	0.0999	0.0766	0.0712	0.0661
jlcqsxc	0.0026	-0.0153	0.0056	0.0021	0.7613	-0.01	-0.1127	0.0059	0.0524
jlccg	-0.0403	0.8787	-0.0353	-0.0249	-0.0044	-0.029	0.0209	-0.0051	-0.018
zgjs	0.0164	0.0321	0.0394	0.0045	0.0246	0.3132	-0.4937	0.3336	-0.0411
zgds	0.0755	-0.0163	0.0248	0.0543	0.0128	0.0307	-0.2631	0.4518	-0.1957
glccg	-0.042	0.9755	-0.0354	-0.0341	0.0065	-0.0168	-0.01	-0.0224	0.0134
jlr	-0.9442	0.027	-0.0229	-0.0645	-0.0133	-0.0543	0.0062	-0.0368	-0.0251

续表

变量	F1	F2	F3	F4	F5	F6	F7	F8	F9
jshgm	0.0977	-0.0145	0.0196	0.0971	-0.0557	0.8128	-0.0085	0.0389	-0.0367
jshcg	-0.0317	0.2908	-0.0515	-0.0514	0.077	-0.0349	-0.1116	-0.0655	0.1427
jshhy	-0.0135	0.0207	0.0668	-0.0228	-0.0891	0.1682	0.6936	0.0236	0.1944
jjjdll	0.1037	-0.0292	0.0303	0.922	0.0039	0.0694	-0.0062	0.0153	0.0126
nkyx	-0.1092	0.0425	-0.0154	-0.9294	0.0083	-0.0241	0.0141	0.0254	-0.0009
nkqx	-0.0248	0.1066	-0.0291	-0.2496	-0.0389	0.0499	0.3831	0.1592	-0.2772
ug	-0.0537	0.0191	0.0319	0.0489	0.0717	0.0132	0.4168	0.1512	-0.5031

根据表6-23中的旋转成分矩阵，可知F1主因子在董事会党员比重、监事会党员比重、经理层党员比重和有政治背景的高管比重（1-经理人市场化选聘比重）有较大载荷值，其中前三项的董事会党员比重、监事会党员比重、经理层党员比重反映了党组织力量在国有企业中的参与程度，后一项有政治背景的高管反映了国有企业中高管具有较强的政治背景和政治素质，因此F1因子可以称之为国有企业党建因子。F2主因子在董事会成员持股比重、经理层持股比重、管理层持股比重上有较大载荷值，此三项反映了国有企业的股权激励情况，因此F2因子可以称之为国有企业股权激励因子。F3主因子在第一大股东持股比重、第二至第五大股东比重上有较大载荷值，此两项反映了国有企业股权集中度，因此F3因子可以称之为国有企业股权结构因子。F4主因子在纪检监督力量、内控有效上有较大载荷值，此两项反映了国有企业现代监督状况，因此F4因子可以称之为国有企业监督因子。F5主因子在董事会前三薪酬、经理层前三年薪酬上有较大载荷值，此两项反映了国有企业经营管理团队的薪酬状况，因此F5因子可以称之为国有企业薪酬激励因子。F6因子在董事会规模、监事会规模上有较大载荷值，此两项反映了国有企业公司治理力量的状况，因此F6因子可以称之为国有企业治理力量因子。F7主因子在监事会会议次数上有较大载荷值，可以称之为会议监督因子。F8主因子在独立董事比重上有较大载荷值，因为独立董事来自国有企业外部，具有相对独立性，所以F8因子可以称之为外部监督因子。F9主因子在董事会会议次数上有较大载荷值，因为董事会是公司治理的决策中枢，所以F9因子可以称之为董事会议治理因子。从F1~F9因子的内涵来看，F1因子属于前面研究的中国特色现代国有企业制度中的党建制度研究范畴，F2和F5属于前面研究的中国特色现代国有企业制度中的现代管理制度研究范畴，F3、F6、F8、F9属于前面研究的中国特色现代国有企业制度中的公司治理制度研究范畴，F4和F7属于前面研究的中国特色现代国有企业制度中的监督制度研究范畴。

（三）计算因子得分和综合得分

利用下表6-24，可以得出如下因子得分函数：

$F1 = 0.2064 * dshdy + 0.1714 * jshdy + 0.2282 * jlcdy + 0.0895 * dydgd + 0.0694 * dezdwgd + 0.0521 * dshgm + 0.0207 * dlds - 0.1356 * dshcg - 0.0013 * dshqsxc - 0.0031 * dshhy + 0.0164 * jr + 0.0053 * jlcgm + 0.0054 * jlcqsxc - 0.1333 * jlccg + 0.0244 * zgjs + 0.0333 * zgds - 0.1466 * glccg - 0.2265 * jlr + 0.0674 * jshgm - 0.0541 * jshcg - 0.0077 * jshhy + 0.1169 * jjjdll - 0.1177 * nkyx - 0.0479 * nkqx - 0.0134 * wg$

表6-24 各主因子得分系数表

dshdy	0.2064	0.1522	-0.0370	-0.1280	-0.0238	-0.0161	0.0274	-0.0459	-0.0032
jshdy	0.1714	0.0970	-0.0182	-0.1058	-0.0183	-0.0112	-0.0133	-0.1375	-0.0507
jlcdy	0.2282	0.1702	-0.0686	-0.1579	0.0054	0.0147	0.0159	0.0137	-0.0148
dydgd	0.0895	-0.0298	0.4942	0.0059	0.0362	-0.1143	0.0124	-0.0089	-0.0142
dezdwgd	0.0694	-0.0083	0.5109	0.0306	0.0484	-0.0182	0.0246	0.0330	-0.0635
dshgm	0.0521	-0.0018	0.0159	0.1586	0.0309	0.5076	-0.0777	0.0679	-0.0804
dlds	0.0207	-0.0334	0.0478	-0.0959	0.0431	-0.1597	0.0964	0.5335	0.2499
dshcg	-0.1358	0.3101	0.0688	0.0492	-0.0096	-0.0067	-0.0069	0.0257	0.0167
dshqsxc	-0.0013	0.0061	-0.0212	0.0175	0.4415	0.0290	0.1058	-0.1860	0.0586
dshhy	-0.0031	0.0032	-0.0555	0.0218	0.0513	0.0018	0.4035	0.4764	-0.3475
jr	0.0164	-0.0122	0.1012	0.0679	-0.0397	0.0670	-0.1371	-0.2416	-0.3776
jlcgm	0.0053	0.0149	-0.0093	0.0210	0.3812	0.1066	0.1482	0.0009	0.0628
jlcqsxc	0.0054	0.0015	-0.0310	0.0320	0.5067	0.0048	0.0640	-0.0743	-0.0096
jlccg	-0.1333	0.2894	0.0567	0.0402	-0.0103	-0.0151	-0.0001	0.0062	0.0227
zgjs	0.0244	0.0176	0.0109	0.0678	0.1164	0.0260	-0.4406	0.3273	0.0956
zgds	0.0333	0.0089	0.0012	-0.0032	0.0680	-0.1095	-0.2580	0.2217	0.3369
glccg	-0.1466	0.3220	0.0623	0.0483	0.0022	-0.0130	-0.0146	0.0207	-0.0164
jlr	-0.2265	-0.1729	0.0688	0.1592	-0.0054	-0.0200	-0.0213	-0.0165	0.0127
jshgm	0.0674	0.0269	0.0215	0.1748	-0.0339	0.4762	-0.2032	0.1861	0.0560

续表

变量	F1	F2	F3	F4	F5	F6	F7	F8	F9
jshcg	-0.0541	0.0926	-0.0140	0.0087	0.0689	-0.0319	-0.0206	0.0424	-0.1587
jshhy	-0.0077	0.0011	0.0710	-0.0165	-0.1463	0.2659	0.5060	0.0817	0.0759
jjdll	0.1169	0.0418	-0.0546	-0.1575	0.4512	-0.0513	0.1275	-0.0155	0.1244
nkyx	-0.1177	-0.0384	0.0654	-0.4466	0.0627	0.1831	-0.1282	0.0565	-0.1048
nkqx	-0.0479	0.0214	0.0443	-0.1486	-0.0724	0.1703	0.1159	-0.0684	0.3517
wg	-0.0134	-0.0041	0.0599	-0.0081	-0.0347	0.1044	0.1345	-0.2425	0.5458

$F2 = 0.1522 * dshdy + 0.0970 * jshdy + 0.1702 * jlcdy - 0.0298 * dydgd - 0.0083 * dezdwgd - 0.0018 * dshgm - 0.0334 * dlds + 0.31001 * dshcg + 0.0061 * dshqsxc + 0.0032 * dshhy - 0.0122 * jr + 0.0149 * jlcgm + 0.0015 * jlcqsxc + 0.2894 * jlccg + 0.0176 * zgjs + 0.0089 * zgds + 0.322$

$0 * glccg - 0.1729 * jlr + 0.0269 * jshgm + 0.0926 * jshcg + 0.0011 * jshhy + 0.0418 * jjjdll - 0.0384 * nkyx + 0.0214 * nkqx - 0.0041 * wg$

$F3 = -0.0372 * dshdy - 0.0182 * jshdy - 0.0686 * jlcdy + 0.4942 * dydgd + 0.5109 * dezdwgd + 0.0159 * dshgm + 0.0478 * dlds + 0.0688 * dshcg - 0.0212 * dshqsxc - 0.0555 * dshhy + 0.1012 * jr - 0.0093 * jlcgm - 0.0310 * jlcqsxc + 0.0567 * jlccg + 0.0109 * zgjs + 0.0012 * zgds + 0.0623 * glccg + 0.0688 * jlr + 0.0215 * jshgm - 0.0140 * jshcg + 0.0710 * jshhy - 0.0546 * jjjdll + 0.0654 * nkyx + 0.0443 * nkqx + 0.0599 * wg$

$F4 = -0.1280 * dshdy - 0.1058 * jshdy - 0.1579 * jlcdy + 0.0059 * dydgd + 0.0306 * dezdwgd + 0.1586 * dshgm - 0.0959 * dlds + 0.0492 * dshcg + 0.0175 * dshqsxc + 0.0219 * dshhy + 0.0679 * jr + 0.0210 * jlcgm + 0.0320 * jlcqsxc + 0.0402 * jlccg + 0.0678 * zgjs - 0.0032 * zgds + 0.0483 * glccg + 0.1592 * jlr + 0.1748 * jshgm + 0.0087 * jshcg - 0.0165 * jshhy + 0.4512 * jjjdll - 0.4466 * nkyx - 0.1486 * nkqx - 0.0081 * wg$

$F5 = -0.0238 * dshdy - 0.0183 * jshdy + 0.0054 * jlcdy + 0.0362 * dydgd + 0.0484 * dezdwgd + 0.0309 * dshgm + 0.0431 * dlds - 0.0096 * dshcg + 0.4415 * dshqsxc + 0.0513 * dshhy - 0.0397 * jr + 0.3812 * jlcgm + 0.5067 * jlcqsxc - 0.0103 * jlccg + 0.1164 * zgjs + 0.0680 * zgds + 0.0022 * glccg - 0.0054 * jlr - 0.0339 * jshgm + 0.0689 * jshcg - 0.1463 * jshhy - 0.0513 * jjjdll + 0.0627 * nkyx - 0.0724 * nkqx - 0.0347 * wg$

$F6 = -0.0161 * dshdy - 0.0112 * jshdy + 0.0147 * jlcdy - 0.1143 * dydgd - 0.0182 * dezdwgd + 0.5076 * dshgm - 0.1597 * dlds - 0.0067 * dshcg + 0.0290 * dshqsxc + 0.0018 * dshhy + 0.0670 * jr + 0.1066 * jlcgm + 0.0048 * jlcqsxc - 0.0151 * jlccg + 0.0260 * zgjs - 0.1095 * zgds - 0.0130 * glccg - 0.0200 * jlr + 0.4762 * jshgm - 0.0319 * jshcg + 0.2659 * jshhy + -0.1575 * jjjdll + 0.1831 * nkyx + 0.1703 * nkqx + 0.1044 * wg$

$F7 = 0.0274 * dshdy - 0.0133 * jshdy + 0.0159 * jlcdy + 0.0124 * dydgd + 0.0246 * dezdwgd - 0.0777 * dshgm + 0.0964 * dlds - 0.0069 * dshcg + 0.1058 * dshqsxc + 0.4035 * dshhy - 0.1371 * jr + 0.1482 * jlcgm + 0.0640 * jlcqsxc - 0.0001 * jlccg - 0.4406 * zgjs - 0.2580 * zgds - 0.0146 * glccg - 0.0213 * jlr - 0.2032 * jshgm - 0.0206 * jshcg + 0.5060 * jshhy + 0.1275 * jjjdll - 0.1282 * nkyx + 0.1159 * nkqx + 0.1345 * wg$

$F8 = -0.0459 * dshdy - 0.1375 * jshdy + 0.0137 * jlcdy - 0.0089 * dydgd + 0.0330$ $* dezdwgd + 0.0679 * dshgm + 0.5335 * dlds + 0.0257 * dshcg - 0.1860 * dshqsxc +$ $0.4764 * dshhy - 0.2416 * jr + 0.0009 * jlcgm - 0.0743 * jlcqsxc + 0.0062 * jlccg +$ $0.3273 * zgjs + 0.2217 * zgds + 0.0207 * glccg - 0.0165 * jlr + 0.1861 * jshgm + 0.0424$ $* jshcg + 0.0817 * jshhy - 0.0155 * jjjdll + 0.0565 * nkyx - 0.0684 * nkqx - 0.2425 * wg$

$F9 = -0.0032 * dshdy - 0.0507 * jshdy - 0.0148 * jlcdy - 0.0142 * dydgd - 0.0635$ $* dezdwgd - 0.0804 * dshgm + 0.2499 * dlds + 0.0167 * dshcg + 0.0586 * dshqsxc -$ $0.3475 * dshhy - 0.3776 * jr + 0.0628 * jlcgm - 0.0096 * jlcqsxc + 0.0227 * jlccg +$ $0.0956 * zgjs + 0.3369 * zgds - 0.0164 * glccg + 0.0127 * jlr + 0.0560 * jshgm - 0.1587$ $* jshcg + 0.0760 * jshhy + 0.1244 * jjjdll - 0.1048 * nkyx + 0.3517 * nkqx + 0.5458 * wg$

根据因子得分，计算出每家国有企业的中国特色现代国有企业制度综合得分函数：

$ZDF = (0.1193 * AO2 + 0.1091 * AP2 + 0.0738 * AQ2 + 0.0731 * AR2 + 0.059 *$ $AS2 + 0.057 * AT2 + 0.0485 * AU2 + 0.0441 * AV2 + 0.0439 * AW2) / 0.6279$

该函数中，ZDF 为中国特色现代国有企业制度综合得分变量，各系数分别为各主成分因子的方差贡献率，系数来源于上表，0.6279 是累计方差贡献率。

由此，可求得样本国有企业对应的中国特色现代国有企业制度综合得分数据集。

（四）国有企业绩效与制度的整体实证分析

为了考察国有企业绩效与国有企业制度之间的整体关系，根据前面的分析，特构建如下企业绩效与企业制度模型：

$$jx = a + b_1 ZDF + b_2 gsgm + b_3 gshy + b_4 gsdq + b_5 ssnl \qquad (VII)$$

在上面模型（VII）中，其中 jx 为企业绩效，用净资产收益率（roe）、保值增值率（ar）表示，是模型中的被解释变量；ZDF 为中国特色现代国有企业制度综合得分变量，是模型的解释变量。$gsgm$ 为国有企业规模，$gshy$ 为国有企业所在行业，$gsdq$ 为国有企业所在地区，$ssnl$ 为国有企业上市年龄，都是模型的控制变量。

下面将国有企业绩效（roe、ar）数据与国有企业制度综合得分（ZDF）数据进行回归分析。并通过运用加权最小二乘法（WLS）来克服可能存在的异方差问题。

首先进行相关性分析。

从下表 6-25 可知，国有企业净资产收益率与中国特色现代国有企业制度综合得分之间的相关系数为正，且在 5% 的水平显著。也就是说中国特色现代国有企业制度与国有企业净资产收益率之间是呈现正的相关关系的。ZDF 与控制变量间也存在明显的相关关系，与公司规模存在正的相关关系，且在 1% 水平上显著。与公司所处行业存在负的影响关系，且在 1% 水平上显著。与公司所在地区存之间的相关系数为正，但不显著。与公司上市年龄之间的相关系数为负，但不显著。保值增值率（ar）与国有企业制度综合得分变量的相关系数为正，但是不显著。保值增值率（ar）与控制变量公司规模的系数和公司地区的系数都为正，但是不显著；与公司所在行业的系数在 1% 水平上显著，与上市年龄的系数在 5% 水平上显著。

表 6-25　国有企业净资产收益率、保值增值率与企业制度变量相关系数表

变量	roe	ar	ZDF	gsgm	gshy	gsdq	ssnl
roe	1.0000						
ar	0.0015	1.0000					
ZDF	0.0301**	0.0117	1.0000				
gsgm	0.0306**	0.0171	0.3469***	1.0000			
gshy	−0.0312**	−0.0081***	−0.0845***	−0.1362***	1.0000		
gsdq	0.0084	0.0150	0.0707***	0.1434***	−0.2340***	1.0000	
ssnl	−0.0222	−0.0383**	−0.0845***	−0.0175	0.0439***	0.0468***	1.0000

注：＊＊＊、＊＊、＊分别表示 1%、5%、10% 水平上显著。

然后运用最小二乘法进行回归分析。

从下表 6-26 可以得出，国有企业净资产收益率与国有企业制度综合得分的系数为正，且在 1% 的水平上显著。说明用资产收益率来衡量国有企业绩效的情况下，中国特色现代国有企业制度整体情况越好，越能促进国有企业绩效的提升。国有企业保值增值率与国有企业制度综合得分的系数也为正，且在 1% 的水平上显著。这再次说明用保值增值率来衡量的国有企业绩效的情况下，中国特色现代国有企业制度越完善越能推动国有企业绩效的提高。这在前面实证的基础上进一步证实了中国特色现代国有企业制度具有效率的观点。

从控制变量来看，国有企业规模在国有企业制度综合得分的影响下与国有企业净资产收益率的系数为正，且在 1% 水平上显著，这说明国有企业规模越大，企业净资产收益越高。国有企业所在行业、所在地区和上市年龄在国有企业制度综

合得分的影响下与净资产收益率的系数均为负，且均在1%水平上显著，说明工业领域的国有企业、中西部地区的国有企业、上市年龄越小的国有企业，越能表现出较高的制度效率。从国有企业保值增值率来看，国有企业规模、国有企业所在行业、所在地区与其系数均为正，且在1%水平上显著，说明国有企业规模越大、工业领域的国有企业、东部地区的国有企业，越能表现出较高的制度效率，而上市年龄与其系数为负，说明上市越久，国有企业的制度效率越差。

表6-26　ZDF 与国有企业绩效回归结果表

变量	roe					ar
ZDF	0. 0523 *** （50. 66）	0. 0498 *** （42. 79）	0. 0480 *** （39. 25）	0. 0476 *** （38. 62）	0. 0328 *** （28. 38）	0. 0100 *** （4. 71）
gsgm		0. 0015 *** （4. 57）	0. 0014 *** （4. 37）	0. 0013 *** （3. 17）	0. 0107 *** （27. 58）	0. 0174 *** （25. 72）
gshy			−. 0046 *** （−4. 79）	−0. 0041 *** （−4. 09）	−0. 0437 *** （−42. 16）	0. 0045 *** （2. 81）
gsdq				0. 0021 *** （2. 21）	−0. 0004 *** （−0. 47）	0. 0496 *** （36. 72）
ssnl					−0. 0025 *** （−29. 35）	−0. 0118 *** （−58. 69）
常数项	−0. 1217 *** （−33. 92）	−0. 1471 *** （−22. 22）	−0. 1363 *** （−19. 50）	−0. 1324 *** （−18. 37）	−0. 2356 *** （−27. 43）	0. 8261 *** （47. 48）
ADj R^2	0. 2741	0. 2763	0. 2786	0. 2790	0. 4634	0. 8683
F 值	2566. 92	1297. 68	875. 57	658. 28	1174. 33	8962. 79

注：＊＊＊、＊＊、＊分别表示1%、5%、10%水平上显著，括号内为t值。

第四节　本章小结

一、中国特色现代国有企业制度是具有效率的

从整体上来看，实证研究结果证实了中国特色现代国有企业是具有效率的论点。而且，从实践中国国有企业的表现来看，中国特色现代国有企业制度的实践效果也是比较明显的。实证研究的自变量或者与短期绩效相关，或者与长

期绩效相关，可以作为衡量整个国有企业制度效率的指标，具体来说就是衡量党建制度、公司治理制度、现代管理制度和现代监督制度四大类指标的 25 个细分指标。

二、国有企业党建制度有助于国有企业改善效率

通过运用国有企业党组织参与程度指标来衡量国有企业党建制度，进而证实了国有企业董事会中党员比重对国有企业保值增值具有正的影响，国有企业监事会中党员比重、经理层中党员比重对国有企业净资产收益率具有正的影响的。也就是说提高国有企业董事会、监事会、经理层中党员的比例，有助于国有企业改善长期与短期的效率。因此，国有企业要取得更好的绩效，必须要真正树立起国有企业党建是国有企业改革发展的"根"与"魂"的理念，将党建抓好抓实抓到位，以党建来发动带动引领员工，为国有企业改革发展保驾护航，推动国有企业发展成果共享，使国有企业成为我国特色社会主义市场经济的最重要的主体，进而彰显我国特色社会主义的优越性。

三、国有企业治理制度有助于国有企业实现效率

实证表明衡量国有企业股权治理的指标——股权集中度越高，则国有企业越没有效率。因为股权越集中，越不利于董事会治理和经理层治理。国有企业董事会治理的关键在独立董事、董事会持股、董事会薪酬、董事会会议，因为这些方面做得越好，越有助于国有企业改善绩效。经理层治理重点在经理层规模、经理层持股、经理层薪酬，因为这些方面做得越好，也越有助于国有企业改善短期绩效。因此，要在优化股权上做文章，通过国有企业发展混合所有制经济来提高效率。要完善独立董事制度，发展外部独立董事，增强企业董事会中的权力制衡。推行董事会、经理层长短期激励，使之形成利益共同体，合力推动国有企业发展。

四、国有企业管理制度有助于国有企业提高效率

前面的实证分析表明，国有企业民主管理具有积极作用，但是职工参与民主管理的素质还需要提升。管理层持股与企业绩效存在正影响，对国有企业管理层强化股权激励能够有效改善国有企业效率。经理层市场化选聘与国有企业绩效也存在正影响，推动国有企业职业经理人制度能够提高国有企业效率。

五、国有企业监督制度有助于国有企业保障效率

国有企业监事会制度越完善，即监事会规模越大、监事会持股越多，国有企业内部的纪检监察力量越强大（包括设立纪委书记、纪检监察机构和审计机构），则国有企业监事会的监督效果越好。国有企业监督效果越好，内部控制就越有效，越能防范各种有形无形的腐败行为，减少委托代理成本和防范道德风险，进而促进国有企业节约成本，形成清风正气，积极向上和公平公正的环境。这些能在一定程度上有助于国有企业改善绩效和保值增值。

第七章

中国特色现代国有企业制度建设的对策建议

通过前面的研究，可以发现不论是从中国特色现代国有企业制度具体内涵的论述，还是从前面微观案例的具体分析，抑或是从数据实证角度的深入剖析，中国特色现代国有企业的制度建设要系统综合施策，决不能头疼医头，脚疼医脚。这是符合系统论的基本研究规律的。所以，关于中国特色现代国有企业制度建设的建议，要从坚定的原则、使劲的方向和具体的对策上来进行探讨。

第一节　中国特色现代国有企业制度建设要坚持的原则

一、要坚持党的领导原则

按西方市场经济的标准，政党是不能具体干涉微观组织活动的，但是我国的实践证明，没有共产党的领导，我国国有企业就难以化解历史上多次出现的系统性问题，更难以应对全球性、区域性经济危机的冲击，之所以发展到现在我国国有企业还保持着朝气、锐气，还能体现出较强的竞争力，而且整体上在国际上的竞争力越来越强，关键就是坚持党的领导。因为党的利益是与广大人民的利益一致的，他不会在危急关头、在困难时刻置广大人民的利益而不顾，不会像西方政党一样为了自身或者自己党派利益而牺牲广大人民的利益，进而也就不会像西方那样愈来愈加深劳资对立和阶级对立，而是充分体现党领导广大人民抵御危机、转危为机、勇往直前的蓬勃向上的发展气象。在国有企业中，党的领导职能通过党组织力量的建立和日常工作机制的运转来实现，提高党组织力量在国有企业中的参与程度就是搞好国有企业党建的重要抓手。但是，国有企业坚持党的领导，不是眉毛胡子一起抓，也不是要具体干涉经营行为，而是在企业中把方向，将党和国家的方针政策贯彻到企业中，在选人用人和纪律建设方面抓总则。只有这样，才能使得国有企业党建能够落地，同时激发经营管理者积极向上沿着正确发展方向谋求发展。

二、要坚持创新原则

既然西方现代企业制度有其局限性和适应的对象性特征，那么，在中国国有企业建设现代企业制度，就必须要用创新的方法来解决实际中存在的特定问题。因为同样的问题，在不同宏观制度背景下，微观企业的处理方式和解决方法都是有差异的，不能指望所谓西方现代企业制度能包治百病。立足实践，尝试用新理论新思想来指导实践，要切实践行马克思主义的基本观点，要以广大人民利益为最终评判标准，只有新的国有企业制度能够发展维护广大人民的利益，这样的制度创新才有意义，切不能为了所谓的创新置人民利益而不顾，甚至损公肥私，这样的制度创新不是真创新，要坚决杜绝。

三、要坚持试验总结完善原则

一项制度能否产生正的绩效是个概率事件，不能为了创新改革一开始就大张旗鼓地铺开新的制度，来一场推倒旧的使用新的大变革。任何一项制度改革都要先行先试，在试验的基础上来完善，尽量将制度的不良影响降到最低，这样制度建设成功的概率才会更高。我国国有企业现代企业制度的发展演变历程也表明是一个不断试错、不断选择、不断完善的过程。现在，我们要建设中国特色现代国有企业制度，虽然大的方向已经明确，但是具体的制度细节还需要不断地深入摸索。

总之，国有企业现代企业制度建设既是全面深化改革的内在要求，更是国有企业自身改革发展、提高竞争力的重要法宝。在建立和完善国有企业现代企业制度的时候，既要从国有企业发展的实际出发，又要在借鉴国外现代企业制度建设的基础上突破，只有在继承中创新，在总结中提高，才能走出一条符合中国实际、具有中国特色的现代国有企业制度建设之路。

第二节　中国特色现代国有企业制度
建设需要坚持中国特色方向

一、明确国有企业功能

按照西方市场经济的观点，一些学者认为国有企业要市场化、自由化发展，甚至认为没有存在国有企业的必要，可以全面私有化，将国有企业卖掉。这是没有弄清楚国有企业的功能，而产生的谬误。作为企业，国有企业是要以生产经营活动为中心，追求盈利、自主经营、自负盈亏，但是它不同于私人企业，需要体现国有的目的。这种目的主要体现在为国家的政治、军事、宏观经济调控、基础性建设、保障公共产品提供等方面，不然国家就失去了谋求国家利益、实现社会发展目标、维护社会稳定的手段。我国的国有企业从诞生伊始就承担着特殊的政治使命和社会责任。在计划经济时期，国有企业完全是政府开办和管理的，是政府机构的附属单位，具有完备的公共职能和国有属性，其经济属性严重缺乏[1]，是典型的社区单位，一个国有企业就构成一个社区或者街道，算不上真正意义上的企业。改革开放以来，国有企业原有办社会事业的职能和特征逐渐归还给了社会，也不再固定在一个地方，企业社区在不断弱化，国有企业的经济属性慢慢凸显出来了，国有企业作为经济个体的存在越来越明显，是一种典型的"经济社区"。因此，我国国有企业具有双重的性质和经营目标，即国有企业既有公共性，又有商业性。国有企业的公共性主要表现在它要履行国家赋予的特殊社会责任和政治功能，国有企业的商业性表现在需要追逐经济利益，实现作为企业经济主体的商业价值。现在，我国的国有企业绝大部分走上了混合所有制经济发展道路，整体上来看，在保证国有企业公共性质的同时，又使得按市场规则运营原则在国有企业中得以实现，所以混合所有制国有企业实现了社会主义国家政权与市场经济体制在微观经济组织中的有效结合，因而是中国特色社会主义经济模式的重要诠释者和载体。尤其是国有企业在经济目

---

[1]　早在 20 世纪 80 年代中期，日本著名经济学家小宫隆太郎断言"中国不存在企业，或者几乎不存在企业"。

标与公共目标发生冲突时，国有企业中的党组织会引导经济目标让位于公共目标。因此，国有企业在根本上不是以追求利润最大化而是以社会综合效益最大化来作为其存在的基本根据和主要经营目标。

目标是功能的前导，有什么样的目标，就会要求具备什么样的功能，不然目标无法实现。国内学者关于现代国有企业功能的研究有多种观点，绝大多数都认为国有企业具有多种复合功能。比如，董辅礽（1999）认为，我国现代国有企业具有公益性功能和企业性功能，公益性功能主要体现在保护国家、社会安全、贯彻国家宏观调控政策、维护消费者权益，企业性功能主要体现在发展那些风险大、投资大的基础性高科技企业。张连城（2004）认为，国有企业有营利功能和社会功能两大类。雷星晖和刘万才（2007）认为，国有企业有生产功能、营利功能、控制功能、社会功能。这些研究都是从不同侧面看到了国有企业不同的功能面，却未体现其基本性质。本书认为，现代国有企业的性质决定了它的职能，进而决定了监管的目标。具体来讲，就是现代国有企业的双重属性决定了的双重职能，即经济性决定它具有经济职能，公共性决定它具有公共职能，而公共职能包含调控功能、政治功能和社会功能①。但是，随着改革开放后市场经济突飞猛进地发展，以及国有企业解困的巨大压力，国有企业的基本功能很长一段时间内被错误地定位在利润最大化和控制国民经济命脉方面，一定程度上带来了经济发展的严重后果。因此，中国特色现代国有企业的性质决定其功能必须定位为通过在中国特色社会主义市场经济中合理的市场化运营来履行其公共职能、增进全民福利和为维护国家稳定做贡献。

---

① 现代国有企业的经济职能是指通过市场化运营、技术创新、战略投资等途径提高经营管理水平来获取经济利润。这些利润一部分上缴国家以用于改善全体人民的福利，另一部分则作为自我积累以进一步发展壮大。新型国有企业必须通过经营绩效的提高来获取足够的利润才能谋求生存和发展，一些垄断行业的国有企业具有获取稳定收益的特殊优势，其上缴的利润构成国家或地方政府重要的财政收入来源。现代国有企业的公共职能是其公共性的重要体现，具体来讲政治职能是由其社会主义国家政权的性质决定，新型国有企业作为执政党管理国家的物质基础，必须承担巩固社会主义制度、保持公有制占主体地位和保护全国人民根本利益的政治使命；宏观调控职能与西方国有企业弥补市场缺陷的职能类似，主要体现为保持经济稳定、协调分配收入与收支平衡等；国有企业的社会职能是指它需要履行维护利益相关者利益、执行环境保护、从事公益事业等社会责任。

二、坚持问题导向改革

　　所有的改革和制度建设都是为了解决问题，问题导向是马克思主义重要的方法论。当前，国有企业改革发展进入深水区，过去国有企业改革如果说改革针对的是外围的话，现在我们要建设中国特色现代国有企业制度则是改革的内核。这个内核存在的问题更尖锐、更难、更需要大勇气大气魄来"刮骨疗伤"。面对前面研究提出的各种问题，面对现在国有企业存在的各类问题，本书认为要深化国有企业的改革，必须要着力解决四大问题。一是有些国有企业党组织领导无力无位无为的问题。一段时间内，党在国有企业中的基础作用被市场经济洗得不见踪影，即使见踪影也不见实效，国有企业的发展决策和经营管理完全照搬西方企业的模式来运作，还美其名曰是国际化、是发展市场经济的需要。一些人甚至对国有企业改革发展面临的问题在认识上和行动上都出现偏差，尤其是对国有企业党组织地位和功能的弱化、虚化问题重视得不够。譬如，一些国有企业领导无视党建工作与经营管理工作的内在联系，认为党建工作是虚功、软事，不仅不能直接带来经济效益，还增加企业成本开支，往往陷入"讲起来重要、做起来次要、忙起来不要"的尴尬局面，更别说形成上下联动、齐抓共管的责任落实体系。二是一些国有企业党建与经济工作呈现"两张皮"的现象。有些国有企业虽然搞了党建工作，在形式上都有抓党建工作的记录，但是效果较差，关键的原因是没有把党组织政治优势转化为企业的发展动力，也没有将企业党建工作围绕企业发展这一中心工作来开展，这样在具体的实际工作中，党建工作就难以与国有企业的发展战略相一致、与国有企业的发展模式相匹配、与国有企业的经营管理方式相协调。三是多数国有企业党建工作缺乏创新。因为随着现代市场经济理念的深入人心，传统的党组织活动难以与之相适应，若国有企业还是按照老一套办法来开展党建工作，难以被员工接受。而现实中多数国有企业的党建工作还是沿用以前的方式，比如，党建活动中任务式的、集中统一的较多，而符合党员个性需求的活动较少，"三会一课"制度流于形式，甚至一些国有企业基层党组织长时间都无党组织活动。四是既懂经济又懂党务的专职工作队伍建设严重滞后。大部分国有企业的党建工作是由企业办公室来部署的，平常办公室工作本来就繁多，难以专心抓党建工作。而且专门抓党建工作的人员也少，很多国有企业就是一两个人收收党费、组织学习中央会议和文件，但是缺乏将业务工作和党建工作统筹起来推进的人才。当然，这与国有企业对党务工作人员的激励不到位也有关系，很多国有企业党务工作者工资待遇比较低，绩效奖励也低。此外，一些国有企业党务部门是养老的、是由即将退休的人担任的，一旦企业效益差要裁员时党务人员被首先裁减。这些因素使得国有企业党务工作者极为精简、被边缘化，这就必然导致党建水平难以提高。这些问题已对接下来的国有企业国资改革形成障碍。针对这些问题，在宏观导向上，必须尽快完善国有企业党的领导、加强国有企业党的建设，努力构建高效制衡的国有资产监督体系；在具体举措上，一定要强调国有企业党委成员兼任董事会、监事会、经理层的比重，让党的力量参与到企业的经营管理层，打造一支又红又专的高素质经营管理队伍。同时，强化国有企业的纪检监督组织和力量，用强有力的党纪国法的执行力来保证国有企业守党规、循党纪。这样，才能确保国有企业的万年基业，为我国实现共产主义事业提供源源不断的经济保障。

三、扎根中国文化土壤

文化是制度的最高影响因素。不仅文化会导致制度的差异，即使是同一制度，不同文化也会对其效果产生差异。国有企业建设现代企业制度，一定要扎根于中国文化土壤，走中国自己的道路，在我国社会主义现代化文化、特有的民主文化以及先集体后个人的利益文化，无不影响着我国国有企业制度的建设。社会主义文化对公平、富裕的追求，对共同美好的追求，使得我们在建设社会主义的过程中不会出现像西方资产阶级那样巨大的贫富差距，也不会出现"朱门酒肉臭，路有冻死骨"的封建社会的丑陋。因为，中国共产党带领我们建设的社会主义是共同富裕的社会主义，用习近平总书记的话就是在脱贫致富的路上不能落下一个人。那么凭什么来推动我国特色社会主义的建设，当然是依靠广大人民。怎么来依靠呢？历史实践证明只有中国共产党才能发动带领广大人民。作为中国共产党在经济领域的重要抓手，除了各类政策外，那就是国有企业，中国共产党通过领导国有企业，来实现保证广大人民的共同资产财富在维护人民基本公共需要的基础上通过保值增值而惠泽全体人民。可以说，中国共产党的政党文化及其内在本质规定性，使得我国现代国有企业制度建设不得不考虑党建的作用，不得不重视党的领导在国有企业改革发展中的领导地位。而且，我国幅员辽阔，民族众多，各个地方的风俗习惯也不尽相同，各地的非正式制度也对个体的经营行为产生影响。很多在一个地方有效的国有企业制度，在另一个地方又不见得有效。这时，同样需要我们研究其背后的深层次因素，从文化视角和非正式制度视角来修正原来的制度。而在多样性和差异性的情况下，只有党的领导才能统一制度的差异，使多样性和差异性的制度不至于背离基本的党的规范和章程。所以，只有这样才能在我国现代国有企业制度总体框架下，党领导的各个地方国有企业改革发展才能呈现蓬勃生机。

第三节　中国特色现代国有企业制度建设的具体对策

一、夯实中国特色现代国有企业党的领导制度

前面的论证充分说明，坚持党的领导是我国国有企业的独特优势。遵循中国特色社会主义政治经济学的重大原则，把党组织嵌入公司治理框架内，使党的领导和党建工作与企业发展深度融合，既是一个重大的制度创新问题，也是推进治理体系和治理能力现代化的紧迫任务。因此，我国现代国有企业制度建设要将党的领导制度摆在首位，抓紧抓实，夯实党的基层基础，同时为国有企业发展保驾护航。

（一）树立坚持党的领导的理念

我国现代国有企业坚持党的领导是全面的，不是可有可无，有了后也不是可用不用，而是要贯彻到国有企业所有员工心中和行为上的。只有这样才能确保党和国家的方针政策在国有企业得到贯彻执行。同时，国有企业贯彻执行党的路线方针政策，必须从实际出发，创造性地加以贯彻，将党的领导与企业自主经营结合起来。这就要求国有企业党组织把监督企业贯彻执行党的路线方针政策当作第一责任，保证国有企业沿着中国特色社会主义道路方向发展。要真正做到这一点，必须要加强思想教育和理论宣传工作，因为仅仅国有企业党委了解强调党的导向还远远不够，还必须要使职工熟悉认同党的路线方针政策，才能形成贯彻执行的合力。这就需要采取灌输和引导的方式来在职工中普及党的政策方针。所以，党的领导在国有企业中的全覆盖，体现在思想上就是全员参与，加强对国有企业领导干部的"三性"教育①成为企业党组织的重要工作。通过思想上的灌输，引导各个部门的职工干部都得经受住中国共产党先进思想

---

① 党员"三性"教育主要是指经常性教育、先进性教育、纯洁性教育。

的洗礼，用党的先进思想来武装自己头脑，进而以极大的智慧投入到企业的生产发展中，形成一股推动国有企业发展的强大动力。

（二）将党组织嵌入到企业治理结构中

习近平总书记要求"国有企业党组织要有人、有职、有为、有位，要将党组织嵌入到国有企业治理结构中。"这也是落实前面提到的党组织要深入到企业的经营管理过程中的要求，而要做到这一点就需要必要的组织结构作为支撑。将党组织嵌入到国有企业治理结构，在国有企业的具体治理运作中，实现国有企业党建的全面覆盖。党组织的嵌入可以采取以下举措，比如，选派优秀的党员企业家担任公司总董事长，并兼任企业党委书记；制定落实总经理定期向企业党委履职报告制度，以便国有企业党委能够及时掌握企业的生产经营情况；强化企业党委对国有企业监事会的领导，监事会主席要严格选配党性强、公平公正品格好的人担任，通过企业党委的协调将多方面的监督联合起来；在决定国有企业"三重一大"事项时董事会要邀请非董事的党委成员参加，发表企业党委一致意见，进而引导董事会决议；对于可能会给国有企业造成重大负面影响的问题，若董事会不采纳企业党委意见，国有企业党委要及时向有关上级党委如实报告。这样，党组织力量参与到国有企业的董事会、监事会、经理层中，并形成及时相互引导的制衡力量，使得董事会、监事会、经理层的行为在党的领导下依规运行。

（三）强化党对干部人事工作的领导权和管理权

十八届三中全会提出"要坚持党管干部原则，构建有效、管用、简便、易行的干部任用原则，使各方面优秀干部充分涌现。"强化党对干部人事工作的领导权和管理权就要为党和人民事业选人用人，按照党和人民的意愿选人用人，对国有企业来讲就是要按照有利于国有资产保值增值、做大做强国有企业的标准选人用人，打造一支高素质高效率有担当的优秀经营管理干部。国有企业党组织对人事工作的领导管理，要在用人标准关、培养锻炼关、识别考察关、使用管理关四个方面下狠功夫。在选人上要切实贯彻习近平总书记提出的"信念坚定、为民服务、勤政务实、敢于担当、清正廉洁"的标准。要做好国有企业党组织对人事工作的领导权和管理权，除了定好用人选人标准外，还要在选人用人程序、人事考核和监管方面发挥领导作用。在选人用人程序方面，国有企业组织人事部门要在考察基础上，根据干部管理权限报企业党委集体研究后再向董事会或者经理层提出意见和建议，再由董事会或者经理层依规产生。在人事考核方面，企业党组织要强化日常考核、重要事件考核、年度考核、任期考核和任前考察的多维结合，充分重视考核结果在干部选拔任用、培训教育、激励方面的应用，营造风清气正，褒奖先进惩罚后进的良好风气，使企业形成一种积极向上的氛围。最后，对国有企业领导干部的管理要强化监督，防止出现腐败行为，侵吞国有企业资产，造成国资流失。要对国有企业关键岗位、重要岗位等权力部门进行日常监督、定期监督和任期监督相结合的立体监督模式，将风险降到最低，堵塞制度漏洞，实现既保护干部又保护国有资产。

（四）切实发挥党组织参与决策的正向作用

对我国国有企业而言，它的发展决策不全是董事会的事，企业党组织也要发挥领导作用。《中共中央关于进一步加强和改进国有企业党的建设工作的通知》《中共中央关于国有企业改革和发展若干问题的决定》十分鲜明地强调了国有企业党组织具有参与重大问题决策的职责。这与西方现代国有企业是存在本质区别的。因为西方现代企业的董事会是公司的经营决策机构。在我国国有企业，企业党委是企业的政治核心，对重大决策具有领导权。这样就需要寻求党委参与决策与董事会决策相互衔接和互相支撑的决策模式。为此，第一是要清楚界定现代企业制度下国有企业重大决策的范围。现代企业制度下企业的重大问题发展战略计划、分配制度、组织人事和"三重一大"的决议事项等需要上企业党委会讨论决定。因为，这些内容关系到党和国家的路线、方针、政策在企业能否得到贯彻执行，关系到国有企业的政治正确和道路正确，企业党组织必须要对这些内容进行审议和把关。第二是人事安排上尽量发挥企业党委的领导作用。国有企业董事长、总经理等职务最好由党委成员担任，党委书记、董事长最好由一人兼任，党委成员尽量通过法定程序进入董事会，高素质的党委副书记最好兼任副董事长或总经理。在国有独资公司，大型、特大型有限责任公司和国家控股的股份有限公司中，董事会的成员最好一半以上是党委成员。第三是形成党委参与决策的合理程序。在实践中，董事长、总经理须主动将国有企业的重大问题提请企业党委研究，企业党委在董事会会议召开前形成一个参考意见；意见形成后，企业党委要主动向总经理或董事会成员讲清楚意图和理由；在董事会会议上董事会成员中的党员应发表与企业党委研究决定的一致意见，并积极引导董事会中的非党员董事接受企业党委形成的意见；董事会做出决策后，企业党委要督导董事会、经理层制定详细操作，避免在具体操作时出现偏差；企业党委还要通过基层党组织发动全体党员形成工作合力，推动决策落地。第四是建立健全企业决策制度。如决策前的调查制度，可以要求董事会和党委会成员定期深入生产一线；决策时要建立分歧磋商制度，经理层在决策时有分歧要报董事会，董事会遇到分歧要报党委会，职工与经营管理层有分歧要召开职工代表大会来讨论；决策后要建立执行反馈和修正制度，所以要制定定期将决策执行情况向董事会和党委会汇报制度，然后对其中的问题召开企业党委扩大会或者企业党委和董事会联席会来协商解决等。

二、完善中国特色现代国有企业治理制度

公司治理理论在国外非常成熟，但是实践中也出现与此相对立的事件，而且越来越多的事件表明西方公司治理理论不是包治百病的"灵丹妙药"。所以，在我国国有企业的治理中，并不能完全借鉴西方现代公司治理理论，需要进一步探索中国特色现代国有企业公司治理制度。从前面的论述，本书认为中国特色现代国有企业公司治理制度主要包括股权结构、董事会治理和经理层治理等方面的制度。

（一）构建稳健而又灵活的股权结构治理

公司的股权结构是指公司股东的构成，包括股东类型及相应的持股比重、股东稳定性、经营管理层持股比重等。股权结构是公司治理结构基础，决定着公司治理结构的模式。股权结构受到多种因素的影响，其中企业所在区域的历史、文化和管制环境会严重影响股权结构的性质。从发达国家的实践可以看出，由于股权集中程度及资本市场发育程度的差异，英美治理模式更多的是股权分散型公司；德日治理模式更多是股权集中型公司。如前所知，我国国有企业的股权结构不尽合理，呈现高度集中状态，国有股占绝对优势，而且很多是非流通的。这种非流通国有股"一股独大"的股权结构，导致对经理极具约束力的市场接管并购机制失灵，往往导致内部人控制，影响了公众股东的投资意愿，不利于资本市场的资源配置。第六章的实证研究证明我国国有企业中高度集中型股权结构与企业绩效的系数是负的，严重影响了国有企业绩效的改善。所以，国有企业既需要稳定的股权结构，也需要灵活性，通过发展混合所有制，使股权结构灵活化，进而改善企业绩效。国有企业股权的稳健是确保国有企业能够执行党和国家的政策，国有企业股权的灵活性是要确保国有企业引入内部竞争机制以适应现代高度发达的市场经济系统，进而提高现代市场经济中国有企业的发展能力和竞争力。这可以通过在国有企业引入民营股权，或者引入其他国

有股权。引入民营股权肯定会提高股权持有者们尤其是民营股权持有者对国有企业的关切度，进而推动决策更加科学和完善。国有股权的引入也会因为不同国有股权方出于自身利益的考虑，对一股独大的原国有股权持有者进行制衡，进而促进企业提高经营管理水平。

（二）有序推进国有企业董事会建设

完善国有企业董事会建设要做好董事会组成、内部机制建设两个方面的工作。首先尽快优化董事会构成结构。针对国有企业内部董事比重偏大的现状，尽快建立健全外部董事制度，引入外部董事，实现企业内外部利益主体的平衡。因为国有企业董事内部化不仅容易导致"内部人控制"，而且容易滋生腐败土壤。大力降低国有企业董事会成员与经理人员重叠比例，尽可能分离企业决策权与执行权，进而保障股东利益。前面实证分析研究也表明，国有企业独立董事制度对企业绩效非常重要，独立董事比重越高，国有企业绩效越好。其次是切实强化董事会内部机制建设。在国有企业治理结构中，董事会是决策机构，是整个企业的中枢和核心组成部分，其决策质量和决策效率是企业发展的两大关键。因此，做好董事会内部机制建设是非常重要的。国有企业董事会内部建设的完善要从三个方面入手：1. 提高董事会的独立性，尽量使董事会独立于公司经营管理层，变成纯粹的决策部门，进而提高决策效率；2. 提高董事会成员的决策能力，从董事选拔、培训等方面入手提高董事会成员的战略眼光和决策素养；3. 强化董事会的制度建设，形成规范科学的董事会运行制度和董事行为制度，提升董事会运作的规范性和权威性。

（三）有效激发国有企业经理层的动力和活力

国有企业经理层队伍建设要在引得进人才、用得动人才方面下苦功夫。因为国有企业经理层动力和活力的激发首先得有素质较高的人才才行，有了高素质的人才，才考虑怎么想办法去推动他努力工作、搞好经营。为此，首要的就是要推进国有企业经营管理层市场化选聘。国有企业经营管理层是行政化委任还是市场化选聘对企业的绩效有不同的影响，前面的实证分析表明市场化选聘经理层有助于企业绩效的改善，要尽可能地发挥职业经理人的积极性，就必须建立经理人市场，通过市场化的激励方式来最大程度地激发经理层的工作动力。具体来讲，在操作上要构建外部的人才市场和内部的人才市场机制，即通过社会公开招聘、人才市场选聘来物色合适的经理层人选，在企业内部通过竞争上岗的方式来选拔经营管理层人选。其次是健全经营管理层的激励约束机制。根据不同类型国有企业的特点和功能，将企业高级管理人员的报酬与经营业绩（商业性国有企业）和工作业绩（公益性国有企业）紧密挂钩，建立业绩与经理层努力程度的区分指标，对靠经理层努力经营创造的新增业绩要加大激励，对因为特殊原因而增加的业绩减少激励。因为经济激励的方式主要是薪酬和股权，所以在具体的激励方式中要区别对待。就薪酬来看，国有企业经理层薪酬是由基薪和风险收入构成。其中，基薪主要根据企业所处行业特点和企业自身规模、企业所在地区与本企业职工平均收入水平来综合考虑。若经理层应对风险卓有成效，避免了企业损失，应该给予更高的风险收入。具体来讲，风险收入可以用国有企业创新发展业绩、生产经营责任完成情况、避免宏观经济波动带来的损失等加以确定。另外，股权激励是一种可以长期激励经理层的方式，通过赋予经理层一定比例的股权（主要是期权），即在一定时期后，若企业的经营业绩达到了预期目标，那么就给予经理层股权，以充分调动他们的工作动力。或者以奖金的形式发给经理层，但是只能用来购买公司股票且规定一定年限后才可以上市流通，即先给经理股权，但是所有权等到实现了一定业绩后再兑现。

（四）建立新型"新老三会"关系

由于我国现在绝大多数国有企业都是由计划时代的国有企业改制而来，虽然至今国有企业"新三会"在实际运行中占主导，但是，在强调国有企业党建后，在要求做好企业民主管理后，在国有企业的具体实际经营中"新三会"与"老三会"的摩擦难以避免。主张国有企业"新三会"代替"老三会"的观点不绝于耳，好多国有企业唯"新三会"是瞻，"老三会"要么没有，要么仅仅是形式存在。可见，现代国有企业正确处理"新老三会"的关系成为急需解决的重要问题，决不能因为构建现代企业制度而否定"老三会"存在的必要性，也不能丢掉现代企业制度的精华而回到计划经济时期国有企业的老的治理结构。因为，中国特色社会主义的本质特征是党的领导，我国是人民当家做主的，国有企业完善治理结构和建立现代企业制度的前提必须是有利于党的领导和社会主义制度的完善，有利于提升国有经济的整体实力和国有经济服务我国经济社会发展的能力。这就要求综合"新老三会"的优点，克服两者的劣势，形成符合中国国有企业特色的治理结构。也就是说，我国国有企业进行现代企业制度建设需要结合中国国情，一方面要充分利用"新三会"的优势，另一方面要重新激发和利用好"老三会"长处。鉴于"新三会"不买"老三会"的账，或者"新老三会""两张皮"的现象，要构建新型"新老三会"关系，必须要做到以下几点：一是正确处理好党的领导与市场化选聘经营管理者的关系。国有企业经营管理干部市场化选聘与坚持党的领导要高度统一，国有企业党委会要对拟任人选的基本素质和条件提出要求，对通过市场化选择的拟任人选进行政治方向和工作程序上的把关，在此基础上提出建议人选，再按照法定程序予以正式使用。二是正确认识国有企业党组织的政治核心作用与现代企业制度建设的关系。在西方国家，现代企业制度建设是没有党组织这一治理力量的，在我国特色社会主义国有企业制度建设中，党组织又是作为其特色得到彰显的。因此，就需要处理好两者的关系。党组织在公司中的政治核心作用并不是要体现在国有企业的具体经营和具体事务之中。其政治核心作用的发挥主要是表现在企业的发展战略方针要符合党中央和国家的发展方向，要对国有企业的经营管理干部进行品德和政治思想把关，对国有企业的"三重一大"事项进行监督。这就需要重新调整党组织在公司化改革后的国有企业中发挥作用的形式和途径。在国有企业中，抓总、抓方向的一般是董事长，因此董事长要兼任企业党委书记，以体现党委领导一切的原则。特殊情况要分开的，企业党委书记要经过法定程序进入董事会并兼任副董事长，代表企业党委对董事会的决策方向和工作导向进行把关，并对公司各项决策发表符合党中央政策的意见。同时，还要严格执行党中央干部作风建设，监督国有企业董事会中党员的行为，确保党员董事在董事会中彰显出先进性。三是正确处理国有企业工会与人力资源管理部门的关系。在现在的国有企业中，人力资源管理部门具有强势地位，企业职工对它的不满较多，需要工会来温暖职工的心。因为，国内外的实践表明工会作为联系劳资双方的桥梁，在维护职工权利等方面可以起到积极作用。国有企业的工会主席可以以合法的程序出任职工董事、职工监事，这样在董事会、监事会中，工会的意见就可以通过合法渠道进入董事会、监事会。比如，国有企业职工形成的关于企业发展战略、经营管理、人才培训、福利待遇等与公司发展和员工个人紧密相关的意见和要求，通过工会中的职工董事反映到董事会。在监事会中，工会中的职工监事也能充分行使监督权利，维护劳动者的合法权益。四是尊重职代会的意见和职工主人翁地位。职工参与民主管理、实施民主监督的基本形式是职工代表大会，在职工代表大会上，职工形成集体意见，供董事会决策参考。国有企业董事会就改制、重大规章制度以及"三重一大"等决策时要听取职工意见尤其是职代会形成的集体意见。除此之外，职代会还享有选举和更换职工董事、职工监事，享有评议公司高级管理人员的权利，进而形成职业经理层业绩表现的重要依据之一。

三、强化中国特色现代国有企业管理制度

（一）健全民主管理制度

民主管理对企业来讲无论是在西方还是在我国计划经济时期都发挥着重要的作用。在西方企业中，由于工会的强大力量，企业民主在形式和内容上都开展的较好，已经被广大企业所接受。这充分体现了市场经济条件下劳资关系的重要特点。我国是人民当家作主的社会主义国家，职工参与国有企业治理不仅有着优良的传统，而且是天经地义的。前面的实证分析表明，衡量国有企业民主管理的职工监事比重与企业绩效是正相关的，职工董事的作用发挥得还不够，现阶段国有企业的民主管理效果还未充分体现。在国有企业中推行职工董事、职工监事制度，能为传统民主管理在新的公司制度中提供结合点，便于在国有企业现代企业制度中发扬职工参与管理的优良传统，进而有利于股东会、董事会、监事会与职代会、工会之间获得统一的基础。因此，建立和完善职工董事和职工监事制度是国有企业职工参与治理、提高民主管理水平、使传统民主管理融入现代企业制度的有效途径。一是要尽快赋予职工在国有企业治理中的地位。目前相关法律法规对职工参与国有企业治理的规定还很不完善，很少有法律法规提到要职工参与国有企业治理，有也是非常模糊的提法，比如，新《公司法》提到了国有企业可以有职工董事，而具体的比重要求和没有达到规定要求的惩治性措施缺乏。因此，在实践中，职工董事要么没有，要么做做样子，在董事会决策中难以代表职工发出声音。当前，急需对职工参与国有企业治理的有关法律法规进行修订完善，尽快明确国有企业董事会中职工董事占比、职代会参与决策的形式等措施和未按法律法规落实职工董事制度的进行严格处罚的措施。二是创新职工参与国有企业治理的手段和内容。尽管新《公司法》对职工参与公司"三重一大"、规章制度制定有所规定，但是这种规定很软性，无法使得职工个体和集体的意见影响到董事会决策。可以通过公司章程要求选取一定比例的工会代表进入董事会，以确保职工的意见能够真正影响到决策。三是亟待提高职工董事、职工监事的综合素质。虽然一些国有企业有职工董事、职工监事，但是缺乏董事、监事的综合素质。前面的实证研究表明职工董事、职工监事的素质不高，其作用的发挥非常有限。因此，国有企业切实完善职工董事、职工监事的工作制度规范，在职工董事、职工监事人选要求、当选程序、

权利义务责任等方面形成细化具体的制度和要求。同时，各级国资委或者国有投资公司要经常对系统内企业的职工董事、职工监事进行履职素质培训，将他们塑造成懂战略、懂管理、懂生产业务、懂财会、懂法律的综合型人才，具备成为董事、监事的素质，提高他们参与国有企业管理的能力。

当然，国有企业的民主管理除了职工董事、职工监事制度外，还要认真落实职工代表大会制度。因为职工代表大会制度作为传统国有企业的民主管理的重要制度是有其积极作用的，有利于充分发挥职工在企业发展重大决策和涉及职工切身利益等重大事项上的决策作用，有利于保障职工的知情权、参与权、表达权、监督权。具体来讲，就是要规范职代会制度，落实知情权。创新和完善厂务公开民主管理制度。企业领导每年认真地向职代会报告工作，汇报"七金"缴交情况、汇报业务招待费使用情况、教育经费使用情况以及集体合同履行情况等。凡涉及职工切身利益的重大决策，不仅全部提交职代会审议通过，而且都按规定将职代会文件提前十天发到职工代表手中，让职工代表在知情的前提下进行讨论，工会组织收集职工群众的意见和建议，在职代会正式召开之前反馈给公司党政领导，将能事先解决的问题在会前解决，从而保证了职代会正式会议的简洁高效。健全民主对话制度，工会组织职工代表与企业领导进行民主对话，职工代表们就企业长远发展、组织结构、用人机制、劳动管理、人才培养甚至利益诉求等问题与企业领导进行沟通交流。企业领导也主动向职工代表介绍企业情况，及时把面临的困难告诉职工，增进理解，达成共识，凝聚人心。建立平等协商制度，保障职工群众的参与权。国有企业要坚持平等协商，代表由职代会民主选举产生，在平等协商前做好周密的调查、广泛征求职工的意见，发动职工群众间接参与。完善民主评议制度，强化监督权。加强对企业领导班子和领导者进行评议监督，是职代会赋予职工群众民主监督的权力。领导者述职、述廉，接受职工代表无记名测评，是在维护职工知情权的前提下强化了职工群众的监督权。

（二）建立高效激励制度

国有企业产权主体缺位是导致激励机制效能不能充分释放的一个重要原因。国有企业的经营管理者是代表国家和人民对国有资产进行经营和管理的人员，他们不是企业的所有者，企业的真正主人是国家和人民。国有企业的这一特点造成主体缺位的现象。因此，在对国有企业的管理和经营中，企业管理人员缺乏天然的动力，企业的经营效果对他们的自身利益没有影响或者说影响很小，这导致了他们不能拿出全部精力和投入更大的心思去经营企业。所以，国有企业长期以来人浮于事、生产率比较低、效益较差，学界和企业界普遍的归因是缺乏激励。前面的实证研究也得出董事会持股和薪酬、经理层持股和薪酬与国有企业短期绩效是正向关系，国有企业管理层持股也与短期绩效是正相关。这也说明恰当的激励能够促进企业绩效。国有企业改革发展的重要内容之一就是在建立国有企业党建文化激励的同时，建立科学合理高效的薪酬激励机制和股权激励机制。为此，首先要增强激励的针对性，物质激励和精神激励齐头并进。人的行为受需求影响巨大，在某种程度上可以说需求是激励的出发点。人的需求分为物质需求和精神需求两种。因此在激励机制中不能简单地给予物质激励，因为有些员工更加重视精神上的满足和自我价值实现的成就感。这就需要发挥企业党组织思想政治工作和精神文化感化工作的优势，用情感留住人才。其次是建立科学、公正的激励制度。针对不同岗位和不同部门设计合理的工作岗位评估制度，实施严格的绩效考核和完善的薪酬体系。最后是丰富激励方式。激励方式的多样化有利于提升激励制度的针对性。在激励方式中可以引入股权激励、工作激励、智力激励、荣誉激励等，每一种激励措施都体现了员工在不同层面上的需求。有针对性地运用不同激励方式能够满足不同员工的需求，进而最大程度地营造整个企业的积极性。

（三）加快国有企业职业经理人步伐

国有企业经营管理层的行政化给国有企业的低效带来了灾难性影响。前面的实证分析也证实了国有企业经理层市场化选聘与企业绩效是正相关的。中央政策文件也高度重视国有企业经理层的职业化和市场化选聘工作。比如，国家出台的《关于深化国有企业改革的指导意见》指出要针对国有企业的不同类型和不同层级，积极探索选任制、聘任制、委任制等适合且科学的选人用人举措；提高市场化选聘职业经理人的比重，董事会要适应市场化方式选聘职业经理人的管理变革，提高驾驭职业经理人的本领；对市场化选聘的职业经理人按照市场化薪酬制度来变革国有企业原有的分配机制。这显然彰显了打破计划经济体制下遗留至今的国有企业经理层的行政化或者半行政化风格的决心。因为，不这样做，就不利于国有企业提高效益，也不利于国有企业提高在国内外的竞争力。具体来讲，在操作上要做到以下几点：一是探索建立职业经理人外部引进和内部培养的选人机制。采用市场化方式选拔职业经理人，必须遵循科学规范、适应企业特点的原则。对于国有企业选拔职业经理人而言，选择标准应有别于一般市场化的职业经理人。因为国有企业与其他市场化企业相比，不仅承担着经济责任，而且还承担着社会责任和政治责任，这就意味着国有企业选聘的职业经理人在应有的能力和素质外，还应具备政治、专业、社会认可等素养。比如，在政治素养上，职业经理人要能够心怀国家、企业、人民，要能够做到廉洁自律等；在专业素养上要有较好的管理能力和从业经历，与拟任岗位的专业技能要求要能够较好地契合；在社会认可方面，职业经理人业内的认同，之前的经营管理行为具有影响力、公信度与认可度。基于以上原则，国有企业选聘职业经理人可以探索建立外部引进和内部培养"双通道"的机制。国有企业可以根据公司发展战略和目标，通过多重胜任素质模型，有计划、有重点、有步骤地从行业协会、猎头公司等外部人才市场组织开展选聘急需的优秀的职业经理人，提升管理人员队伍的整体素质。在企业内部，加大培养企业潜质员工的经营管理能力，推动现有管理人员、专业技能人员向职业经理人转变，大力培育国有企业"本土化"的职业经理人。二是要探索建立职业经理人岗位试点和内部管理评价机制。职业经理人作为完全市场化的产物，要适应国有企业特有的体制和固有的管理模式。国有企业要结合企业未来发展战略探索开展职业经理人选用试点，可先从技术性、专业性较强的岗位来试点，因为这些岗位人才市场较为成熟，市场化管理也比较完善，只要借鉴过来就可以了。在取得一定经验后，企业中的高级管理岗位，也要大胆实行市场化选聘，面向内外选拔，激活整个企业的人才鲶鱼效应。从市场中选聘人才后，还要制定符合市场化要求的内部管理考核评价机制。考虑到职业经理人与传统管理人员将在相当长时间内共存于企业中，国有企业的内部管理上还需要重视差异化管理。这里的差异化管理不是指企业的具体运作制度，主要是指职业经理人与传统管理人员两类不同类型的人员的激励制度。在遵循相同的企业管理制度、规范下，职业经理人与传统管理人员可以享受差异化的基本薪酬和绩效报酬，以体现市场标准，构建适合国有企业新老人事转轨时期具有一定竞争力的相对市场化薪酬体系。这种人才选聘和评价方式在重点高校中已经普遍实行了，高薪聘请的高端教学研究人才，除了享受合同规定的高薪外，其他待遇也一并享受。同时，在职业经理人的考核评价上，在其行为遵循党纪国法和履行应该的社会责任外，应以经营效益和岗位绩效为关键要素。对职业经理人除了坚持基本的政治倾向和遵纪守法方面的要求外，决不放松对经营绩效的考核，并按照约定绩效责任进行评价，奖惩去留都要将此作为重要的参考指标。国有企业职业经理人的市场化管理中，应以契约化为原则建立职业经理人规范制度体系，用劳动合同和聘用合同等法律方式来明确职业经理的权利和义务，进而实现权责利的统一。

四、构建中国特色现代国有企业监督制度

（一）进一步完善政企政资关系

理顺政府与市场的关系是我国改革开放以来始终遵循的一条主线。其中市场中的国有企业与政府的关系又是讨论的焦点。本书认为，国有企业毕竟是企业，那就要按照现代市场经济中企业的运行规则来经营。政企、政资不分是计划经济下的产物，也是为各级政府谋求额外财政或者说第二财政提供方便。构建中国特色现代国有企业监督制度首要的就是要对国有资产监管体制进行改革，使政府公共管理职能与国有资产出资人职能分开。而这只有大力推进政企分开、政资分开才有可能真正做到。2013 年，习近平总书记提出要建立中国特色社会主义行政体制目标，深入推进"四分开"，建设"四型"政府，着力推动政资、政企、政事、政社关系清晰，促进政府职能科学、结构优化、廉洁高效、能够赢得人民满意。最新的国有企业全面深化改革也提出要继续深化政企政资分开。分开后，才能做到国有企业监督到位。不然，必然会陷入政府自己监督自己，监督也就流于形式。政企、政资分开后，政府专司于监督，监督企业运营，监督企业经营管理团队。在实践中要注意区分国有企业政资、政企分开与加强国有企业党的领导的关系。不能认为国有企业要加强党的领导，就认为政资政企是分不开的。国有企业政资、政企分开是指具体的政府管理部门在行政上干预国有企业具体经营和国有资产的具体管理的现状一定要分开，将政府职能部门干预微观经济主体之手砍掉。而国有企业加强党的领导是指要加强国有企业发展战略和发展规划的调控，使之符合国家大政方针和调控宏观经济的需要，同时强化监督作用，规范企业经营行为和员工个体行为，督促国有企业在践行社会道德风尚和履行社会责任方面形成符合社会主义国家企业本身要求的良好作风，使国有企业成为其他非国有企业规范经营的示范。

（二）强化国有企业监事会建设

国有企业监事会是企业内部监督的主体，贯穿于国有企业的日常运营。监事会职能的发挥要做到定位要清晰。国有企业监事会不是可有可无，其地位也不是董事长第一、监事长第二，监事会的重要性同董事会一样，都是股东大会的派出机构，受股东大会委托，以守护国有资产为己任，以保证国有资产保值

增值为目标，共同致力于国有企业做大做强和国有经济的持续健康发展。从前面的实证研究来看，监事会规模、监事会持股比重都与企业净资产收益率正相关，监事会会议次数与保值增值率也是正相关。所以，国有企业内部要加强监事会力量。这可以通过增加监事会成员数量和强化企业内部监事长协调机制来实现。此外，就是要完善监事会制度。一是要确保监事会的独立性。可以通过采取股东大会特别委员或者职工代表大会来负责监事提名，尽量摆脱监事会受制于董事会的现状。在国有企业集团层面，要建立综合监事管理中心，分派监事到各子公司、孙公司，并在考核、薪酬、绩效上独立出来，由综合中心负责管理，确保派出去的监事独立行使职权。引入相关利益者代表，引入审计、财务等第三方监管机构，推动外部监事或独立监事制度以及第三方监管制度的建立，把监事会改造成独立于大股东的各利益相关方的联合体。二是要实施分类监事会建设。国家在全面深化国有企业改革会议文件中提出要准确界定不同国有企业功能，并要对国有企业科学分类和实施分类监管。所以，监事会建设也要分类有针对性地开展，不能统一一个模式，而应该按照商业性、垄断性、公益性来分别构建。比如，处于竞争行业中的国有企业的监事会要重点围绕董事会决策、企业发展战略、财务状况、高管绩效评价、关联交易和企业内控状况等内容进行监督；处于垄断性行业的国有企业监事会围绕特定目标任务，重点监督政府投资资金、各类营运成本或费用的控制；处于公益性行业的国有企业监事会对完全是政府投资提供的产品和服务按照垄断行业国有企业监事会的监督原则来监督，而对那些采取"公共产品或服务和成本控制+引入市场化机制"方式的国有企业要进行当期监督，重点监督政府购买公共产品、服务的质量以及服务特许经营、政府授权经营和PPP项目等运营的合法性、程序性、正当性，以保障国有企业"保公益、惠民生"等社会责任目标实现。总之，对于商业性行业和公益性行业中的国有企业，监事会的监督要突出资产资金的安全性以及运营效率等，对垄断性行业中的国有企业，监事会的监督要突出信息公开性以及成本费用等。三是强化监事会监督的监督作用。监事会监督掌握的情况要及时向企业党委汇报，企业党委要将监督结果及时地传达到董事会和经理层，并将监督发现的问题要求董事会和经理层逐一整改。对监督中发现的严重问题，监事会要有权对涉事董事、经理提出免职权，董事、经理层人选要经过监事会审核才能正式提名。此外，公司财务报告编制后定期交监事会审核。

（三）做实国有企业纪检监察审计监督

现在全国上下都已成立监察委员会，包括国有企业工作人员在内的公职人员都是监察委监察的范围。国有企业纪检监察要整合力量，打破原来国有企业纪委归企业党委管，监察审计归总经理管的分离设置，形成统一的纪检监察审计机构，具体履行对所有国有企业人员的违纪违规行为的发现、教育和惩处职责。当然，整合后的大监察机构统一归国有企业党委领导，以此彰显国有企业坚持党的领导、党组织是国有企业的"根"与"魂"的精神。建立大纪检监察体系后，可以采取三级闭环模式的纪检监察机制，即以企业的内部审计监督为一级监督，以对项目负责人或关键岗位人员工作的监督为二级监督，以企业纪检监察部门为主的多部门合作对企业经营管理的主要负责人与经济效果进行三级监督。为了具体做好国有企业纪检监察审计监督，还要做好以下几方面的工作。一是国有企业要重视纪检监察审计组织。前面实证分析，可以看出不少国有企业不仅没有纪委书记，也没有纪检监察机构，这是不利于开展大监察工作的，也无法真正起到对董事会、经理层的监督作用。国有企业党委要将纪检监察审计组织工作当作主责来抓，切实落实党委主体责任。构建国有企业监事会和国有企业内部财务、审计、监察和法务等内部监管力量，以及国资监管部门和会计事务所、审计事务所、法律事务所等外部监管力量，共建国有企业协同监管平台，实现以监事会为责任中心的多方共同监督的协同效应。二是要强化监事会对董事会决策的监督。决策腐败是最大的腐败，而且是无形的，需要提前预防。所以，要严格做好国有企业重大决策的过程监督，对企业对外投资、重大项目招标、产权变动、财务预决算、举债担保等"三重一大"事项的决策过程进行全面监督。这就要求国有企业建立清晰的"三重一大"事项决策制度、程序和责任追溯机制，对国有企业"三重一大"事项决策的前期准备、决策的形成过程、决策的申报审批等开展动态监督，并对决策的具体执行情况进行监督评价反馈，形成一个事前、事中、事后的决策闭环，进而防范损害国有企业和股东利益的决策。三是要切实做好国有企业财务监督和经营绩效评价监督。重点核查国有企业财务报告业绩的真实性，对专业性强的有异议的、员工普遍关心的疑点和问题，可通过聘请社会中介机构专项检查，确保核查结果的真实性。此外，还要监督国有企业内部控制制度是否完善，内部控制活动是否有效，监督审计发现的问题是否得到解决，以促进企业管理水平的提升。四是在具体日常经营中建立风险防控机制。国有企业建立大监察机制的目的不是为了事后惩治，而是为了"治病救人"，在事前进行提醒、预防、堵塞漏洞，进而使风险降到最低，使经营管理者和企业职工战胜内心私欲，做到清正廉洁。为此，要建立"三重一大"电子监察系统，实现重大决策事项实时在线监控。排查重点岗位风险，采取防控措施堵塞风险。全过程跟踪企业重大工程项目建设，杜绝工程领域这一腐败重灾区。在物资采购上，要采取"货比三家、集体决策、决策与采购相分离"的工作机制，对立项准备到合同终结等环节进行严格监控。总之，只有实行真监督，切实发挥国有企业纪检监察审计的作用，才能守住国有资产，保护国有企业的经营管理干部。

第八章

研究结论与研究展望

第一节　研究结论

前面对中国特色现代国有企业制度的内涵进行了探索，对中国特色现代国有企业制度的理论支持进行了研究，提出了中国特色现代国有企业制度的具体内容。详细回顾和研究了我国国有企业现代企业制度建设的历程、问题和原因，一方面坚信国有企业进行中国特色现代企业制度建设的正确性，另一方面也对建设的方向提出了参考。案例研究从个别角度证实了中国特色现代国有企业制度的巨大作用，实证研究从一般角度证实了中国特色现代国有企业制度的巨大作用。最后，提出了建设中国特色现代国有企业制度的对策。总之，通过前面的研究，本书认为：

一、中国特色现代国有企业具有独特性

中国国有企业有其自身的特点和要求，对其管理和要求也有着自身本质的规定性，因此形成中国特色现代国有企业制度不仅是中国特色社会主义政治经济学中的重要内容，更是中国国有企业自身的内在需要。纵观中国国有企业发展历程和成效，中国的国有企业在改革发展中积累了一系列经验，这些经验成为中国新时代国有企业经济学的重要内容，也是中国经济体制改革和经济制度发展的重要内容。中国特色社会主义市场经济的形成发展，不仅为我们提供了中国特色社会主义政治经济学的素材，也为中国特色现代国有企业制度建设提供了养分。没有中国特色社会主义市场经济这个大背景、大前提，就失去构建中国特色现代国有企业制度的基础。

二、中国特色现代国有企业制度内容有其内在的特质

这种特质来自实践中的凝练，来自我国沿着社会主义道路发展的方向规定性。最能体现中国特色现代国有企业制度内容的有四个方面的因素：1. 中国国有企业党组织及其推动的党建工作。国有企业党组织是整个国有企业党建工作的基础，是国有企业党建工作的组织保障，没有国有企业党组织，就没有党组织力量的参与，国有企业的党建工作就会成为无源之河。所以，国有企业党建工作的具体执行者就落在国有企业董事会、监事会、经理层中的党员身上，正是这些党员的存在使得国有企业中党的领导才有可能得以体现。用董事会、监事会、经理层中党员比重来衡量国有企业党的领导可以涵盖企业的决策、执行、监督等方方面面，也能体现党对国有企业的全面领导。2. 中国国有企业现代治理结构具有更强的稳定性。与西方现代公司治理结构不同的是我国国有企业治理结构是"新老三会"并存的，尤其是企业党组织参与治理，对平衡各方利益，保证国有企业遵纪守法，贯彻国家政策等都具有先天的优势。企业经营治理包括经理层治理企业和对经理层的治理两部分，这其中的委托代理关系用西方的办法至今无法很好地解决其逆向选择和道德风险问题。我国治理结构中因为党组织起着领导作用，能够对其复杂的委托代理问题得到最大程度的调整。党组织一方面有强大的纪律约束，另一方面也有强大的惩治功能，能对国有企业的委托代理问题和腐败违规问题及时进行防范与惩罚。这就使得我国国有企业治理结构具有内在的强大稳定性。3. 中国国有企业的管理更能形成自己风格。因为国有企业是全国人民共同的财产，所以全民共有，国有企业的职工既作为所有者又作为生产者而具有双重身份，更能关心企业发展。这也就形成了国有企业是劳动者用自己的劳动与广大劳动人民的资产联合而形成的劳资合作的微观市场主体，不像资本主义国家国有企业是国家垄断资本与无产者之间展现的尽是劳资对立的关系。民主管理是我国国有企业内在的规定性，哪怕是在计划时期，国有企业管理都有很强的民主性。党组织在国有企业的重要性得到强化后，国有企业的民主管理得到更大程度的保障，因为党领导工人阶级，发动带动工人阶级，最强有力的抓手就是民主，注重职工参与管理，管理者参与劳动，从群众中来，到群众中去。此外，在改革开放后，我国的国有企业在经过现代市场经济的洗礼后，越来越多地采用市场化方式选拔人才，职业经理人市场不仅在私营经济、外资经济中蓬勃发展，在国有企业中也实现了非常大的突破，市

场化选聘经理成为国有企业人事管理制度上的重大突破。这是现在国有企业管理与之前国有企业管理对比表现出来的重要特征。不过与西方市场化选聘经理不同的是，我国国有企业还对候选人的政治素质、对党的方针政策的遵守有着很严格的要求，而不仅仅是要求要有很强的经营能力。所以，这点也是我国国有企业管理特色所在。还有就是激励管理的创新，现在我国国有企业并不是像西方国有企业那样一味地强调物质激励，给予高薪、股份，也不是像计划经济时期那样主要靠精神激励，而是采用物质激励与精神激励相结合的方式。所以，我国现代国有企业既有党组织层面的奖励，比如劳模、先进个人、工会奖励等方式，又有薪酬、股权激励等方式。只有这两种方式结合起来，才能最大程度地调动职工的积极性。4. 中国特色现代国有企业监督制度是有效的制度安排。国有企业监督是国有企业一手抓经营一手抓安稳的重要一环，监督不到位、缺位都会使得经营成果付诸东流。我国国有企业在强化监事会监督的同时，要做大做强监察委，充分发挥企业党组织领导纪检监察审计工作的重任，强化执纪法办的威慑作用，将各类风险和违规行为降到最低，为国有企业发展保驾护航，为全民守住国有资产，使国有财产造福于全体人民。

三、中国特色现代国有企业制度具有实践效率性

我国国有企业在经历了 2008 年以来的金融危机后呈现向好发展，尤其是十八大以来，国有企业成为我国经济的重盘星和压舱石，是我国经济转型发展的支撑性力量。在全面梳理政府和市场的关系后，我国国有企业一边强化党建，一边提升现代市场经济的适应性，在平衡经济周期低谷和引领经济恢复方面发挥了极为重要的作用。前面的实证分析表明国有企业中董事会、监事会、经理层党员比重越高，企业绩效越好，国有企业纪检监察力量越强，企业绩效也越好。而且翔实的数据分析证明，2013~2016 年时间段国有企业党建对企业绩效的正向影响比 2010~2012 年时间段更为明显。这与我国十八大以来全面从严治党，国有企业全面加强党建工作是密切相关的。通过因子分析法的实证研究，中国特色现代国有企业制度因子与国有企业绩效存在显著正相关，国有企业制度越完善，其绩效越好。可见，以党的领导为其主要特征的中国特色现代国有企业制度的制度效率是显著存在的。国有企业党建融入国有企业治理，在企业治理结构中起到了平衡作用和监督作用，对减少国有企业的委托代理问题和提高国有企业的遵纪守法和风险防范起到了很好的正面引导作用。

第二节 研究不足

虽然本书花了大量心血，但是还存在三个方面的不足。一是在案例研究方面，因为时间和精力有限，实地调研的企业数量还不够多，案例的比较研究不够，案例分析部分选择的可能不是最好的案例。二是因为本书研究总体上是偏宏观，具体的国有企业制度内容分析得还不够，尤其是现代管理制度部分，省去了具体的现代管理制度，只简单分析了能体现中国特色的管理制度。三是在实证研究部分，研究时段不够长，跨度不大，若能对国有企业制度建设不同阶段进行计量分析，可能会更全面些。

第三节 研究展望

中国特色现代国有企业制度是个系统体系，本书对其内容的研究还不够全面，尤其是对现代治理制度和现代管理制度的特色的挖掘和研究还有待继续深入分析。因为，在党组织融入公司治理后，传统的公司治理主体变多了，那么相互间的关系又得重新构建。同时，国有企业很多具体的管理制度也是具有中国特色的，本书在研究时屏蔽了，以后还可以深入研究我国国有企业现代管理制度的内涵和外延，并分别探索它们对企业绩效的影响。此外，作为拥有久远和深厚文化背景的中国，文化对现代企业制度的影响也是深层次的，也有待深入去研究其影响机理。本书的研究仅仅是初步构建了一个中国特色现代国有企业制度框架，并用案例分析和实证数据证实了这一初步框架是具有效率的，能够推动国有企业更好更快的发展。

总之，我国在构建中国特色社会主义政治经济学的道路上，作为其中重要内容的中国国有企业经济学，作为中国国有企业经济学中的重要内容的现代企业制度，还需要进一步的丰富和完善。可以相信的是在理论界和实践界的共同努力下，中国特色现代国有企业制度会越来越完善，中国现代国有企业发展模式会越来越彰显出巨大的优越性。

参考文献

[1] （法）让-雅克·拉丰，（法）让·梯若尔. 政府采购与规制中的激励理论 [M]. 石磊，王永钦，译. 上海：格致出版社，2014.

[2] （美）奥利佛·威廉姆森，斯科特·马斯滕. 交易成本经济学：经典名篇选读 [M]. 李自杰，蔡铭等，译. 北京：人民出版社，2008.

[3] （美）奥利弗·E. 威廉姆森，西德尼·G. 温特. 企业的性质：起源、演变和发展 [M]. 姚海鑫，邢源源，译. 北京：商务印书馆，2009.

[4] （美）科斯，诺思等著，（法）克劳德·梅纳尔编. 制度、契约与组织：从新制度经济学角度的透视 [M]. 刘刚，冯健等，译. 北京：经济科学出版社，2003.

[5] （美）钱德勒著. 看得见的手——美国企业的管理革命 [M]. 重武，译. 北京：商务印书馆，1987.

[6] （美）道格拉斯·诺思. 哲制度、制度变迁与经济缝效 [M]. 上海：上海人民出版社，1996.

[7] （美）道格拉斯·诺思. 经济史中的结构与变迁 [M]. 上海：上海三联书店，1991.

[8] （美）科斯，阿尔款，诺斯等. 财产权利与制度变迁 [M]. 上海：上海三联书店、上海人民出版社，1994.

[9] （美）詹姆斯·M. 布坎南. 吴良健等译. 自由、市场和国家 [M]. 北京：北京经济学院出版社，1988.

[10] （日）高桥满，张会才. 中华新经济体制的形成 [J]. 中共党史研究，2000（05）.

[11] 2016 中国上市公司法律风险指数报告摘要 [EB/OL].（2017–11–10）[2017–12–28] http://www. legaldaily. com.

［12］阿道夫·A. 贝利，加德纳·C. 米恩斯. 现代公司和私有财产 ［M］. 北京：商务印书馆，2008.

［13］安青松. 公司转型：中国公司制度改革的新视角 ［M］. 北京：经济管理出版社，2012.

［14］奥利弗·E. 威廉姆森，西德尼·G. 温特. 企业的性质 ［M］. 北京：中国商务出版社，2008.

［15］白天亮. 走好国企改制"最后一公里" ［N］. 人民日报，2017-07-28 （05）.

［16］白重恩，路江涌，陶志刚. 国有企业改制效果的实证研究 ［J］. 经济研究，2006 （8）.

［17］蔡吉甫，陈敏. 控制权性质、管理层持股与公司治理效率 ［J］. 产业经济研究，2005 （05）.

［18］陈长治. 现代企业制度下国有企业党的建设问题研究 ［D］. 北京：中央党校，2004.

［19］陈皓. 上市公司高管薪酬与公司绩效相关性的实证分析——以深、沪市 A 股房地产行业为例 ［J］. 商业文化，2008. （04）.

［20］陈清泰，吴敬琏，谢伏瞻. 国企改革攻坚 15 题 ［M］. 北京：中国经济出版社，1999.

［21］陈小洪，赵昌文. 新时期大型国有企业深化改革研究——制度变革和国家所有权政策 ［M］. 北京：中国发展出版社，2014.

［22］陈勇，廖冠民，王霆. 我国上市公司股权激励效应的实证分析 ［J］. 管理世界，2005 （02）.

［23］程承坪. 企业、制度与中国经济改革 ［M］. 北京：经济科学出版社，2013.

［24］程承坪. 国有企业改革的方向：建立中国特色现代国有企业制度 ［J］. 学习与实践，2017.

［25］习近平. 充分发挥我国社会主义政治制度优越性 ［N］. 人民日报，2014-07-08 （009）.

［26］戴歌新. 中国国有企业制度创新研究 ［M］. 成都：西南财经大学出版社，1999.

［27］党宏伟. 马克思企业理论与新制度学派企业理论的比较研究 ［D］. 成

都：四川师范大学，2008.

[28] 道格拉斯·诺斯. 制度，制度变迁与经济绩效 [M]. 上海：上海三联出版社，1992.

[29] 丁俊萍. 毛泽东思想和中国特色社会主义理论体系概论 [M]. 武汉：武汉大学出版社，2013.

[30] 董仕军. 国有大型企业制度改造的理论与实践 [M]. 北京：经济管理出版社，2013.

[31] 杜渊泉. 构建具有中国特色国有企业监督制度 [N]. 学习时报，2017-03-13（01）.

[32] 弗·弗·奥夫钦尼科夫. 俄罗斯人看中国系列之一个汉学家的自白 [EB/OL]. （2014-02-08）[2017-04-24]. http：//memo. cfisnet. com/2014/0208/1298295. html.

[33] 习近平. 改革要聚焦聚神聚力抓好落实着力提高改革针对性和实效性 [N]. 人民日报，2014-06-07（01）.

[34] 甘培忠，王亦平. 论我国现代企业制度及其法律模式 [J]. 中外法学，1995（05）.

[35] 高放. 20年来"左"的暗潮述评 [J]. 探索与争鸣，2012（04）.

[36] 高鸿业. 西方经济学与我国经济体制改革 [M]. 北京：中国社会科学出版社，1995.

[37] 高明华，王延明. 政府规制与国有垄断企业公司治理 [M]. 上海：东方出版中心，2016.

[38] 高伟彦，张春霖. 改革国有资产管理：从国际经验看中国 [N]. 中国经贸，2003（03）.

[39] 高伟彦，张春霖. 在国有企业集团中行使所有权：中国可以从国际经验中学到什 [EB/OL]. （2012-12-31）[2017-05-08]. https：//max. book118. com/html/2015/1204/30823021. shtm.

[40] 谷棋，于东智. 公司治理、董事会行为与经营绩效 [J]. 财经问题研究，2001（01）.

[41] 顾海良. 马克思主义发展史 [M]. 北京：中国人民大学出版社，2009.

[42] 顾钰民. 马克思主义所有制理论的当代发展 [J]. 高校理论战线，2008（10）.

[43] 郭冠清. 企业制度演进大纲 [D]. 北京：中国人民大学，2002.

[44] 郭建鸾. 董事长与总经理两职分合探析 [J]. 企业管理，2008 (11).

[45] 国家经委企业管理局. 完善承包经营责任制搞活企业内部分配 [M]. 北京：企业管理出版社，1988.

[46] 国务院发展研究中心、世界银行联合课题组. 2030 年的中国：建设现代、和谐、有创造力的社会 [M]. 中国财政经济出版社，2012.

[47] 国务院国资委党建工作局. 改革开放以来中央企业党建成就与经验 [EB/OL]. (2008-11-11) [2017-05-08]. http：//www. sasac. gov . cn/ n85881/n85901/c990814/content. html.

[48] 赫尔穆特·施密特（德）. 国有企业是中国人的命根子 [EB/OL]. (2012-04-12) [2017-05-08]. http：//finance. cankaoxiaoxi. com/2012/0412/ 27599. shtml.

[49] （日）横田高明. 中国向市场经济转型的理论与实践 [M]. 东京：创土社（日），2005.

[50] 胡鞍钢. 国有企业是中国经济崛起的"领头羊"：基于历史和国际两个视角的分析 [J]. 红旗文稿，2012 (19).

[51] 胡鞍钢. 全球化视野下国企改革目标 [N]. 中国企业报，2015-03-10 (G03).

[52] 华强森. 重新评估中国国有企业 [J]. 经济管理文摘，2008 (18).

[53] 黄保强. 现代企业制度 [M] 上海：复旦大学出版社，2004.

[54] 黄凤岗. 十年磨一剑看国企巨变轨迹 [J]. 中国经贸导刊，2014 (04 下).

[55] 黄慧群. 新时期全面深化国有经济改革研究 [M]. 北京：中国社会科学出版社，2015.

[56] 黄津孚，解进强. 中国企业管理现代化的现状分析 [J]. 首都经济贸易大学学报，2010 (03).

[57] 惠宁，张晓宁. 中华人民共和国 60 年企业理论的演化研究 [C]. 中国工业经济学会 2009 年年会论文集 (2013/05)，2010.

[58] 贾康. 新供给：经济学理论的中国创新 [M]. 北京：中国经济出版社，2013.

[59] 简新华. 委托代理风险与国有企业改革 [J]. 经济研究，1998 (9).

［60］江泽民. 高举邓小平理论伟大旗帜，把建设中国特色社会主义事业全面推向二十一世纪-江泽民在中国共产党第十五次全国代表大会上的报告［EB/OL］.（1992-09-12）［2018-03-09］. http：//cpc. people. com. cn/GB/64162/64168/64568/65445/4526285. html.

［61］江泽民. 加快改革开放和现代化建设步伐，夺取中国特色社会主义事业的更大胜利-在中国共产党第十四次全国代表大会上的报告［EB/OL］.（1992-10-12）［2018-03-09］. http：//cpc. people. com. cn/GB/64162/64168/.

［62］蒋一苇. 蒋一苇文集（第一卷）［M］. 北京：中国时代经济出版社，2013.

［63］金碚. 再论国有企业是特殊企业［J］. 中国工业经济，1999（03）.

［64］剧锦文. 非国有经济进入垄断产业研究［M］. 北京：经济管理出版社，2009.

［65］科斯，阿尔钦，诺思. 财产权利与制度变迁［M］. 上海：上海人民出版社，1996.

［66］乐国林，陈春花. 两部企业宪法蕴含的中国本土管理元素探析：基于鞍钢宪法和华为基本法的研究［J］. 管理学报，2011（11）.

［67］雷娜，杨文杰. 管理水平、内部控制与企业绩效关系实证研究［J］. 商业时代，2013（32）.

［68］李常青，赖建清. 董事会特征影响公司绩效吗?［J］. 金融研究，2004（05）.

［69］李稻葵. 政府控制转型过程中的国有企业所引起的成本和收益［R］. 密歇根大学，1999.

［70］李建中. 制度创新与现代企业运行［M］. 西安：西北工业大学出版社，2004.

［71］李进，吴琼. 正确看待中国特色社会主义发展中的问题［J］. 人民论坛，2014.

［72］李楠. 中国现阶段所有制结构及其演变的理论与实证研究［M］. 武汉：武汉大学出版，2008.

［73］李荣融. 坚持和发展邓小平关于国有企业改革的思想，不断探索公有制的多种有效实现形式：纪念邓小平同志诞辰100周年［A］. 全国邓小平生平和思想研讨会组织委员会编《邓小平百周年纪念：全国邓小平生平和思想研讨

会论文集（上）》[C]. 北京：中央文献出版社，2004.

[74] 李荣融. 宏大的工程，宝贵的经验：记国有企业改革发展 30 年 [J].
现代企业，2008（9）.

[75] 李维安，王世权. 中国上市公司监事会治理绩效评价与实证研究
[J]. 南开管理评论，2005（1）.

[76] 李维安，张耀伟. 上市公司董事会治理与绩效倒 U 形曲线关系研究
[J]. 经济理论与经济管理，2004（08）.

[77] 李维安等. 中国上市公司经理层评价与实证研究 [J]. 中国工业经
济，2004（09）.

[78] 李向荣，牛芳. 国有控股上市公司治理机制研究 [M]. 北京：经济管
理出版社，2013.

[79] 李燕萍，孙红. 不同高管报酬方式对公司绩效的影响研究——基于中
国上市公司的经验检验 [J]. 经济管理，2008（09）.

[80] 李兆熙，张永伟. 我国国有企业制度改革三十年回顾 [R]. 北京：国
务院发展研究中心调查研究报告第 162 号，2008.

[81] 李政，于金富. 老工业基地国有企业制度创新研究 [J]. 求是学刊，
2001（2）.

[82] 梁彤缨，郑军勇. 董事会特征与资本结构：基于中国民营上市公司的
实证研究 [J]. Journal of Modern Accounting，2005（4）.

[83] 林海斌等. 企业制度创新与管理创新 [M]. 北京：中国社会科学出版
社，2009.

[84] 林毅夫，蔡昉，李周. 充分信息与国有企业改革 [M]. 上海：上海人
民出版社，1997.

[85] 林毅夫，刘培林. 自生能力和国企改革 [J]. 经济研究，2001（09）.

[86] 林毅夫，李周. 现代企业制度的内涵与国有企业改革方向 [J]. 经济
研究，1997（03）.

[87] 刘凤义，李明. 深化国有企业改革需要做实四个方面 [J]. 中国特色
社会主义研究，2017（03）.

[88] 刘凤义. 新制度学派与马克思经济学：关于企业理论方法论的比较
[J]. 政治经济学评论，2004（2）.

[89] 刘曼琴、曾德明. CEO、董事长两职合任与公司绩效的理论分析 [J].

湖南大学学报（社会科学版），2002.（S2）.

[90] 刘名旭. 监事会、公司治理与公司绩效——基于民营上市公司的研究 [J]. 华东经济管理，2017（10）.

[91] 刘世锦. 中国国有企业性质与改革逻辑 [J]. 经济研究，1995（4）.

[92] 刘伟. 发展混合所有制经济是建设社会主义市场经济的根本性制度创新 [J]. 经济理论与经济管理，2015（1）.

[93] 刘小玄，李利英. 企业产权变革的效率分析 [J]. 中国社会科学，2005（02）.

[94] 刘银国. 国有企业员工参与公司治理与公司绩效相关性研究 [J]. 经济学动态，2010（04）.

[95] 卢昌崇. 公司治理机构及新、老三会关系论 [J]. 经济研究，1994（11）.

[96] 卢刚. 公司治理与公司绩效的互动作用实证研究 [D]. 济南：山东大学，2017.

[97] 卢现祥. 西方制度经济学 [M]. 北京：中国发展出版社，2003.

[98] 卢现祥. 新制度经济学 [M]. 武汉：武汉大学出版社，2004.

[99] 鲁国宏，张志波. 基于高管薪酬特征的制造业上市公司经理人行为实证研究 [J] 经济体制改革，2010（S2）.

[100] 罗虎. 坚持和发展中国特色现代国有企业产权制度 [J]. 中国远洋航务，2015（12）.

[101] 罗虎. 健全中国特色的现代国有企业资产监管制度 [J]. 学术评论，2015（05）.

[102] 罗虎. 论中国特色的现代国有企业管理制度 [J]. 福建论坛，2016（01）.

[103] 罗虎. 中国特色现代国有企业制度创新研究 [M]. 北京：社会科学文献出版社，2016.

[104] 罗虎. 确立中国特色现代国有企业发展的制度自觉和自信 [N]. 中国远洋海运报，2017-10-20（B02）.

[105] 罗辉. 再造企业制度 [M]. 北京：经济科学出版社，2003.

[106] 罗连发，唐婷，胡德状. 中高层管理者对企业绩效的影响：数量与质量的视角——来自2015年广东制造业企业—员工匹配调查的经验证据 [J].

武汉大学学报（哲学社会科学版），2016（01）.

[107] 马丽媛. 企业家社会资本的测量及其对企业绩效的影响——基于新兴第三产业上市公司的实证研究 [J]. 南方经济，2010（05）.

[108] 马连福等. 中国国有企业党组织治理效应研究——基于"内部人控制"的视角 [J]. 中国工业经济，2012（08）.

[109] 苗圩. 推动国有企业完善现代企业制度 [J]. 求是，2013（11）.

[110] 李正豪. 负债近4000亿仍投资加码 南网"长规模不长利润" [N]. 中国经营报，2015-09-07（B14）.

[111] 雷士武. 南方电网腐败溯源 [N]. 中国经营报，2015-05-04（B15）.

[112] 南开大学公司治理研究中心评价课题组. 中国公司治理指数与公司绩效的实证分析 [J]. 管理世界，2006（03）.

[113] 钱颖一. 企业的治理结构改革和融资结构改革 [J]. 经济研究，1995（01）.

[114] 秦宣."中国模式"之概念辨析 [J]. 前线，2010（02）.

[115] 卿石松. 监事会特征与公司绩效关系实证分析 [J]. 首都经济贸易大学学报，2008（03）.

[116] 邱力生. 中国国有企业领导体制创新研究 [M]. 武汉：湖北人民出版社，1999.

[117] 邵宁. 大力提升企业管理现代化水平 建设具有国际竞争力的世界一流企业 [J]. 工业审计与会计，2011（03）.

[118] 施东辉，司徒大年. 中国上市公司治理水平及对绩效影响的经验研究 [J]. 世界经济，2004（05）.

[119] 施密特. 国有企业是中国人民的命根子 [J]. 先锋队，2012.（14）.

[120] 石建中. 关于企业规模与企业绩效关系的实证研究 [J]. 中国海洋大学学报（社会科学版），2014（06）.

[121] 石仲泉. 中国特色社会主义理论体系与实践是当代中国唯一正确的科学理论和实践 [N]. 中国青年报，2016-05-06（007）.

[122] 舒尔茨. 制度与人的经济价值的不断提高 [A]. 财产权利与制度变迁——产权学派与新制度学派译文集 [C]. 上海：上海三联书店，1991.

[123] 孙楚寅，罗辉. 动态股权制：建立现代企业制度新探 [M]. 北京：

中央党校出版社, 2001.

[124] 孙居涛. 马克思主义经济理论中国化基本问题 [M]. 北京: 中国社会科学出版社, 2008.

[125] 孙小兰. 着力建立职业经理人制度 [N]. 学习时报, 2014-01-08 (002).

[126] 谭瑞松. 国企发展混合所有制经济的思考 [N]. 学习时报, 2015-07-13 (010).

[127] 汤海溶. 我国上市公司经营业绩下滑的成因分析 [J]. 集团经济研究, 2006 (12).

[128] 田永峰. 制度的均衡与演化: 企业制度安排与制度环境双向选择的动态均衡关系研究 [M]. 北京: 世界图书出版, 2012.

[129] 田志龙. 董事长、总经理兼任与分立的比较研究 [J]. 管理现代化, 1997 (12).

[130] 汪丁丁. 制度分析基础 [M]. 北京: 社会科学文献出版社, 2002.

[131] 汪涛, 胡志鹏. 国企改革有望在局部领域取得大进展 [N]. 证券时报, 2014-05-06 (A03).

[132] 王爱君. 国企改制后的治理问题研究: 一个关于企业所有权安排的分析框架 [M]. 上海: 上海三联书店, 2008.

[133] 王超. 习近平党建思想的核心特点 [N]. 学习时报, 2016-08-18 (003).

[134] 王珏. 国有企业改革新探 [M]. 上海: 上海远东出版社, 1996.

[135] 王珏. 王珏经济文选 [M]. 北京: 中国经济出版社, 1996.

[136] 王瑞璞, 张湛彬. 中国国有企业制度创新 [M]. 北京: 中国经济出版社, 2002.

[137] 王仕军, 邹世猛. 社会主义企业理论的演进轨迹: 一个学说史的简要考察 [J]. 湖北经济学院学报, 20108 (1).

[138] 王一国. 国有企业制度变迁与制度创新研究 [M]. 长沙: 湖南大学出版社, 2003.

[139] 王勇. 国务院关于国有企业改革与发展工作情况的报告: 2012 年 10 月 24 日在第十一届全国人民代表大会常务委员会第二十九次会议上的讲话 [EB/OL]. (2012-10-26) [2017-05-09]. http://www.npc.gov.cn/npc/xin-

wen/2012-10/26/content_ 1740994. htm.

[140] 王元芳. 中国国有企业党组织参与公司治理有效性研究 [D]. 天津：南开大学, 2013.

[141] 王跃堂, 涂建明. 集团公司与上市公司：掏空、支持抑或是价值最大化 [J]. 中国会计评论, 2006 (04).

[142] 王忠禹. 深化改革, 科学发展, 推进企业现代化建设 [J]. 企业管理, 2008 (11).

[143] 卫兴华. 社会主义经济制度若干理论认识问题 [J]. 新视野, 2007 (01).

[144] 魏成龙, 郑志, 张洁梅, 任传普. 国有大型企业的现代企业制度建设问题研究 [M]. 北京：中国经济出版社, 2013.

[145] 魏杰. 中国企业制度创新 [M]. 北京：中国发展出版社, 2006.

[146] 吴家骏. 论现代企业制度 [J]. 首都财贸, 1994 (01).

[147] 吴建平, 陈紫葳. 企业民主管理的实证基础——以员工参与与员工满意度相关关系为视角 [J]. 中国劳动关系学院学报, 2010 (04).

[148] 吴敬琏. 大中型企业改革：建立现代企业制度 [M]. 天津：天津人民出版社, 1993.

[149] 吴敬琏. 现代公司与企业改革 [M]. 天津：天津人民出版社, 1994.

[150] 吴敬琏等. 大中型企业改革：建立现代企业制度 [M]. 天津：天津人民出版社, 1993.

[151] 吴娟, 俞静. 股权激励度与公司绩效相关性研究 [J]. 重庆理工大学学报（自然科学版）, 2017 (06).

[152] 吴清华, 王平心. 公司盈余质量：董事会微观治理绩效之考察——来自我国独立董事制度强制性变迁的经验证据 [J]. 数理统计与管理, 2007 (26)

[153] 吴淑琨, 柏杰, 席酉民. 董事长与总经理两职的分离与合———中国上市公司实证分析 [J]. 经济研究, 1998 (08).

[154] 吴淑琨, 席酉民. 公司治理与企业改革 [M]. 北京. 机械工业出版社, 2000.

[155] 吴宣恭. 重视所有制理论研究创新 [N]. 人民日报, 2015-04-13 (014).

[156] 吴云端. 高管持股、研发投入与企业绩效——来自创业板高新技术企业的经验证据 [J]. 财会通讯, 2015 (33).

[157] 武力, 肖翔. 中国共产党关于国有企业发展与改革的探索 [J]. 湖南社会科学, 2011 (02).

[158] 武双燕. 对董事长与 CEO 两职状态的分析研究 [J]. 管理科学文摘, 2008 (03).

[159] 习近平. 搞好对国企的巡视, 加大审计监督力度 [EB/OL]. (2015-01-14) [2018-05-09]. http://politics. people. com. cn/n/2015/0114/c1024-26381689. html.

[160] 习近平. 习近平总书记系列重要讲话读本 [M]. 北京: 中央党校出版社, 2013.

[161] 习近平总书记关于推动全面从严治党向基层延伸重要论述摘录 (2013 年 2 月 - 2016 年 1 月) [EB/OL]. (2016-04-04) [2017-12-31]. http://cpc. people. com. cn/xuexi/ n1/2016/0404/c385474-28248250. html.

[162] 习近平总书记关于推动全面从严治党向基层延伸重要论述摘录 (2013 年 2 月 - 2016 年 1 月) [EB/OL]. (2016-04-04) [2017-12-31]. http://cpc. people. com. cn/xuexi/n1/2016/0404/c385474-28248250. html.

[163] 肖庆文. 混合所有制企业数量、类型和行业分布 [N]. 中国经济时报, 2016-02-01 (008).

[164] 谢军, 马树林, 马俊, 黄辉. 国有企业党的组织建设 [M]. 北京: 红旗出版社, 2015.

[165] 谢闻麒. 股票市场: 从充满争议到国家战略 [EB/OL]. (2009-09-30) [2017-12-31]. http://www. cs. com. cn/xwzx/15/090825/04/200909/t20090930_ 2226486. htm.

[166] 谢志华. 竞争的基础: 制度选择——企业制度分析和构造 [M]. 北京: 中国发展出版社, 2003.

[167] 徐彪, 李心丹, 刘海. 区域背景与企业绩效关系研究——基于中国 52 个城市工业制造企业的实证分析 [J]. 管理学报, 2011 (06).

[168] 徐利飞. 我国上市公司监事会监督效果的实证研究 [J]. 中国管理信息化, 2013 (02).

[169] 许光伟, 张威. 国内学者的马克思企业理论研究: 一个述评 [J]. 经

济学家, 2007 (01).

[170] 雪明. 构建中国特色现代国有企业制度 [N]. 学习时报, 2012-04-10 (008).

[171] 闫瑞增, 冯韵雯. 区域产业环境对企业经营绩效的影响研究 [J]. 企业家天地, 2014 (05).

[172] 颜晓峰. 中国特色社会主义: 理论逻辑与历史逻辑的辩证统一 [J]. 中国特色社会主义研究, 2013 (02).

[173] 杨平. 现代企业制度 [M]. 广州: 广东经济出版社, 1996.

[174] 杨瑞龙, 周业安. 企业治理结构. 周文彰. 当代国际惯例 (第二册) [M]. 海口: 海南出版社, 1999.

[175] 杨瑞龙. 企业理论: 现代观点 [M]. 北京: 中国人民大学出版社, 2005.

[176] 于池. 中国国有企业权利委托代理关系研究 [M]. 北京: 中国经济出版社, 2012.

[177] 于东智. 董事会、公司治理与绩效——对中国上市公司的经验分析 [J]. 中国社会科学, 2003 (3).

[178] 余青, 王欣, 常蕊, 郭媛媛, 万丛颖. 转型中的中国国有企业制度 [M]. 北京: 经济管理出版社, 2014.

[179] 袁庆明. 新制度经济学 [M]. 北京: 中国发展出版社, 2005.

[180] (美) 约瑟夫·E. 斯蒂格利茨, 热拉尔·罗兰. 私有化: 成功与失败 [M]. 张宏胜等, 译. 北京: 中国人民大学, 2011. 1

[181] (美) 约瑟夫·E. 斯蒂格利茨. 社会主义向何处去: 经济体制转型的理论与证据 [M]. 周立群, 韩亮, 余文波, 译. 长春: 吉林人民出版社, 1998.

[182] (西) 泽维尔. 维夫斯. 公司治理: 理论与经验研究 [M]. 郑江淮, 李鹏飞等, 译. 北京: 中国人民大学出版社, 2006.

[183] 翟亚柳, 乔君, 陈鹤. 近十年来国外学者关于中国经济改革研究概述 [J]. 中共党史研究, 2009 (4).

[184] 张炳光, 吴秋明. 马克思主义企业理论在中华人民共和国的曲折发展: 为中华人民共和国成立六十周年而作 [A]. 国际金融危机与中国企业发展: 中国企业管理研究会年度报告 (2009~2010) [C]. 中国财政经济出版社, 2010.

[185] 张弛. 为什么中国特色现代国有企业制度特在党组织 [J]. 红旗文稿, 2017 (06).

[186] 张春霖. 改善国企公司治理关键何在: "OECD 国有企业公司治理指引" 解读 [J]. 财经, 2005 (13).

[187] 张聪明. 俄罗斯企业制度变迁 [M]. 兰州: 甘肃人民出版社, 2003.

[188] 张敬伟. 职业经理人为国企改革增添活力 [N]. 深圳特区报, 2016-12-06 (A02).

[189] 张雷声. 马克思主义政治经济学原理 [M]. 北京: 中国人民大学出版社, 2009.

[190] 张曙光. 经济制度的三角结构和三角替代: 中国转型中的制度结构与变迁 [M]. 北京: 经济科学出版社, 2005. 1

[191] 张维迎. 所有制、治理结构及委托代理关系 [J]. 经济研究, 1996 (9).

[192] 张维迎. 企业理论与中国企业改革 [M]. 北京: 北京大学版社, 1999.

[193] 张文魁. 国有资产管理体制改革的回顾与展望 [R]. 北京: 国务院发展研究中心调查研究报告第 164 号, 2008.

[194] 张文学, 裴华, 李国等. 国有企业廉政风险管控模式的研究与实践 [M]. 北京: 中共中央党校出版社, 2012.

[195] 张五常著. 经济解释: 张五常经济论文选 [M]. 易宪容, 张卫东, 译. 北京: 商务印书馆, 2000.

[196] 张县德. 国有控股上市公司股权结构与治理效率关系研究 [D]. 哈尔滨: 哈尔滨工业大学, 2009.

[197] 张秀生, 王汝津. 中国上市公司独立董事制度分析 [J]. 经济评论, 2005 (09).

[198] 张秀生, 张平, 赵伟. 中国经济改革与发展 [M]. 武汉: 武汉大学出版社, 2005.

[199] 张银杰. 公司治理——现代企业制度新论 [M]. 上海: 上海财经大学出版社, 2010.

[200] 张宇. 国有企业新改革论 [J]. 北京日报, 2014-02-24 (017).

[201] 张曾芳, 张明之. 21 世纪初国有企业的制度创新 [M]. 南京: 南京师范大学出版社, 2002.

［202］张政军，王怀宇．中国企业改革：阶段、效果和驱动模式［R］．北京：国务院发展研究中心调查研究报告第 161 号，2008.

［203］张卓元．国企改革建言［M］．北京：中国发展出版社，2000.

［204］张卓元．30 年国有企业改革的回顾与展望［J］．企业文明，2008 (01).

［205］张卓元．混合所有制经济是基本经济制度的重要实现形式［N］．经济日报，2013-11-25 (001).

［206］章迪诚，张星伍．中国国有企业改革的正式制度变迁［M］．北京：经济管理出版社，2007.

［207］赵纯均．中国式企业管理研究的 9 个发现［J］．企业管理，2013 (02).

［208］赵娟．企业的思考：回顾企业理论的发展与面临的挑战［A］．外国经济学说与中国研究报告（2014）［C］．北京：社会科学文献出版社，2014.

［209］赵晓雷．中国现代经济理论 1949—2000［M］．上海：上海人民出版社，2001.

［210］郑海航．企业改革论［M］．北京：经济管理出版社，2014.

［211］郑永年．中国模式（全新修订版）［M］．北京：中信出版社，2014.

［212］钟海燕，冉茂盛，文守逊．政府干预、内部人控制与公司投资［J］．管理世界，2010. (07).

［213］周海江．现代企业制度的中国化研究［D］．北京：中国社会科学院，2014.

［214］周海江．超越西方的中国特色现代企业制度［N］．中国社会科学报，2013-10-25.

［215］周建波，孙菊生．经营者股权激励的治理效应研究——来自中国上市公司的经验证据［J］．经济研究，2003 (05).

［216］周利国．国有企业治理存在的问题及对策［J］．当代财经，2005 (9).

［217］周其仁．产权与制度变迁-中国改革的经验研究［M］．北京：社会科学文献出版社，2002.

［218］周绍朋．新世纪的国有企业改革与国有资产管理体制研究［M］．北京：中国人民大学出版社，2006.

［219］周淑莲．中国 20 年国有企业改革的回顾与展望［J］．理论导刊，1998 (04).

［220］庄福龄. 简明马克思主义史［M］. 北京：人民出版社，2004.

［221］庄杰. 现代企业制度下国有企业党的建设研究［D］. 北京：中央党校，2001.

［222］座间宏一. 中国国有企业改革再编［M］. 东京：学文社，2006.

［223］邹东涛，欧阳日辉. 中国所有制改革30年（1978—2008）［M］. 北京：社会科学文献出版社，2008.

［224］邹东涛. 中国经济发展和体制改革报告 No. 1：中国改革开放30年（1978-2008）［M］. 社会科学文献出版社，2008.

［225］Andrei, Shleifer, Robert, and W. Vishny. Politicians and Firms［J］. The Quarterly Journal of Economice, 1994, 109（04）：995-1025.

［226］Belkhir, M., Maghyereh, A., and Awartani, B. Institutions and Corporate Capital Structure in the MENA Region［J］. Emerging Markets Review, 2016, （26）：99-129.

［227］Berle, A., and Means, G. The Modern Corporation&Private Property［M］. New York：MacMillan, 1932, 20（06）：25-49.

［228］Boyd, B. K. Board Control and CEO Compensation［J］. Strategic Management Journal, 2010, 15（05）：335-344.

［229］Boycko, M., Shleifer, A., and Vishny, R. W. A theory of privatisation［J］. Economic Journal, 1994, （106）：309-319.

［230］Canarella, G., and Gasparyan, A. New Insights into Executive Compensation and Firm Performance：Evidence from a Panel of "New Economy" Firms, 1996-2002［J］. Managerial Finance, 2008, 34（08）：537-554.

［231］Cao, Q., and Dowlatshahi, S. The Impact of Alignment Between Virtual Enterprise and Information Technology on Business Performance in an Agile Manufacturing Environment［J］. Journal of Operations Management, July, 2005, 23（05）：531-550.

［232］Carsten, A. Holz. China's Industrial State-owned Enterprises：between Profitability and BankruPtcy［J］. China Review, 2004（01）：244-245.

［233］Carsten, A. Holz. Long Live China's State-Owned Enterprise：Deflating the Myth of Poor Financial Performance［J］. Journal of Asian Economics, 2002, 13（04）：493-529.

［234］Changanti, R. S., Mahajan, V. and Sharma, S. Corporate board size, composition, and corporate failures in retailing industry [J]. Journal of Management Studies, 1985, (22): 400-417.

[235] Cheung, Steven. The Contractual Natural of the Firm [J]. Journal of Law and Economics, 1983, 26 (01): 1-21.

[236] Coase, R. H. The Nature of the Firm [J]. Economica, NewSeries, 1937, (04): 386-405.

[237] Dahya, J., MeConell, J. J., and Travlos, N. G. The Cadbury Committee, Corporate Performance and Top Management Turnover [J]. Journal of Finance, 2002, 57 (01): 461-483.

[238] Davis, J. H., Schoorman, F. D., and Donaldson, L. Toward a Stewardship Theory of Management [J]. The Academy of Management Review, 1997, 22 (01): 20-47.

[239] Dollar, David. Economic reform and Allocative Efficiency in China's State-Owned Industries [J]. Econ. Development and Cultural Change, 1990, 39 (01): 89-105.

[240] Dolla, D. and Kraay, A. Growth is Good for the Poor [J]. Journal of Economic Growth, 2002, 7 (03): 195-225.

[241] Dodd, E. M. Statutory Developments in Business Corporation Law, 1886-1936 [M]. Cambridge: Harvard Law Review, 1936, 50 (01): 27-59.

[242] Ellerman, D. P. Property and Contract in Economics: The Case for Economic Democracy [M]. Cambridge USA: Blackwell, 1992, 35-87.

[243] Estrin, S., and Rosevear, A. Enterprise Performance and Corporate Governance in Ukraine [J]. Journal of Comparative Economics, , 1999, 27 (03): 442-458.

[244] Fama, E. F., and Jensen, M. C. Separation of Ownership and Control [J]. Journal of Law and Economics, 1983., 26 (02): 301-325.

[245] George, J. Stigler. The theory of price [M]. Boston: MIT Press, 1946, 123-167.

[246] Grossman, S., and Hart, O. The Costs and Benefits of Ownership: A Theory of Vertical and Lateral Integration [J]. Journal of Political Economy, 1986, 94 (04): 691-719.

[247] Grossman, S., and Hart, O. An Analysis of the Principal Agent Problem

[J]. Econometrica, 1983, 51 (01), 7-45.

[248] Grossman, Sanford, and Hart, Oliver. The Costs and Benefits of Owner-ship: A Theory of Vertical and Lateral Integration [J]. Journal of Political Economy, 1986, 94 (04): 691-719.

[249] Groves, T., Hong, Yongmiao, John Mcmillan and Barry Naughton. Au-tonomy and Incentives in Chinese State Enterprise [J]. Quarterly Journal of Econom-ics, 1994, 109 (01): 183-209.

[250] Hanrahan, P. Corporate Governance, Financial Institutions and the "Social Licence" [J]. Law and Financial Markets Review , 2016, (03): 123-129

[251] Hart, Oliver. Firms, Contracts and Financial Structure [M]. Oxford: Oxford University Press, 1995, 15-94.

[252] Hart, Oliver and Moore. Property Rights and the Nature of the Firm [J]. Journal of Political Economy, 1990, (98): 123-126.

[253] Hart, Oliver. Corporate Governance: Some Theory and Implications [J]. The Economic Journal, 1995, 105 (430): 678-689.

[254] Holmstrom, Bengt. Moral hazard in Teams [J]. Bell Journal of Econom-ics, 1982, 13 (02): 324-340.

[255] Holmstrom, BR., and Tirole. J. The Theory of the Firm [J]. Journal of the Operational Research Society, 1972, 23 (02): 240-241.

[256] Huang, Yiping, and Meng, Xin. China's Industrial Growth and Efficien-cy: A Comparison between the state and the TVE sectors [J]. Journal of the Asia Pa-cific Economy, 1997, 2 (01): 101-121.

[257] Iqbal, J. S. Strobl, S., and V h maa. Corporate Governance and the Systemic Risk of Financial Institutions [J]. Journal of Economics & Business, 2015, 82 (01): 42-61.

[258] Jensen, M. C., and Murphy, K. J. Performance pay and top-manage-ment incen-tives [J]. Journal of Political Economy, 1990, (98): 225-264.

[259] John, Farndon. China Rises: How China's Astonishing Growth Will Change the World [M]. London: Vigin Books, 2007, 50-99.

[260] Lorsch, J. and Young, J. Pawns Or Potentates: The Reality of America's Corporate Boards [J]. Executive, 1990, 4 (04): 85-87.

[261] Martin, S., and Parker, D. The Impact of Privatization: Ownership and

Corporate Performance in UK [M]. London: Routledge, 1997, 642 (1-3): 10-80.

[262] Megginson, W. L., and Netter, J. M. From State to Market: A Survey of Empirical Studies on Privatization [J]. Journal of Economic Literature, 2001, 39 (2): 321-389.

[263] Meguire, JohnS. Chiu, and Alvar, O. Elbing. ExecutiveIneome, Sales, and Profits [J]. Amerian Eeonomic Review, 1962, (52): 753-761.

[264] Melé, D. Corporate Social Responsibility Theories: Mapping the Territory [J]. Journal of Business Ethics, 2008, 53 (1-2): 51-71.

[265] Morck, R., Shleifer, A., and Vishny, R. W. Management ownership and market valuation: An empirical analysis [J]. Journal of Financial Economies, 1988, 20 (1-2): 293-315.

[266] Mukherjee, R. Institutions, Corporate Governance and Capital Flows [J]. Journal of International Economics , 2015, 96 (02): 338-359.

[267] Murphy, K. J. Incentives, Investigation of Managerial Learning and Compensation: A Theoretical and Empirical Labor Contracts [J]. Rand Journal of Economics, 1986, (17): 59-76.

[268] Nicholas, R. Lardy. The Speech of "The Entry of Private Enterprises and the Withdrawal of State-owned Enterprises- the Rise of China's Private Enterprises" [EB/OL]. (2014-09-15) [2017-04-24]. www. nsd. pku. edu. cn/meeting.

[269] Nicholson, G., and Kiel, G. C. A Corporate Governance: An framework for Diagnosing Board Effectiveness [J]. International Review, 2004, 12 (04): 442-460.

[270] Nikos, Vafeas. Board Meeting Frequency and Firm Performance [J]. Journal of Financial Economics, 1999, (53): 113-142.

[271] North, Douglass C. Institutions, Institutional Change and Economic Performance [M]. Cambridge: Cambridge University Press, 1990, 108-117.

[272] Pablo, DE Andres, Valentin, A. zofra and Felix, Lopez. Corporate Boards in OECD Countries: size, composition, functioning and effectiveness [J]. Corporate Governance, 2005, 13 (02): 197-210 .

[273] Paul, Heyten. "State Enterprise Reforms" [A]; Cem, Karacadag,

"Financial System Soundness and Reform" [A], in Wanda Tseng, Markus, Rodlauer ed. China: Competing in the Global Economy [C]. International Monetary Fund, 2003, December.

[274] Penrose, Edith, T. The Theory of the Growth of the Firm [M]. Oxford: Basil Blackwell Publisher, 1959, 34-98.

[275] Phan, P. H. A Theory of the Firm: Governance, Residual Claims, and Organizational Forms [D]. Dissertations & Theses - Gradworks, 2000, 47 (02): 387.

[276] Putterman, LG., and Kroszner, R. The Economic Nature of the Firm [M]. Cambridge: Cambridge University Press, 1996, 81-98.

[277] Pun, K. F., and Chin, K. S. Critical Factors of Employee Enpowered Quality Inprovement in Manufacturing Enterprises [C]. Proceedings of the 2nd International Conference on Quality Management, Mcllbourne, Australia, 1998, 2. 1: 38-56.

[278] Qian, Yingyi, and Weingast, B. R. China's Transition to Market: Market-Preserving Federalism, Chinese Style [J]. Journal of Economic Policy Reform, 1996, 1 (2): 149-185.

[279] Rawski, T. Chinese Industrial Reform: Accomplishments, Prospects, and Implications [J]. American Economic Review, 1994, 84 (02): 271-275.

[280] Richardson, G. The Limit to a Firm's Rate of Growth [J]. Oxford Economic dissertations, 1964, (01): 9-23.

[281] Sabherwal, R., and Chan, Y. E. Alignment between business and IS Strategies: A Study of Prospectors, Analyzers and Defenders [J]. Information Systems Research, 2001, 12 (01): 11-33.

[282] Saleem, Sheikh, Dr. Corporate Social Responsibility: Law and Practice [M]. Cavendish Publishing limited, 2007, 102-197.

[283] Schmalensee, R., and Willig, R. D., Armstrong, M., Porter, R. Handbook of Industrial Organization [R]. Elsevier, 1989, 24 (01): 301-311.

[284] Shaprio, C., and willig, R. D. Economic Rationales for the Scope of Privatization [A]. In: Suleiman, E. N., Waterbury J. eds. The Political Economy of Public Sector Reform and Privatization [C]. London: West View Press, 1990, 87 (858): 393-400.

[285] Shleifer, A., and Vishny, R. W. The Grabbing Hand: Government Pathologies and Their Cures [M]. Cambridge: Harvsrd University Press, 1998, 87 (02): 354-358.

[286] Tittenbrun, J. Private Versus Public Enterprise: in Search of the Economic Rationale for Privatisation [M]. London: Janus Publishing Company. 1997, 75-256.

[287] Venkatraman, N., and Vasudevan Ramanujam. Measuring Business Performance in Strategy Research: A Comparison of Approaches [J]. Academy of Management Review, 1986, 1 (04): 801-814.

[288] Walter J. Privatizing China: The Stock Markets and Their Role in Corporate Reform [J]. China Business Review , 2003, (07).

[289] Weingast, Barry R. The Economic Role of Political Institutions: Market-Preserving Federalism and Economic Development [J]. Journal of Law Economics & Organization, 1995, 11 (01): 1-31.

[290] Weitzman, Martin., and Xu, Chenggang. Chinese Township and Village Enterprises as Vaguely Defined Cooperatives [J]. Journal of Comparative Economics, 1994, 18 (02): 121-145.

[291] Woo, W. T., Hai, W., Jin, Y., and Fan, G. How Successful has Chinese Enterprise Reform Been Pitfalls in Opposite Biases and Focus [J]. Journal of Comparative Economics, 1994, 18 (18): 121-145.

[292] Xu, Xiaonian., and Wang, Yan. Ownership Structure, Corporate Governance, and Firms' Performance: The Case of Chinese Stock Companies [R]. World Bank Policy Research Working Paper, 1997, 2-55.

[293] Yang, Xiaokai., and Yewkwang, Ng. Theory of the Firm and Structure of Residual Rights [J]. Journal of Economic Behavior and Organization, 1995, 26 (01): 107-128.

[294] Yermack, D. Higher Market Valuation of Companies with a Small Board of Directors [J]. Journal of Financial Economics, 1996, 40 (02): 185-211.

[295] Zhang, Weiying. Decision Rights, Residual Claim and Performance: A Theory of How the Chinese State Enterprise Reform Works [J]. China Economic Review, 1997, 8 (01): 67-82.